KB056112

당신의 미래에 취업하라

취업전략의 패러다임시프트

당신의 미래에 취업하라 —— 취업전략의 패러다임시프트

지은이 | 김송호

1판 1쇄 펴낸날 | 2009년 9월 10일

펴낸이 | 이주명
편집 | 문나영
출력 | 문형사
종이 | 화인페이퍼
인쇄 · 제본 | 한영문화사

펴낸곳 | 필맥
출판등록 | 제300-2003-63호
주소 | 서울시 서대문구 충정로2가 184-4 경기빌딩 606호
이메일 | philmac@philmac.co.kr
홈페이지 | www.philmac.co.kr
전화 | 02-392-4491
팩스 | 02-392-4492

ISBN 978-89-91071-70-4 (03320)

* 잘못된 책은 바꾸어 드립니다.
* 값은 뒤표지에 있습니다.

이 도서의 국립중앙도서관 출판시도서목록(CIP)은 e-CIP홈페이지(http://www.nl.go.kr/cip.php)에서 이용하실 수 있습니다. (CIP제어번호 : CIP2009002597)

당신의 미래에 취업하라

취업전략의 패러다임시프트

김송호 지음

필맥

▌프롤로그

'성공한 사람들은 미래에 대한 나름대로의 혜안이 있는 사람들이다.'

나는 인생 커리어에서 성공을 한 사람들과 기업을 일으키거나 투자를 해서 돈을 번 사람들은 대부분 미래에 대한 혜안이 있는 사람들이라고 확신한다. 미래에 대한 혜안이 성공을 직접적으로 보장해 주지는 않더라도 성공에 큰 도움이 되는 것은 틀림없다. 인생은 선택의 연속인데 현명한 선택을 위해서는 미래에 대한 식견이 있는 것이 훨씬 유리할 것이기 때문이다.

더군다나 요즘과 같이 불확실성이 큰 시대에는 미래에 대한 확실한 혜안이 현명한 선택을 하는 데 필수라고 생각된다. 예지력을 갖춘 특별한 사람들은 자신만의 직관에 의해 미래에 대한 예측을 할 수 있을 것이다. 그러나 나와 같이 평범한 사람들은 미래에 대한 예측을 위해 학문적인 체계를 동원하거나 전문가의 도움을 받는 등의 의식적인 노력이 필요하다.

나는 성공을 원하기 때문에 미래에 관심이 많다. 그래서 내 개인 브랜드도 '행복한 미래를 만드는 기술자'다.

내가 이제까지 쓴 책으로는《대한민국 이공계 공돌이를 버려라》(2007년 6월, 청림출판),《행복하게 나이 들기》(2008년 5월, 휴먼앤북스),《부동산 신 투자전략》(2009년 3월, 지상사) 등 세 권이 있다. 사람들은 내게 서로 연관성 이 전혀 없어 보이는 분야의 책들을 어떻게 그렇게 쓸 수 있었느냐고 묻지만, 그것들은 모두 각 분야의 '미래'를 다룬 책들이다. 그것도 패러다임을 바꿔 야 될 정도의 급격한 시대적 변화의 소용돌이 속에서 각 분야에 어떤 변화가 일어날 것이고, 우리는 어떻게 대처해야 하느냐는 내용을 담고 있는 책들이 다. 물론 그 책들을 쓰면서 나는 엔지니어로서 내가 가진 장점인 분석력과 논 리력을 활용했고, 부족한 부분은 다른 전문가들의 선행연구를 많이 참고했 다.

이 책도 내가 생각하는 '미래'의 한 분야인 '앞으로 직업의 세계가 어떻 게 변할 것이냐?'를 다룬 책이다. 시대가 변함으로 해서 기업이 변하게 되고, 그에 따라 기업이 원하는 인재상이 달라질 것이다. 더 나아가 이제까지 우리 가 너무나 당연시해온 취업의 방식, 즉 기업에 들어가는 것은 오히려 드문 일 이 되고, 프리랜서와 같은 형태의 일자리가 일반화될 것이다. 또한 평생직장 과 평생직업이 사라지고 일생동안 수십 개의 일자리를 옮겨 다니는 것이 보 통인 시대가 될 것이다. 이러한 변화에 맞춰 우리의 대응도 달라져야 한다는 것은 너무도 당연한 결론이다.

'새로운 시대적 변화에 맞는 취업전략 패러다임의 변화'가 바로 이 책이 추구하는 목표다. 물론 이 책은 단기적으로 취업에 어떻게 대비해야 하느냐 하는 데도 도움이 될 수 있을 것이다. 왜냐하면 새로운 시대적 변화는 이미 사회 전반에 걸쳐 나타나기 시작했고, 특히 기업에서 그러한 변화의 물결이 거세기 때문이다.

요즘 기업의 채용방식이 예전과 달라졌다는 점은 취업에 관심이 있는 사람이면 누구나 느끼고 있을 것이다. 그런데 기업의 채용방식 변화가 시대적 변화에서 기인한 것이라고 생각하는 사람은 드문 것 같다. 시대적 변화에 대한 근원적인 통찰 없이 단순히 피상적으로 면접기술이나 익혀서는 취업에 성공하기 어렵다. 설사 취업에는 성공한다 하더라도 성공적인 직장생활을 해나가기가 어렵다. 따라서 시대적 변화의 속성을 이해하는 것은 앞으로 성공적인 커리어를 개발하는 데 필수조건이 될 것이다. 이 책의 궁극적인 목표는 이러한 시대적 변화 속에서 취업을 하려는 사람들은 어떤 준비를 해야 하는가를 다루는 것이다.

1장에서는 우선 시대적 변화에 대해 살펴볼 것이다. 과거의 산업사회를 지나 현재의 지식사회를 살아가는 우리 곁에 이미 다가온 감성사회의 속성을 알아야 그에 대한 대비를 할 수 있을 것이기 때문이다. 감성사회를 맞아 기업들이 어떻게 변화하고 있고, 그에 따라 어떤 인재를 원하게 되는지도 논의될 것이다.

2장에서는 미래에 일어날 직업의 변화에 대해 살펴볼 것이다. 모든 직업의 변화를 다 살펴보기는 지면관계상 곤란하기 때문에 현재 일반적으로 안정적이고 미래 전망도 밝다고 여겨지고 있는 교사와 교수, 의사, 공무원의 미래 모습을 그려 보려고 한다.

물론 나도 미래에 다녀온 것이 아니기 때문에 이러한 직업들의 미래 모습을 정확하게 알 수 없다는 점은 인정한다. 따라서 이러한 직업들에 대한 나의 예측에 독자가 이의를 제기할 수도 있을 것이다. 하지만 내 나름대로는 현재 나와 있는 미래학 관련 책들을 종합해서 예측을 해 본 것이기 때문에 참고는 될 수 있으리라고 믿는다. 따라서 예측의 정확성에 무게를 두기보다는 예측대로 될 가능성도 있으니 대비를 해야 한다고 생각하는 쪽에 무게를 두기를 바란다. 그리고 도움이 될 것 같아 미래 유망직종에 대해서도 나름대로 전망해 보았다.

3장에서는 미래사회에서 직장과 직업을 어떻게 선택해야 하는가 하는 문제를 다루었다. 물론 이 주제는 현실적인 문제이기 때문에 관점에 따라 반론의 여지가 상당히 많을 수 있다고 생각된다. 여기서 나의 초점은 미래사회에 대비해 현재 어떤 결정을 내리는 것이 현명한가다. 아직 오지 않은 미래에 대비하기 위한 결정을 다른 사람들과 다르게 내리는 것은 상당히 어려운 문제일 수 있다. 하지만 직업이나 직종의 선택은 현재의 문제인 동시에 미래에까지 연결되는 문제이기 때문에 그러한 선택을 할 때 미래를 고려하는 것은 어쩌면 당연할 것이다.

시대가 변하면 일을 대하는 우리의 자세가 달라져야 하는 것은 당연한 이치다. 감성사회에서는 과거 산업사회에서와 같이 돈을 벌기 위해 적성에 맞지 않는 일도 해야 한다는 자세에서 벗어나, 자신의 적성에 맞고 즐겁게 할수 있는 일을 찾아야 한다. 왜냐하면 감성사회에서는 창의적으로 일을 해야하는데, 일을 즐기지 못하면 창의적으로 일을 할 수가 없기 때문이다.

4장에서는 미래사회에서 필요한 강점 계발에 대해 살펴본다. 자신이 잘할 수 있는 일을 찾기 위해서는 먼저 자신이 잘할 수 있는 것이 무엇인가를 파악하고 그것을 자신의 강점으로 계발하는 것이 필요하다. 이런 관점에서 강점을 계발하는 다양한 방법을 제시하여 참고하도록 했다. 강점 계발이라는 주제 자체도 다루어야 할 부분이 너무 많아 여기서 다 다루지는 못 한다. 여기서는 다만 일반적인 방법을 설명하고, 이에 더해 컨버전스 전략과 단점을 뒤집어 강점으로 만드는 방법에 대해 다소 자세히 소개했다. 아울러 강점 계발을 통해 창의적인 '차별화된 1등 인재'가 될 수 있는 'H형(네트워크) 인재'에 대해 소개했다.

5장에서는 좀더 구체적으로 미래 유망기업에 취업하기 위한 전략에 대해 기술했다. 자기 인생의 목표를 실현하는 터전이 될 미래 유망기업을 어떻게 찾을 것인가 하는 문제를 살펴보고, 그런 기업에 취업하기 위해서는 스스로 어떤 인재가 돼야 하는가에 대해서도 살펴본다. 지방대학 졸업생들과 여학생들이 취업장벽을 극복하는 방안에 대해서도 내 나름의 의견을 제시했다.

대학에 강연을 다녀 보니 특히 지방대학일수록 졸업생들의 취업에 대한 고민이 많은 것 같다. 나는 지방대학 관계자들에게 대기업과 공무원 위주의 취업전략에서 벗어나 새로운 시대에 맞는 차별화된 1등 인재를 키워내면 오히려 지금의 위기를 기회로 만들 수 있다고 강조한다. 차별화된 1등 능력을 가진 인재를 키워내는 데는 꼭 학생들의 수능점수가 높은 것이 유리하지는 않기 때문이다. 과거 산업사회에서는 학력이 높은 인재가 필요했기 때문에 지방대학이 불리했지만, 현재의 지식사회나 미래의 감성사회에서는 학력보다는 자신만의 끼를 가진 열정적인 인재가 요구되기 때문에 지방대학이라고 해서 불리한 것이 결코 아니다. 각 대학이 실정에 맞게 차별화된 1등 인재를 양성하는 목표와 전략을 잘 세우는 것이 필요하다.

또한 여성들이 대학을 졸업하고도 사회의 편견 때문에 취업하기가 어려워 여대생들도, 대학들도 고민이 많은 게 현실이다. 하지만 현재의 지식사회를 넘어 미래의 감성사회가 되면 여성의 감성이 절대적으로 큰 역할을 하게 될 것이다. 이러한 시대적 변화에 맞춰 여대생들이 어떻게 취업전략을 세워야 하는지에 대해 해법을 제시하고자 나름대로 노력했다.

6장에서는 취업과 관련된 강연을 하다보면 받게 되는 질문들 가운데 몇 가지를 골라 답변을 제시했다. 우선 석사나 박사 학위가 인생 커리어나 취업에 도움이 되는가 하는 문제를 다루고, 이어 해외유학 문제에 대해서도 살펴본다. 결론을 미리 간단하게 말한다면, 학위나 유학 자체가 경쟁력이 되는 시대는 지났으니 이제는 인생 커리어 목표에 따라 진학이나 유학을 결정해야 한다는 것이다. 이와 더불어 창업 문제와 '알바'로 대표되는 젊은이들의 저임금 임시직 취업 문제에 대해서도 간단히 짚어 본다.

이 책이 새로운 시대를 맞이하여 취업과 관련된 고민을 하고 있는 대학생들과 대학들에게 도움이 되었으면 한다. 더 나아가 이 책이 모든 취업지원자들이 새로운 시대에 맞는 인재로 거듭나는 데 도움이 되고, 그럼으로써 그런 인재를 찾는 기업의 고민도 해결해주는 실마리가 되었으면 하는 것이 나의 바람이다.

아무쪼록 이 책을 통해 모두가 고민하는 취업난도 해결되고, 더 나아가 이 책을 읽고 차별화된 1등 인재로 거듭난 젊은이들이 맹활약하게 되고, 그리하여 한국경제가 비약적으로 도약해서 많은 일자리가 창출됨으로써 실업난이 해결되기를 바라는 마음 간절하다.

행복한 미래를 만드는 기술자

김송호

차례

1장
미래사회를 알자

인류의 역사를 보면 연속적으로 서서히 발전한 것이 아니라 어떤 획기적인 사건이나 발명들에 의해 계단식으로 발전했음을 알 수 있다. 예를 들어 원시 사회에서는 동물계 내에서 허약한 존재였던 인류가 불을 다룰 수 있게 되면서 다른 동물들보다 우위에 서게 됐다. 또한 불을 사용해 음식을 익혀 먹을 수 있게 됨으로써 위생상태가 개선되어 인류의 수명이 획기적으로 늘어나게 됐다.

그 후 인류가 농사도구를 발명함으로써 수렵채취사회를 마감하고 농경 사회에 진입하게 되어 필요한 음식을 보다 원활하게 조달할 수 있게 됐다. 이처럼 인류는 불이나 도구와 같은 특정한 발명에 의해 계단식으로 획기적인 발전을 이루곤 했다.

보다 최근에 인류의 역사를 획기적으로 발전시킨 가장 큰 사건으로 18세기의 산업혁명을 들 수 있다. 증기기관으로 대변되는 원동기의 발명으로 대량생산이 가능해졌고, 이에 따라 왕이나 귀족이 아닌 일반 평민도 부의 축적을 이룰 수 있게 됐다.

산업혁명은 단순히 기술적, 경제적 효과만 가져온 것이 아니라 사회 전반에 대변혁을 일으켰다. 그것은 정치적으로는 시민계급을 탄생시켰고, 시민의 권리를 향상시키는 민주주의 제도의 발전을 가져왔다. 뿐만 아니라 농사 도구가 기계화되고 비료가 대량으로 생산되게 됨으로써 비로소 대규모 경작이 가능해졌고, 이에 따라 농산물 수확량이 급격히 증가해서 기하급수적으로 늘어나는 인구의 식량수요를 어느 정도는 충족시킬 수 있게 됐다.

물론 여기서 진부한 과거의 역사 이야기를 계속 늘어놓을 생각은 추호도 없다. 다만 앞으로 우리의 논의를 전개하는 데 필요한 범위 안에서 간략히 언급해 본 것뿐이다. 아무튼 편의를 위해 역사학자들이 흔히 사용하는 용어를 빌려, 위와 같은 과거의 역사를 농경사회와 산업사회로 구분해 부르고자 한다.

물론 산업사회는 산업혁명이 일어난 이후의 시대를 가리킨다. 하지만 이러한 시대구분도 나라마다 다를 수 있다. 18세기 이후를 산업사회라고 부르는 것은 당시에 선진국이었던 유럽, 특히 영국에만 해당된다. 세계의 다른 나라들은 그 뒤에 시간차를 두고 산업사회로 진입했고, 아직도 산업사회에 진입하지 못한 나라도 많이 있다. 한국의 경우만 해도 1970년대 이후에야 비로소 제대로 산업사회에 들어섰다고 볼 수 있다.

지식사회 다음은 감성사회

산업사회 이후의 사회를 지식사회라고 부르는 데 이의를 달 사람은 아무도 없으리라고 생각한다. 농경사회를 연 원동력이 도구의 발명이고 산업사회를 연 원동력이 원동기의 발명이라고 한다면, 지식사회를 연 원동력은 인터넷으로 대표되는 정보혁명이다. 그래서 지식사회를 지식정보화사회라고 부르기도 한다.

그렇다면 지식사회 이후에는 어떤 특성을 가진 사회가 열릴 것인가? 나는 지식사회 이후의 사회를 감성사회(Emotional Society)라고 부르고 있다. 산업사회와 지식사회라는 호칭에 대해서는 이의를 다는 사람이 별로 없는 반면에 다가오는 감성사회에 대해서는 미래학자들이 다양한 호칭을 사용하고 있다.

윌리엄 할랄(William Halal) 조지워싱턴대학 교수는 2020년이면 지식사회가 끝나고 지식 이상의 가치와 목표를 중시하는 '영감의 시대(Spiritual Age)'가 올 것이라고 예측하고 있다. 짐 데이터(Jim Dator) 하와이대학 교수는 지식사회 이후에는 아이콘과 심미적인 경험들로 이루어진 '꿈의 사회', 즉 '드림 소사이어티(Dream Society)'가 도래할 것이라고 말하고 있다. 지식사회를 예견했던 미래학자 앨빈 토플러(Alvin Toffler)는 제1의 물결이 농업혁명, 제2의 물결이 산업혁명, 제3의 물결이 서비스와 지식산업의 혁명이었다면 제4의 물결은 그 모든 것을 뛰어넘는 '생각의 혁명'이 될 것이라고 말하고 있다.

이처럼 전망이 다양하지만, 다가올 미래의 사회는 인간만이 가질 수 있는 특성인 감성이 주가 되는 세상이 될 것이라는 데 대해서는 아무도 이의를 달지 않는다. 그래서 미래에는 지식의 특성을 가진 기능이나 기술보다 감성의 특성을 가진 디자인이 더 중요해지는 것이다. 또한 지식의 특성을 가진 합리와 설득보다 감성의 특성을 가진 공감과 느낌이 더 중요한 세상이 되는 것이다. 지식의 상징인 기호가 지배하는 세상이 막을 내리고 감성의 상징인 그림이 중요한 세상이 열리는 것이다.

그렇다면 구체적으로 언제부터 감성사회가 열리는 것일까? 우리는 편의상 농경사회, 산업사회, 지식사회, 감성사회라는 구분을 하지만, 그 각각의 시대가 어떤 시점에 시작됐다가 어떤 시점에 끝나고 나서 그 다음의 시대가 시작되는 식으로 서로 분명하게 구분되는 것은 아니다. 각 시대마다 다른 시대의 특질도 혼재해 있지만 어떤 특질이 우세하게 나타나느냐가 시대를 가르는 기준이 될 뿐이다. 지금은 어느 시대인가? 감성사회의 시대로 보는 사람도 있을 것이고, 아직 지식사회의 시대라고 생각하는 사람도 있을 것이며, 산업사회의 시대가 그 전성기를 아직 마치지 않았다고 주장하는 사람도 있을 수 있다.

그렇지만 분명한 것은 시간이 지남에 따라, 적어도 수십 년 정도의 긴 시간은 지나지 않아 감성사회의 요소가 분명해지는 반면에 산업사회와 지식사회의 요소는 희미해지리라는 점은 누구도 부정하지 않는다.

"미래는 이미 일어났다. 아직 많이 퍼지지 않았을 뿐이지"라는 미국의 공상과학소설(SF) 작가 윌리엄 깁슨(William Gibson)의 표현대로 감성사회는 이미 우리 생활에 깊숙이 침투해 있다고 보아야 한다. 다만 산업사회와 지식사회에 익숙한 우리가 감성사회를 느끼지 못하고 있거나, 아니면 그것을 거부하려고 몸부림치고 있을 따름이다. 하지만 감성사회는 우리가 느끼든 말든, 거부하든 말든 앞으로 우리의 생활에 점점 더 깊숙이 들어와 자리 잡을 것이 틀림없다.

감성사회의 특징

농경사회에 이어 산업사회, 지식사회, 감성사회가 전개되면서 나타나는 사회적 특징을 다루려면 상당한 지면이 필요할 것이지만, 여기서는 그것을 간단하게 요약해 표로 나타내 본다.

산업사회에서 지식사회, 감성사회로 넘어가면서 나타나는 특징을 이해하

〈표 1-1〉 산업사회, 지식사회, 감성사회의 특징

	산업사회	지식사회	감성사회
기업	공급자 우위	고객 배려	고객 우위
	제조 중심	서비스 중심	가치 중심
	자본 중심	지식 중심	브랜드 중심
	거대한 기업	빠른 기업	코끼리와 벼룩
	수직조직	수평조직	감정조직
사회와 개인	평준화	양극화	공존
	획일화(관리)	다양화(자율)	네트워크
	기획(예측)	시나리오	확실
	하드 스킬	소프트 스킬	스마트 스킬
	평생직장	평생직업	나 주식회사
	안정	변화와 혁신	자존
	대립(승패)	타협(조화)	상생(원원)

는 것은 이 책을 읽어나가는 데 꼭 필요하므로 좀더 설명하도록 하겠다. 〈표 1-1〉에 표시된 특징 하나하나를 자세히 설명하는 것은 이 책의 취지에 맞지 않기 때문에 앞으로 전개될 직업과 직장의 변화를 이해하는 데 필요한 정도 의 설명만 하도록 하겠다.

우선 산업사회에서 지식사회, 감성사회로 넘어가면서 나타나는 가장 큰 특징은 힘의 중심이 공급자 즉 기업에서 고객 즉 소비자에게로 이동하게 된 다는 것이다. 사실 크게 보면 이 특징이 다른 모든 특징들을 결정한다고 볼 수도 있다. 다시 말해 힘의 중심이 기업에서 소비자에게로 이동함에 따라 그 에 맞추기 위해 기업경영 형태도, 사회적 제도와 의식도 변화하는 것이다.

예를 들어 산업사회에서는 기업에 힘이 있기 때문에 기업이 제조 중심의 경영과 대량생산에 의한 원가절감 등의 경영 형태를 취했다. 하지만 감성사 회에서는 소비자에게 힘이 있기 때문에 기업은 개별 소비자에게 가치를 제공해야 하고, 그에 따라 맞춤생산의 경영형태를 취하게 되는 것이다.

　아주 당연하고 상식적인 얘기지만, 산업사회에서는 기업에 있던 힘의 중심이 지식사회, 감성사회로 가면서 고객 즉 소비자에게로 이동하게 하는 원동력은 바로 소비자들의 정보공유에 있다. 산업사회에서는 기업이 정보를 독점하거나 제한할 수 있지만 지식사회에서는 소비자 누구나가 정보를 공유할 수 있게 됨으로써 소비자가 힘을 갖게 되는 것이다.

　예를 들어 과거 산업사회에서는 소비자가 제품의 품질에 불만이 있으면 그 제품을 만든 회사에 항의전화를 하거나 주위의 몇 사람에게 불만을 토로하는 정도에 그쳤지만, 지금의 지식사회에서는 소비자의 그러한 불만이 인터넷을 통해 다른 소비자들에게 알려지게 되므로 다른 소비자들의 구매의사 결정에 절대적인 영향을 미치게 된다.

　이와 같이 고객 즉 소비자가 기업에 대해 생살여탈권을 쥐다보니 고객의 니즈에 민감하게 반응하는 기업만이 살아남을 수 있게 됐다. 그런데 문제는 공급자는 상대적으로 소수의 기업이기 때문에 대형화, 획일화되는 경향이 있는 반면에 고객은 다양한 개인이기 때문에 개별화, 차별화된다는 데 있다. 예를 들어 값싸고 실용적인 제품을 선호하는 고객이 있는가 하면, 비싸더라도 다른 사람들보다 고급의 제품을 갖기를 원하는 고객도 있다. 이해를 돕기 위해 여기 한 가지 예화를 들어보도록 하겠다.

　몇 년 전에 아내를 따라 백화점에 갔다. 그 백화점 이층에는 명품을 전시하고 있었다. 그런데 진열된 핸드백의 가격을 확인하다가 나는 깜짝 놀라 소리를 지르고 말았다. 그 소리를 듣고 아내가 무슨 일인가 하고 쫓아와서는 "무슨 일인데?" 하고 물었다. 그래서 나는 "아니 무슨 핸드백 가격이 30만 원이나 해?" 하고 되물었다. 그러자 아내가 가격을 확인하더니 "무슨 30만 원? 난 또 그렇게 싼 핸드백도 있나 하고 깜짝 놀랐네. 잘 봐. 30만 원이 아니라 300만 원이야!"라고 말했다. 그러고 보니 핸드백 가격이 30만 원이 아니라 300만 원이었다. 나를 더욱 놀라게 한 것은 무려 1000만 원이 넘는 핸드백도 있었다는 사실이다.

그냥 단순히 소지품만 넣어 들고 다니는 핸드백을 300만 원이나 주고 사지는 않을 것이다. 그런 핸드백은 시장이나 동네가게에서 10만 원만 주면 살 수 있다. 그렇다면 10만 원짜리 핸드백과 300만 원짜리 핸드백은 무엇이 다른 걸까? 300만 원짜리 핸드백이 10만 원짜리 핸드백에 비해 제조원가가 30배나 더 많이 들지는 않을 것이다. 또 300만 원짜리 핸드백이 10만 원짜리 핸드백보다 품질이 30배나 더 좋지는 않을 것이다. 그런데 왜 어떤 사람들은 10만 원짜리의 싼 핸드백을 놔두고 굳이 300만 원짜리의 비싼 핸드백을 사는 걸까? 300만 원짜리 핸드백을 통해 뭔가 얻을 수 있는 가치가 있기 때문에 30배나 되는 돈을 지불하는 것이다.

여기서 내가 300만 원짜리 핸드백이 더 좋다고 주장하고자 하는 것이 아니다. 다만 5만 원짜리, 10만 원짜리 핸드백을 원하는 고객도 있지만 300만 원짜리, 1000만 원짜리 핸드백을 원하는 고객도 있다는 사실을 강조하고자 하는 것이다.

기업의 입장에서는 과거와 같이 핸드백을 사는 고객을 여성 전체라고 생각하기보다는 10만 원짜리 핸드백을 사는 고객, 1000만 원짜리 핸드백을 사는 고객 등으로 나누어 생각해야 하는 것이다. 물론 10만 원짜리 핸드백을 사는 고객을 목표로 하는 기업이라면 과거 산업사회에서와 같이 어떻게 원가절감을 할 것인가에 더 신경을 쓸 것이다. 하지만 1000만 원짜리 핸드백을 찾는 고객을 목표로 하는 기업이라면 원가절감보다는 고객이 원하는 더 높은 가치를 제공하기 위한 노력을 기울여야 한다. 고객에게 제공하는 가치는 각 제품마다 다른 특별한 디자인일 수도 있고, 특정한 제품을 만든 기업의 이름 또는 일련의 제품군을 아우르는 브랜드일 수도 있다.

감성사회에서는 브랜드가 중요하다

감성사회에서 브랜드가 갖는 중요성에 대한 이해는 앞으로 이 책을 읽어 내려가는 데 반드시 필요하기 때문에 여기서 좀더 자세히 설명하고자 한다.

사실 핸드백과 관련된 앞의 예화에서 알 수 있듯이 10만 원짜리 핸드백을 찾는 고객이 브랜드를 골라서 사지는 않을 것이다. 그렇기 때문에 그런 고객들을 위해서는 기업이 산업사회적인 경영형태를 그대로 유지해도 무리가 없을 것이다. 하지만 10만 원짜리 핸드백을 찾는 고객들을 대상으로 하는 기업의 경우에는 저임금 덕분에 원가절감에 강점을 가진 중국, 베트남 등의 기업들에 밀릴 수밖에 없다. 또한 부가가치도 10만 원짜리 핸드백보다 300만 원짜리 핸드백 쪽이 훨씬 높을 것이다.

따라서 감성사회에 접어든 한국의 기업은 10만 원짜리 핸드백 시장보다는 300만 원짜리 핸드백 시장에서 어떻게 경쟁력을 확보할 것인가를 고민할 수밖에 없는 것이다. 더구나 앞으로 소득수준이 높아지면서 브랜드를 선호하는 고객층의 규모가 커질 것이라는 점도 고려해야 한다.

한국뿐만 아니라 전 세계적으로도 점차 소득이 높아지면서 10만 원짜리 핸드백을 찾는 고객층보다는 300만 원짜리 핸드백을 찾는 고객층의 규모가 훨씬 더 빠르게 커질 것이다. 물론 지구상의 모든 국가에서 소비자들이 이렇게 브랜드를 통해 제품을 구입하고 있는 것은 아니다.

세계은행에서 정한 기준대로 1인당 국민소득이 1만 1000달러 이상인 나라를 고소득국가라고 보면 세계에는 25개의 고소득국가가 있고, 이들 나라의 총 인구는 8억 명 정도다. 한국도 이 범주에 속한다. 물론 이보다 평균 국민소득이 낮은 나라에도 고소득층이 존재한다. 예를 들어 평균 국민소득이 2029달러인 중국의 고소득층은 약 1억 명이다. 인도의 고소득층은 5000만 명 정도다. 따라서 세계 전체의 고소득층 인구는 대략 10억 명 정도일 것으로 보인다. 따라서 전 세계의 인구 80억 명 가운데 고소득층에 속하는 10억 명 정도가 단순히 제품의 기능만 보기보다는 브랜드를 중시하면서 제품을 구입하고 있는 것으로 추정된다. 물론 이런 인구의 수는 앞으로 상당히 빠른 속도로 증가할 것이 틀림없다.

아주 특수한 사례인 핸드백의 경우를 너무 일반화시키는 것 아니냐는 항변이 나올 수도 있겠다. 하지만 그것은 우리의 일상에서 이제는 일반적으로 일어나는 현상의 한 예다. 우리의 일상생활에 더 가까운 운동화의 예를 들어 보자.

검정고무신을 신던 시절에는 신발의 역할이 오로지 발을 보호하는 것이었다. 하지만 이제는 더 이상 운동화를 단지 발을 보호하기 위해서 신지 않는다. 젊은이들은 이제 더 이상 '나이키 운동화가 다른 회사의 운동화보다 운동하기에 더 적합하다'는 이유 때문에 나이키 운동화를 사서 신지는 않는다. 나이키가 마이클 조던 등을 앞세워 만들어 놓은 '승리, 신화, 불패'라는 브랜드 이미지를 사는 것이다.

사람들은 이제 더 이상 기술이 뛰어나다는 이유로 제품을 사지 않는다. 사람들은 이제 이미지, 스토리, 콘텐츠로 제품을 선택한다. 왜 그러냐고 독자가 묻는다면 여러 가지 대답을 할 수 있다. 예를 들어 제품 선택의 폭이 넓어지고 정보가 넘치다 보니 오히려 제품 선택을 이미지에 의해 단순화하려는 경향이 생기는 것을 한 가지 이유로 들 수 있다. 매번 물건을 살 때마다 이용할 수 있는 모든 정보를 다 활용해서 제품을 선택하기에는 시간의 제약이 따르고, 그렇게 하다 보면 지칠 수도 있기 때문이다.

게다가 비싼 대가를 주고 성능이 약간만 더 좋은 제품을 사는 행위를 정보에 의해 판단되는 효용성만으로 완전하게 설명할 수 없다. 20만 원을 주고 산 나이키 운동화가 동네시장에서 산 1만 원짜리 운동화보다 20배 이상 더 우수한 성능을 가지고 있을까? 꼭 그렇지는 않다고 본다. 그만큼 더 많은 돈을 주고 나이키 운동화를 사는 이유는 성능이 좋다는 점 외에 자신이 원하는 이미지를 가진 제품이기 때문이다.

앞에서 몇 가지 예를 들었지만, 감성사회의 도래는 여러 면에서 감지되고 있다. 가장 확실하게 감성사회의 도래를 보여주는 분야는 스포츠 팀, 스포츠 스타, 월드컵 축구대회, 그랑프리 자동차경주 팀, 올림픽게임 등 스포츠 관련 분야일 것이다.

월드컵 축구대회는 이미 전 세계의 잔치가 됐다. 특히 2002년 월드컵 축구대회는 한국이 공동주최국이었을 뿐만 아니라 4강신화를 이루면서 한국인들에게 꿈의 실현을 상징하는 대회가 됐다. 그뿐만 아니라 그때 우리 국민은 '붉은 악마'의 활동과 세계에서 유례를 찾을 수 없는 거리응원전을 통해 온 국민이 하나의 꿈을 공유하는 모습을 전 세계에 보여주면서 깊은 인상을 남겼다. 월드컵 대회를 통해 우리 국민은 준결승전에서 보여준 카드섹션의 글귀처럼 '꿈은 이루어진다'는 꿈을 공유하게 됐다. 월드컵 축구대회는 갈수록 가치가 급상승하면서 TV 중계권료가 천정부지로 치솟고 있다. 광고주인 기업들은 월드컵의 이미지에 자사의 브랜드를 얹기 위해 천문학적인 비용을 기꺼이 지불하고 있다.

축구가 인기가 있는 지역에서는 축구시합 자체도 수익성이 좋은 비즈니스이지만, 개개인의 스포츠 스타도 산업사회의 기업보다 훨씬 더 수익성이 뛰어난 비즈니스 단위가 되고 있다. 이렇게 스포츠 스타들이 부상하는 이유는 그들이 단순히 경기를 잘 해서라기보다는 그들의 '승리', '정상'이라는 이미지가 팬들에게 먹혀들기 때문이다.

이 책을 읽는 독자 중에는 이렇게 브랜드가 선호되는 현상은 기업들의 광고전략 때문에 생겨난 것이라고 항변하는 사람도 있으리라고 생각된다. 하지만 광고는 사회적 현상을 만들어내거나 이끌어가기도 하지만, 사회의 트렌드에 가장 민감하게 반응하는 분야 가운데 하나이기도 하다. 다시 말해 브랜드를 중시하는 사회적 분위기가 형성돼 있지 않다면 브랜드 위주의 광고전략은 먹혀들지 않을 것이다. 광고가 그런 트렌드를 가속화시키는 면은 분명히 있지만, 없는 트렌드를 만들어내지는 못한다는 점도 간과해서는 안 될 것이다.

요즘은 브랜드와는 전혀 관계가 없어 보이던 아파트마저도 브랜드 전쟁에 휘말리고 있지 않은가? '삼성건설에서 지은 아파트'라는 설명보다는 '래미안'이라는 브랜드가 아파트를 더 고급스럽게 보이게 하고, '현대산업개발에서 지은 아파트'라는 긴 설명보다는 'I-PARK'라는 브랜드가 더 소비자들에게 먹혀들고 있지 않은가?

그래서 심지어는 삼성건설에서 지은 아파트에 이미 입주해 있던 주민들이 아파트 벽면에 표시된 '삼성'이라는 로고를 '래미안'으로 변경해 달라고 요구하기도 한다. '삼성'을 '래미안'으로 바꾼다고 아파트 품질이 달라지는 것이 아닌데도. 어쨌든 그들은 '삼성'을 '래미안'으로 바꾸면 아파트 가격이 올라가리라고 기대하는 것이다.

감성사회에서 필요한 인재

산업사회, 지식사회, 감성사회에서는 각각 어떤 인재가 필요할까? 우선 산업사회에서는 표준화, 평준화된 인력이 필요하다. 주어진 일을 주어진 방법(매뉴얼)에 의해 충실히 실행하는 사람이 바로 표준화, 평준화된 사람이다. 튀는 사람보다는 있는 듯 없는 듯 하면서 주어진 일을 충실히 하는 사람이 필요한 것이다.

현재의 교육시스템은 바로 이런 표준화, 평준화된 인력을 양성하는 것을 목표로 하고 있다. 그래서 산업사회 기업에 필요한 인재는 현재의 교육시스템이 우수하다고 정의하는 인재와 일치한다. 즉 좋은 대학, 좋은 학과에서 좋은 성적을 얻은 사람이 산업사회 기업이 원하는 인재다. 따라서 산업사회 기업에서는 별도의 선발시험을 치를 필요조차 없다. 왜냐하면 어느 대학, 어느 학과에서 어떤 성적을 얻었는지를 보면 바로 필요한 인재인지 아닌지를 판단할 수 있기 때문이다.

하지만 산업사회를 벗어나 지식사회, 감성사회로 갈수록 표준화, 평준화된 인력보다 창의적이고 튀는 인재가 필요해진다. 차별화된 1등 능력을 지닌 인재가 필요하다는 얘기다. '차별화된 1등 인재'라는 것은 중요한 개념이기 때문에 뒤에서 좀더 자세히 다루기로 하겠다. 여기서는 지식사회와 감성사회, 다시 말해 미래사회에서는 모든 분야에서 골고루 잘하는 인재보다는 자신만의 분야에서 세계 최고의 차별화된 능력을 가진 인재가 요구되며, 바로 이러한 인재가 '차별화된 1등 인재'라는 점에 주목하자.

사실 현재 세계적으로 기업들은 차별화된 세계 최고의 능력을 지닌 인재를 찾고, 그런 인재를 통해 서로 경쟁을 하는 인재전쟁을 펼치고 있다. 그런데 왜 한국사회는 아직도 일류 대학의 일류 학과에서 좋은 성적을 얻은 인재를 원하느냐고 반문하는 독자가 있을 것이다. 그 이유는 아직도 한국은 산업사회 기업들이 주류를 이루고 있는데다가 정책을 결정하고 집행하는 중년층이 산업사회 성공신화의 주역이어서 산업사회적인 패러다임에서 벗어나지 못하고 있기 때문이다.

하지만 명심해야 할 사실은 지금의 젊은 세대가 살아갈 세상은 산업사회가 아니라 지식사회, 감성사회라는 것이다. 어차피 기업들도 지식사회 기업이나 감성사회 기업으로 변신해야 하기 때문에 지금 취업을 준비하고 있거나 갓 입사한 젊은이들은 미래기업, 즉 지식사회 기업이나 감성사회 기업에 맞는 패러다임을 갖추어야 한다.

이렇게 이야기하면 자칫 갖게 되는 오해 가운데 하나가 미래사회에 대비하기 위해 첨단분야를 전공해야 하는 것 아니냐는 생각이다. 예를 들어 바이오, 정보기술(IT), 나노 등 첨단분야를 전공해야만 앞으로 취업도 할 수 있고 사업도 할 수 있느냐는 것이다. 꼭 그렇지는 않다. 물론 커져가는 분야에 기회가 많을 확률이 높지만, 그런 분야는 그만큼 많은 사람들이 몰리기 때문에 경쟁이 치열할 수 있다. 따라서 꼭 첨단분야를 고집하기보다는 기존의 분야에서 차별화된 능력을 기르고 발휘해 보는 것도 좋은 방법이다.

휠라코리아의 윤윤수 회장을 보라. 모두들 신발산업은 이제 사양산업이라고 말하면서 손을 뗄 때 오히려 신발산업에서 차별화된 사업전략으로 큰 성공을 거두지 않았는가. 또한 제조업은 이제 사양산업이라고 흔히들 생각하지만, 미래사회 기업들은 아웃소싱을 기반으로 할 것이기 때문에 제조업 아웃소싱 분야에서 오히려 좋은 기회를 만날 수 있다.

제조업 아웃소싱 이야기가 나온 김에 덧붙이자면, 미국에서 금광개발 붐이 일었을 때 금광개발에 뛰어든 사람들보다는 청바지를 만들어 그들에게 판 사람들이 돈을 더 많이 벌었다. 요컨대 발상의 전환이 중요하다는 얘기다. 따라서 농업분야에 뛰어들더라도 기존의 방법에서 벗어나 기능성 농산물을 생산하든가 하는 차별화된 전략을 구사한다면 오히려 좋은 기회를 잡을 수 있는 것이 미래사회의 특성이다.

그렇다면 감성사회에서는 어떤 인재가 필요한가? 한마디로 말해, 고객이 원하는 차별화된 브랜드를 창조해낼 수 있는 창의적인 인재가 필요하다. 즉 다른 사람들이 생각하지도 못하는 부분을 볼 수 있는 차별화된 능력을 가진 인재가 필요하다는 얘기다.

모두 다 똑같은 눈으로 사물을 보면 누구에게서도 좋은 아이디어가 나올 수 없다. 논리적인 사고방식보다는 직감적인 사고방식을 가진 사람, 분석적인 능력보다는 사물을 전체적으로 볼 수 있는 능력을 가진 사람이 필요하다. 선생님이나 상사로부터 들은 이야기를 그대로 수동적으로 받아들이는 자세보다는 끊임없이 질문을 던지고 상상력을 발휘해서 토론을 촉발하고 이끌어가는 인재가 더 필요하다.

산업사회에서 우수한 인재는 수많은 톱니바퀴가 맞물린 거대한 기계장치 속에서 하나의 톱니바퀴로 주어진 일을 충실히 수행하는 사람이었다. 다른 사람들과의 업무연관성이나 전체적인 일의 방향을 생각하기보다는 주어진 업무를 잘 처리하는 스페셜리스트가 환영을 받았다. 하지만 감성사회에서는 먼저 전체적인 업무방향을 파악한 뒤 방법을 창의적으로 찾아낼 수 있는 제너럴 스페셜리스트(general specialist)가 필요하다. 이 말은 제너럴리스트이면서 스페셜리스트이면 더 바랄 것이 없고, 그렇지 않다면 부분적인 일에만 능한 스페셜리스트보다는 전체적인 방향도 파악할 줄 아는 제너럴리스트의 특성을 가진 스페셜리스트가 요구된다는 것이다. 물론 제너럴리스트만 되어서는 곤란하다.

산업사회에서 환영을 받던 스페셜리스트의 임무는 이제 컴퓨터나 로봇이 대신 하기 때문에 그 효용성이 떨어지게 됐다. 따라서 컴퓨터나 로봇에게 어떤 일을 줄 것인가를 생각하는 창의적인 일이 바로 인간이 해야 하는 중요한 일이 되고 있다. 그러므로 이제는 고객이 원하는 바가 무엇인지를 알아내고,

어떻게 하면 그것에 부응하느냐 하는 전체적인 그림을 그릴 줄 알아야 인정을 받을 수 있다. 더 나아가 그러한 목적을 달성하기 위해 어떤 방법을 써야 하느냐 하는 세부적인 아이디어를 내는 일도 필요하다. 따라서 감성사회에서 가장 바람직한 인재는 전체적인 그림을 그릴 수 있는 제너럴리스트와 남들이 찾아내지 못하는 창의적인 방법을 찾아낼 수 있는 스페셜리스트가 합쳐진 인재다.

좀더 구체적으로 말하자면, 감성사회에서 요구되는 인재는 고객지향적 마인드를 가진 인재다. 물론 산업사회와 지식사회에서도 고객지향적 마인드를 가진 인재가 필요하지만, 감성사회에서는 그러한 마인드가 필요조건 정도가 아니라 없으면 안 되는 필수조건이 된다. 이제 기술은 기술 그 자체로 가치가 있는 것이 아니다. 어떤 기술이든 구체적인 대상(고객)에게 가치를 창출해 줄 때에만 그 기술이 의미가 있다. 따라서 고객지향적 자세를 갖지 못한다면 아무리 창의적인 아이디어라도 무용지물이다.

그래서 요즘 가장 중요시되는 분야가 디자인이다. 산업사회에서 디자인은 그저 제품의 모양을 예쁘게 만드는 작업 정도로 여겨졌다. 이와 달리 감성사회에서 디자인은 고객이 원하는 바를 제품에 반영하는 작업이다. 모양뿐만 아니라 기능도 중요하고, 고객이 원하는 가치를 창출하는 것도 디자인의 중요한 역할이다. 따라서 산업사회와 지식사회에서는 기술이 개발되면 디자인을 그 기술에 맞췄지만, 감성사회에서는 디자인에 기술을 맞춰야 한다.

디자인의 중요성을 다른 면에서 살펴보자. 조직혁신과 창조성 분야의 세계적 권위자인 찰스 리드비터(Charles Leadbeater)는 저서 《무게 없는 사회(The Weightless Society)》(2002년, 세종연구원)에서 "기술발전이 가속화될수록 지식이 폭증하게 되는데, 이러한 시대에는 지식을 직접 가공하지 않고 타인의 지식에 의존하는 성향이 심화되면서 이른바 무지경제(the ignorant economy)가 도래한다"고 말하고 있다. 다시 말해 정보가 너무 넘치다보니 개인들이 정보에 파묻혀서 어느 정보를 기준으로 판단을 해야 할지를 모르게 된다는 얘기다.

이런 문제를 극복하는 방법으로 사람들은 신뢰할 수 있는 타인의 판단에 관한 정보를 그대로 받아들이게 된다는 것이다. 이런 정보를 집단화한 것이 바로 브랜드다. 즉 브랜드는 해당 제품이 고객에게 가치가 있는 제품이며 믿을 만하다는 정보를 전달하게 된다. 따라서 브랜드와 디자인이 감성사회 기업에 중요한 화두가 된다.

기업의 입장에서 브랜드는 모든 것이라고 말할 수 있을 정도로 중요한데, 그러한 브랜드를 브랜드답게 만드는 것이 디자인이다. 코카콜라는 콜라 그 자체의 맛도 중요하지만 병의 모양이라든가 상표의 서체와 같은 디자인도 브랜드 가치를 높여준다는 점에서 중요하다.

따라서 감성사회에서는 기업의 모든 직원이 제품 그 자체를 개발하는 능력 이외에 제품의 가치를 높이기 위해 디자인을 하는 능력을 갖추어야 한다. 바꿔 말하면 '제품을 바라보는 관점을 바꾸고, 기존의 개념을 새로운 형태로 전환시켜 보는 능력'을 갖추어야 한다는 것이다. 요즘에 기업에서 원하는 창의적인 인재란 연세대 황상민 교수의 말처럼 "인간이 원하는 새로운 개념이나 가치가 무엇인지를 파악하는 사람"이라고 할 수 있다.

앞에서도 얘기했지만, 감성사회에서는 사람들이 더 이상 어느 기업의 제품을 기술이 뛰어나다는 이유로만 사지는 않는다. 사람들은 이제 이미지, 스토리, 콘텐츠로 제품을 산다. 그런데 아직도 이런 나의 주장을 반신반의하는 독자가 있을 것으로 생각되어 최근 일본에서 있었던 재미있는 일화 하나를 소개해 볼까 한다.

두부 하면 어떤 생각이 드는가? 식물성 단백질의 보고? 콩으로 만들 수 있는 최고의 건강식품? 일본과 한국의 경우 두부는 대표적인 식품이지만 그 시장은 가내수공업 형태의 소규모 두부공장에서부터 풀무원과 같은 비교적 큰 두부공장까지 다양한 기업이 경쟁하는 전형적인 레드오션 시장이다.

그런데 일본의 두부시장에서 새로운 콘텐츠와 이미지를 이용해 선풍을 일으킨 사람이 있다. 바로 오토코마에('남자다운 사나이'라는 뜻의 일본어)라는 상표명을 가지고 2년 연속 연매출액 40억 엔을 실현한 이토 신고(伊藤 信吾) 사장이 바로 그 주인공이다. 물론 이 두부는 손으로 만든 고급 두부다. 그렇기 때문에 가격도 다른 두부에 비해 두 배 이상 비싸다. 하지만 만약 제품의 고급화라는 산업사회적인 관점으로만 접근했으면 오늘과 같은 성공은 없었을 것이다. 이 두부의 성공요인은 뭐니 뭐니 해도 '남자다운 두부', '싸나이 두부'라는 재미있는 콘셉트에 있다. 두부에도 이런 재미있는 이미지를 붙이면 성공할 수 있는 사회가 바로 감성사회다.

따라서 기업은 제품의 이미지, 스토리, 콘텐츠를 잘 만드는 능력을 가진 사람을 필요로 한다. 제품 그 자체의 기능이나 기술을 개발하는 것도 중요하지만, 그보다는 제품이 잘 팔리게 하는 이야기를 만들어내는 능력이 어쩌면 더 중요하다.

요즘은 에베레스트 등반을 가지 않는 사람도 성공한 산악인이 에베레스트 등반 때 입는다는 등산복을 사 입는다. 그 옷을 사 입는 사람들은 에베레스트 등반이라는 모험을 간직한 이야기(스토리)를 사는 것이다. 또 어떤 텔레비전 드라마가 인기를 끌면 그 드라마에 등장하는 인물이 입은 옷이나 몸에 단 액세서리가 잘 팔린다고 한다. 그 옷이나 액세서리를 사는 사람들은 그 드라마의 스토리를 사는 것이다.

옷이나 액세서리를 많이 팔기 위해서는 디자인을 잘하는 것도 중요하지만, 거기에 어떤 스토리를 입힐 것인가도 중요하다는 얘기다. 제품이 잘 팔리게 하는 스토리를 만들어내기 위해서는 다양한 고객의 입장을 두루 고려할 수 있는 열린 마음가짐을 가져야 한다. 또 다양한 아이디어를 모으기 위해서는 자신의 입장만 내세우지 않고 다른 사람들의 힘을 빌릴 줄 아는 협동심이 요구된다. 그리고 이를 위해서는 지식과 사고방식에서 자신과 다른 사람들을 인정하고 그들과 소통할 줄 아는 능력이 요구된다.

요약하자면 감성사회에서 요구되는 인재는 스스로 동기부여를 하는 열정을 갖고 있고, 남들과 다른 차별화된 창의성을 갖고 있으며, 가장 중요하게는 다른 다양한 사람들과 소통할 줄 아는 협조능력을 가진 사람이다.

차별화된 1등 인재

그렇다면 감성사회 기업이 필요로 하는 인재는 어떤 능력을 갖춘 사람일까? 나는 그 인재를 한마디로 '차별화된 1등 인재'라고 표현한다. 여기서 '1등 인재'라는 표현에 대해 거부감을 갖는 독자가 많으리라고 생각한다. 하지만 '차별화된 1등 인재'에서 앞에 붙은 '차별화'라는 단어에 주목해 주기 바란다.

차별화는 감성사회에 들어서면서 참으로 중요한 개념이 되고 있다. 그 이유는 앞에서 설명했듯이 고객이 차별화되기 때문이다. 최근에 차별화를 활용해 성공한 기업의 예를 통해 차별화의 중요성을 다시 한 번 강조하고자 한다.

삼성경제연구소에서 제공하는 멀티미디어 콘텐츠 동영상에 일본의 현인지향(玄人志向, 구로토시코)이라는 회사가 소개되고 있다. 이 회사의 마케팅 콘셉트는 '불친절'이다. 이 회사의 제품은 포장도 성의가 없다. 뿐만 아니라 변변한 제품설명서도 없다. 제품을 사용하다가 문의하려고 해도 회사 측에는 답변을 해줄 담당자가 없다. 아니, 고객에 대한 친절로 승부를 해도 살아남을까 말까 하는 시대에 간 크게도 '불친절'을 마케팅 콘셉트로 내세우다니⋯⋯.

그런데 현인지향의 그런 전략은 보기 좋게 성공했다. 현인지향은 일본의 그래픽카드 시장에서 판매량 1위를 기록하고 있다. 어떻게 이런 일이 일어날 수 있는 것인가? 바로 차별화의 위력에서 그 답을 찾을 수 있다.

현인지향이 목표로 삼은 고객층은 파워유저인 전문가들이다. 전문가 집단의 특징은 설명서를 보지 않는다는 것이다. 그들은 시행착오를 통해 제품의 성능을 익히는 수준까지 올라와 있는 사람들이다. 그들에게는 예쁜 포장도, 친절한 제품사용 설명서도 필요 없다. 제품사용에 관한 의문에 대해서는 회사의 관계자가 답변해주는 것이 아니라 회사의 홈페이지에 질문답변 코너를 마련해 놓고 거기서 고객 즉 전문가들이 서로 알아서 질문과 답변을 주고받게 한다.

당연히 이 회사의 제품을 사용하는 사람들은 전문가로서의 자부심이 대단하다. 이에 자극받아 언제부턴가는 약간이라도 전문가로 대접받고 싶어하는 일반 사용자들도 현인지향의 제품을 사용하기 시작했고, 이에 따라 이 회사의 시장점유율은 더욱 높아지고 있다. 현인지향의 입장에서는 포장이나 제품설명서에 신경을 쓸 필요가 없는데다가 질문에 답변을 해줄 전문가를 고용하지 않아도 되기 때문에 제품원가를 낮출 수 있고 제품출시 속도도 빠르게 할 수 있다. 이런 부수적인 효과는 이 회사 제품의 시장경쟁력을 더욱 강화시키고 있다.

이제 의문이 좀 풀리는가? 차별화는 이 정도로 강력한 무기다. 그러면 왜 '1등'이어야 하는가? 이는 어쩌면 너무나 쉽게 대답할 수 있는 질문이라고 생각한다. 왜냐하면 정보가 투명하게 전달되는 지식정보화사회가 도래한 이후에는 1등이 모든 것을 독식한다는 승자독식이 당연한 논리가 됐기 때문이다.

생각해 보라. 어느 제품이 1등 제품인지를 누구나 다 알고 있는 상황에서 2등, 3등의 제품을 구입하려는 소비자가 있을까? 아는 사람의 부탁으로 어쩔 수 없이, 아니면 정보에 어두워 모르고 제품을 사는 극히 일부를 제외하고는 대부분의 소비자들이 1등 제품을 구입하는 게 당연하다. 따라서 과거에는 1등, 2등, 3등의 제품이 시장을 어느 정도의 비율로 사이좋게 나누어 가졌지만 지금은 1등 제품이 시장을 독식하게 되는 것이다. 더 나아가 요즘은 인터넷이 세계화돼 있기 때문에 과거와 같이 지역의 1등이 아니라 세계의 1등이 돼야 하는 부담이 있다.

최근에 경영의 화두로 떠오른 '블루오션'이라는 개념도 '감성사회에서는 차별화된 1등이 경쟁력을 갖는다'라는 의미로 해석할 수 있다. 경쟁이 심한 기존의 시장을 레드오션이라고 하고, 경쟁이 없는 나만의 차별화된 시장을 블루오션이라고 한다. 경쟁이 심한 레드오션에서는 들이는 노력에 비해 이윤이 적을 수밖에 없는 반면에 나만이 독점적으로 시장을 지배할 수 있는 블루오션에서는 적은 노력만으로도 이윤을 극대화할 수 있는 것은 자명한 일이다.

따라서 이윤을 극대화해야 하는 기업의 입장에서는 블루오션을 찾아내 자기 것으로 만들어야 하는데, 문제는 어떻게 그렇게 할 수 있느냐는 것이다. 이에 대한 해답은 고객이 원하는 시장을 찾아내고, 나만의 차별화된 능력으로 그 시장을 지배해야 한다는 것이다. 블루오션에는 두 가지 요건이 있다. 그것은 첫째, 그러한 시장이 존재해야 한다는 것과 둘째, 나만의 차별화된 능력으로 그 시장을 지배할 수 있어야 한다는 것이다.

물론 블루오션 시장을 찾아내는 것은 무척 어려운 일이다. 이미 존재하는 시장은 레드오션이 됐을 확률이 높고, 새로운 시장을 개척하려면 상당한 위험을 각오해야 한다. 게다가 새로운 시장을 찾아냈다고 하더라도 나만의 차별화된 1등 능력으로 그 시장을 독점적으로 지배할 수 없으면 그 시장은 바로 레드오션으로 변해 버린다. 그리고 차별화된 '세계 1등'이 중요한 이유는 일단 개척한 분야에서 자신의 기술을 '표준기술'로 만들어야 독점적인 지위를 확보하고 확실한 선두 자리를 지키는 데 유리하기 때문이다.

그러면 '차별화된 1등 제품'은 그렇다 치고 '차별화된 1등 인재'는 어떠한가? '차별화된 1등 제품'을 만들기 위해서는 당연히 '차별화된 1등 인재'가 필요하다. 아니, 어쩌면 '차별화된 1등 인재'를 아예 '차별화된 1등 제품을 만들어낼 수 있는 인재'로 정의하는 게 옳을지도 모르겠다.

'차별화된 1등 제품'을 생각해내는 데 단순히 창의적인 사고만 필요한 것은 아니다. 다른 분야의 차별화된 1등 인재들과 소통하고 힘을 합칠 수 있는 네트워크 능력도 당연히 필요하다. 나는 이런 능력을 갖고 있는 인재를 'H형 인재'라고 부른다. H형 인재라는 것이 구체적으로 무엇인가에 대해서는 나중에 다시 다루기로 하겠다.

나는 1년에 30회 이상 대학에서 강연을 한다. 강연에서 "앞으로는 1등만이 살아남는 세상이 될 것"이라고 말하면 학생들 대부분의 눈이 동그래진다. 특히나 소위 일류 대학에 끼지 못하는 대학의 학생들은 그러한 반응을 더욱 뚜렷하게 보여준다. 그렇지 않아도 공부의 우열에 의해 모든 것이 판단되는 중고등학교 시절을 겪어내고 겨우 들어온 대학에서도 성적에 의해 서열화되어 불만을 가지고 있는 마당에 "1등만이 살아남는다"는 말을 듣게 되니 그들로서는 놀라는 것이 당연한 반응일 것이다.

하지만 그들의 염려와는 정반대로 지식사회나 감성사회에서는 서열주의가 지배하지 않으며 누구나 희망을 품을 수 있는 세상이 펼쳐진다. 왜냐하면 내가 말하는 '1등'은 산업사회에서처럼 모든 것을 다 잘하는 1등이 아니라 특정한 분야에서의 '차별화된 1등'을 의미하기 때문이다. 다시 말해 나만의 세계를 만들고 거기서 1등을 하면 된다.

물론 여기서 1등이라 함은 산업사회에서와 같이 반에서 1등을 하거나 한국에서 1등을 하는 정도가 아니라 전 세계에서 1등을 해야 하는 것을 의미한다. 다시 말해 산업사회에서는 모든 분야에서 1등을 하더라도 그 범위가 자기 주위에 한정됐지만, 감성사회에서는 자기만의 특정 분야에서 1등을 해야 하고, 그 범위로 보면 전 세계를 대상으로 1등을 해야 한다.

기업에 근무하는 개인의 입장에서 보면, 차별화된 1등이 되면 누구도 나를 대체할 수 없는 나만의 차별화된 영역에서 확실한 가치를 창출하기 때문에 기업에 꼭 필요한 인재가 될 수 있다. 즉 차별화된 1등이 되면 기업에 확실하게 필요한 존재가 됨으로써 기업에 자신의 가치를 확실하게 주장할 수 있고, 따라서 정당한 대우를 받을 수 있다.

또 개인적으로 창업을 할 경우에도 차별화된 1등이 되면 그 분야에서 확실하게 수익을 창출할 수 있고, 필요할 경우에는 H형 인재가 되기 위한 네트워크 구성도 쉽게 할 수 있으므로 좋은 기회를 많이 만들어낼 수 있다.

기업의 변신

진수는 점심을 먹고 나서 컴퓨터의 사내게시판을 들여다보고 있었다. 그때 뒤에서 발자국 소리가 들리더니 같은 사무실에서 일하는 민규가 다가와 윈드서핑을 하지 않겠느냐고 물어보는 것이었다.

진수네 회사는 윈드서핑과 관련된 제품을 개발해 판매하는 회사로, 5년 전에 아예 바닷가로 사무실을 옮겨와 직원들이 원하면 언제든지 윈드서핑을 할 수 있게 하고 있다. 회사 측으로서는 도심에 있을 때보다 사무실 유지비용을 훨씬 줄일 수 있어서 좋고, 대부분 윈드서핑을 좋아하는 직원들로서는 언제든지 윈드서핑을 할 수 있기에 좋다.

　진수는 그렇지 않아도 파도가 적당해 점심을 먹고 나서 윈드서핑을 한번 해볼까 하고 생각하고 있던 참이라 얼른 준비하고 나섰다. 바다에서는 진수네 회사의 몇몇 직원들과 관광객으로 보이는 사람들이 어우러져 윈드서핑을 즐기고 있었다. 진수는 민규와 함께 1시간 정도 윈드서핑을 즐겼다.

　둘은 윈드서핑을 마치고 회사 안에 있는 바에 들렀다. 그곳에서는 다른 한 팀이 이미 맥주를 마시면서 당구를 치고 있었다. 진수와 민규도 맥주 한 병씩을 들고, 당구를 치는 팀을 보면서 대화를 나누었다. 마침 대화의 내용이 윈드서핑을 좋아하는 민규의 친구 이야기로 옮겨갔다. 그 친구는 윈드서핑을 좋아하는데 여러 여건상 바다에 자주 올 수 없어 아쉬워한다는 것이었다. 그래서 그 친구가 뭐 좋은 방법이 없느냐고 민규에게 하소연을 했다는 것이다. 진수는 그 이야기를 듣고 있다가 집에서도 윈드서핑을 즐길 수 있는 장치를 만들면 어떻겠느냐는 말을 던졌다. 그러자 민규가 "그것 참 좋은 생각"이라며 박수를 쳤다. 그러더니 "그 장치에 파도소리를 넣으면 어떨까?" 하고 물었다. 당구를 치는 팀에 끼어있던 성민이가 "소리뿐만 아니라 파도가 스크린에 나타나게 하면 더 실감이 나지 않을까?" 하고 끼어들었다.

　그러자 민규가 구석에 놓여있던 전자칠판을 당겨서 지금까지 나온 아이디어를 정리해 적기 시작했다. 당구를 치던 팀을 비롯해 바에 있던 사람들이 제각각의 자세로 앉아서 한마디씩 하기 시작했다. 실내 분위기는 왁자지껄하면서도 진지한 분위기가 됐다. 누군가 한마디 하면 박수가 터지기도 했고, 여기저기서 서로 고개를 끄덕여주기도 하면서 아이디어를 모으기에 바빴다.

이것은 내가 가상으로 그려본 감성사회 기업의 모습이다. "그게 노는 거지, 어디 회사에서 일하는 모습이냐?"라고 불평을 한다면 당신은 아직도 산업사회 기업의 패러다임에서 벗어나지 못하고 있는 것이다. 앞으로 감성사회로 더 많이 나아가게 되면 기업의 반복적인 일은 모두 컴퓨터나 로봇이 담당하게 되고, 인간은 창의적인 일이나 인간적인 속성을 필요로 하는 일을 하게 될 것이다. 따라서 기업에서는 지금과 같이 사람들이 모여 반복적이고 틀에 박힌 일을 매일같이 하는 풍경은 사라지고, 떠들썩한 분위기에서 창의적인 아이디어를 창출하는 것이 주된 일이 될 것이다.

미국 캘리포니아의 버클리에 있는 국제 경영컨설팅 회사인 플레이페어(Playfair, Inc.)의 창립자이자 대표인 매트 와인스타인(Matt Weinstein)은 미래 감성사회에서의 기업에 대해 "종업원들이 직장에 출근하는 것을 재미있어 하고, 사무실 여기저기에 재미있는 선물들을 두어 동료들을 놀라게 하며, 직장에 있는 것을 행복해하는 목소리로 전화를 받는다면 그보다 더한 경쟁력이 어디 있겠는가? 거기에는 엄청난 경쟁력이 함께 있다"라고 말한다(롤프 옌센,《드림 소사이어티》, 2000년, 리드리드출판).

이제까지 회사는 급여를 받기 위해 하기 싫은 일을 하는 곳이라는 인식이 강했지만, 미래 감성사회에서는 회사는 내가 하고 싶은 일을 하는 곳이자 내 인생의 의미를 찾는 곳이라는 식으로 인식이 바뀌게 된다. 기존의 사고방식에 젖어있는 사람들의 입장에서는 그러면 일은 언제 하느냐고 걱정할 수도 있다. 감성사회에서는 일이 곧 재미요 게임이다. 하지만 감성사회에서 일은 재미는 재미이지만 힘든 재미다. 단순히 노는 것 그 자체가 목적이 아니라 어떤 성과를 이루기 위해 노는 것이라는 말이다. 회사에서 놀면서 일하지만 좋아하면서, 그리고 재미를 느끼면서 일하기 때문에 시간에 관계없이 일을 하게 된다.

새로운 시대의 젊은이들은 어떤 때에는 낮에도 놀지만, 어떤 때에는 밤을 새워가며 일을 한다. 누가 시켜서 밤을 새우는 것이 아니라 일이 재미있기 때문에 밤을 새우면서 일을 하는 것이다. 여담이지만, 그래서 어떤 미래학자는 감성사회에서는 가정의 역할이 줄어들게 될 것이라고 말한다. 이제까지는 회사에서의 지겨운 일과 가정에서의 안락함이 뚜렷하게 구별됐고, 사람들은 회사란 급여를 받기 위해 다니는 곳일 뿐 자신에게 중요한 곳은 안락함을 주는 가정이라고 생각했다. 하지만 감성사회에서는 사람들이 회사에서 하는 일에서 재미를 느끼게 되고, 가정은 안락함보다는 계약관계 비슷하게 느슨한 형태의 결합이 되기 때문에 가정보다는 회사의 중요성이 더 커질 것이라는 이야기다. 물론 그렇다고 해서 회사에 충성을 다해야 한다거나 회사와 종속관계에 묶이게 되는 것은 아니다. 그저 회사와 개인이 수평적이고 동등한 계약관계로 맺어지게 되는 것이다.

감성사회가 되면 지식이나 정보보다는 감성이 더 큰 역할을 하게 된다. 아니 기존의 지식이나 정보, 즉 경험은 오히려 걸림돌로 작용하게 될 가능성이 크다. 감성사회가 도래하기 전에는 경험이 중요한 자산이지만 감성사회가 도래한 뒤에는 경험은 버려야 할 짐이 되고, 도리어 상상력이 중요한 자산이 된다. 기존의 고정관념은 상상력을 펼치는 데 방해가 된다.

따라서 감성사회에서는 비움과 버림이 학습에서 가장 중요한 과제가 된다. 비움과 버림에 대해서는 여러 사람들이 강조해 왔다. 아인슈타인은 일찍이 "지식보다 상상력이 더 중요하다"고 말했다. 세계적인 미래학자인 앨빈 토플러는 저서 《부의 미래》에서 "새로운 지식을 학습하는 과정을 촉진시키기 위해서는 역설적이게도 기존 지식을 창조적으로 폐기처분하는 망각학습이 보다 중요하다"고 역설하고 있다.

또한 감성사회에서는 업무시간의 길이가 중요한 것이 아니라 얼마나 창의성을 발휘하느냐가 중요하게 된다. 위에서 예시한 감성사회 기업의 모습에서 직원들이 업무시간에 윈드서핑을 즐기고, 맥주를 마시고, 당구를 치는 것도 창의적인 아이디어를 낼 수 있는 가장 좋은 방법이기 때문에 그렇게 하는 것이다. 노는 것 그 자체가 목적이 아니다. 창의적인 아이디어를 낼 수 있는 분위기를 만들기 위해 재미와 휴식과 일을 섞는 것이다. 사무실의 형태도 책상과 컴퓨터와 칸막이가 정형화된 형태로 배치되기보다 개인의 창조성을 극대화할 수 있게끔 디자인된다.

기업이 개인을 보호해줄 수 없다

나는 아직도 많은 사람들이 기업에 자신의 인생을 의지하려는 생각을 갖고 있는 것을 보고 안타까움을 느낄 때가 많다. 물론 자기 나름의 인생을 펼치기 위해 기업을 발판으로 삼는 것이야 당연한 일이지만, 자신의 인생을 기업에 전적으로 맡길 수 있다고 생각한다면 그것은 오해이고 비극이라고 나는 생각한다. 누구나 관념적으로는 이제 평생직장도 없고 평생직업도 없다고 말하지만 실제로는 안정적인 직장을 찾아 헤매는 세태를 보면 사람들이 아직도 산업사회적 직장관을 버리지 못하고 있는 것 같다.

하지만 이제 더 이상 기업이 개인의 인생을 책임져 줄 수가 없다. 그 이유는 너무나도 명백하다. 이제 기업에는 그렇게 할 힘이 없기 때문이다. 산업사회에서는 기업이 힘의 우위를 점하고 있었지만, 지식사회와 감성사회에서는 소비자가 힘의 우위를 점하고 기업에 대해 생살여탈권을 쥐기 때문에 기업이 개인을 무작정 보호해 줄 수 없게 된다. 소비자의 눈치를 볼 수밖에 없는 기업이 소비자의 눈 밖에 난 직원을 계속 데리고 있으면서 일을 시킬 수 없는 것은 당연한 일이지 않겠는가.

힘의 균형이 기업에서 소비자에게로 넘어가면서 나타나는 가장 흥미로운 현상은 기업이 끊임없이 고객의 요구에 맞춰 변화와 혁신을 하지 않으면 안

되게 됐다는 것이다. 기업의 수명이 점점 더 짧아지고 있는 추세는 곧 변화와 혁신에 실패한 기업은 그만큼 빨리 도태된다는 의미다.

〈포브스〉가 기업의 수명에 관해 조사한 결과가 이를 뒷받침한다. 〈포브스〉가 1917년에 미국의 100대 기업 명단에 올랐던 기업들이 그 뒤에 어떻게 됐는지를 조사해 보았더니 1987년에는 불과 39개 기업만이 살아남아 있었다. 1987년에도 100대 기업 명단에 포함돼 있는 기업은 17개에 지나지 않았고, 1917년보다 순위가 상승한 기업은 단 2개뿐이었다.

이 조사결과는 아무리 큰 기업이라도 생존하고 발전하는 것이 어렵다는 것을 보여준다. 아무리 큰 기업도 변화와 혁신에 실패하고 그동안 이룬 평범한 성공에 안주하는 순간 혁신적인 신생기업에 금세 추월당할 뿐 아니라 생존마저 위협받는 처지에 몰리게 된다는 것이다. 특히 지금과 같이 1987년 이전과는 차원이 다른 변화를 겪는 시기에는 능동적인 적응의 능력이 기업에 더욱더 중요하다.

기업의 평균수명이 짧아지고 있다는 사실은 〈맥킨지 보고서〉에도 잘 나타나 있다. 이 보고서는 기업의 평균수명이 1935년에는 90년이었던 것이 1955년에는 45년이 되어 20년 만에 절반으로 줄어들었고, 이어 1975년에 30년, 1995년에는 22년으로 갈수록 더 줄어들었음을 보여준다. 이러한 추세는 계속되어 최근에는 기업의 평균수명이 15년으로 단축된 것으로 추정되고 있다.

물론 100년 넘게 발전을 거듭하는 기업도 있고 설립되자마자 사라지는 기업도 있기 때문에 〈맥킨지 보고서〉를 보고 모든 기업의 수명이 다 그렇게 짧아졌다고 단정하는 것은 무리다. 그러나 산업사회에서와 달리 지식사회와 감성사회에서는 기업들이 매우 불안정한 환경에 놓이게 된 것만은 부인할 수 없는 사실이다.

반면에 날로 발전하는 유전공학과 의학 덕분에 인간의 수명은 획기적으로 늘어나고 있다. 한국인의 평균수명은 1993년에 73세였던 것이 2002년에는 77세가 됐고, 2010년에는 79세가 될 것으로 예측된다. 이런 추세대로라면 2020년 출생자의 평균수명은 120세가 될 것으로 보인다.

이러한 인간의 수명 연장은 기업의 수명 단축과 맞물려 산업사회에서 보편화된 '기업에 대한 개인의 종속관계'라는 패러다임의 재검토를 요구하고 있다. 즉 10년 전만 해도 어느 정도 궤도에 오른 회사에 취직만 하면 적어도 내가 근무하는 동안에는 회사가 망할 염려는 없다는 식의 평생직장 개념이 통했지만, 지금은 구성원 개개인의 일자리를 완벽하게 보장해줄 수 있는 회사가 더 이상 존재하지 않게 됐다. 그것은 한국의 특별한 상황, 즉 외환위기 아래서 일어난 특별한 현상이라고 생각하는 사람들이 있을지 모른다. 그러나 그러한 현상은 앞으로 일반화될 것이다.

지금은 근로자 보호를 위해 막강한 힘을 발휘하고 있는 노조도 앞으로는 그 기능이 약화될 수밖에 없을 것이다. 노조운동이란 기본적으로 기업이 막강한 힘을 가지고 있어 약자인 노동자들이 그런 기업의 힘에 대항하기 위해서는 힘을 합쳐야 한다는 인식을 기본적인 전제로 하는 것이다. 그런데 기업도 제 몸 추스르기에 바쁜 처지가 된다면 노동자들이 일방적으로 기업에 응석을 부릴 수만은 없게 된다.

세계적인 미래학자인 톰 피터스의 예언대로 '기업이 개인을 책임지는 시대'는 종말을 고하고 '개인이 자신을 1인 기업, 즉 나 주식회사(Me, Inc.)의 CEO로 인식하고 자신에 대해 스스로 책임지는 시대'가 도래하고 있는 것이다.

2장

미래에 내 직업이 있다

1992년에 미국유학에서 돌아와 몇 달이 지났을 때 아는 사람과 저녁식사를 같이 할 기회가 있었다. 이런저런 얘기가 오가던 중에 그분이 자녀의 진로 문제에 관해 내게 자문을 구하는 것이었다. 아마도 내가 미국에 있었기 때문에 앞으로의 유망분야에 대해 잘 알지 않겠느냐고 생각했던 것 같다. 그래서 자녀가 어떤 분야에 관심이 있느냐고 물어보았더니 의대, 약대, 간호대 등에 관심이 있다고 했다. 또 그분 자신도 자녀가 그런 분야로 나가면 좋겠는데 실력이 좀 모자라는 것 같아 고민이라고 했다.

나는 이렇게 조언했다. "그러지 말고 수의학과에 보내는 것이 어떻겠습니까? 앞으로 국민소득이 높아지고 핵가족화가 진전되면 틀림없이 애완동물 붐이 일어날 테니까요. 지금은 수의학과가 커트라인도 좀 낮을 것 같고 하니 그것이 안성맞춤일 것 같습니다." 물론 그분은 내 조언이 마음에 안 들었는지 별다른 반응을 보이지 않았다. 나중에 나는 그분의 자녀가 몇 군데 약대에 지원했다가 모두 떨어져서 재수를 하고 있다는 소식을 들었다.

그 당시에 내가 했던 예측이 맞아 수의사나 애완동물 미용사가 인기직종이 됐지만, 앞으로도 그런 분야가 계속 유망직종으로 유지되리라는 보장은 없다. 그래서 지금 누군가가 내게 "앞으로 어떤 분야가 유망하겠느냐?"고 자녀의 진로에 대해 다시 조언을 부탁한다면 함부로 얘기를 하기가 곤란할 것 같다는 생각이 든다. 왜냐하면 그 당시만 해도 근 20년 전으로 앞날에 대한 예측이 어느 정도 가능한 시절이었지만, 지금은 유망직종이 너무 빨리 변해서 어느 하나의 직종이 계속 유망할 것이라고 단정하기가 곤란하기 때문이다.

미래학자인 제러미 리프킨은 저서 《노동의 종말》(2005년, 민음사)에서 앞으로 10년 뒤에는 기존 직종 가운데 절반이 사라지고, 20년 뒤에는 기존 노동력의 5퍼센트만 필요하게 될 것이라고 말했다. 다른 미래학자들 가운데는 리프킨의 이런 예측을 그의 개인적인 의견일 뿐이라면서 무시하는 사람도 있을지 모르겠다. 하지만 이미 미국 정부는 기존 직종의 80퍼센트가 10년 안에 사라진다고 발표했고, 호주 정부는 10년 뒤에는 한 사람이 평생 30~40개의 직장을 돌아다니게 되고 대부분이 프리랜서로 잠깐씩 일한 뒤 다른 직장을 찾게 될 것이라는 전망을 내놓았다(박영숙, 《당신의 성공을 위한 미래뉴스》, 2008년, 도솔).

즉 한 가지 직업으로 평생을 살 수 있는 평생직장, 평생직업의 시대는 지났다는 얘기다. 삼팔선이니 사오정이니 하는 말과 같이 직장에서 잘리기 때문에 평생직장이 없는 것이 아니라 특정한 직업이나 직종 자체가 없어지기 때문에 평생직장이나 평생직업을 가질 수 없게 된다는 것이다. 더 정확히 말하면 2025~2030년쯤 되면 평생직종이나 평생직장은 완전히 사라질 것이라고 한다.

미래학자들은 앞으로 15년 후에 사회에 나오는 사람들은 은퇴할 때까지

39개의 일자리를 갖게 된다고 한다(박영숙,《당신의 성공을 위한 미래뉴스》, 2008년, 도솔). 그나마 대부분의 일자리는 지금과 같이 고정적인 월급을 받으면서 한 회사에서 지속적으로 일하는 형태가 아니라, 필요에 따라 일이 주어지고 일이 끝나면 다른 일을 찾아야 하는 프로젝트 형태 내지 프리랜서 형태의 일자리가 일반화된다는 것이다.

미국에서는 이런 현상이 이미 감지되고 있다. 미국인은 평균적으로 평생 10.2개의 직장을 옮겨 다니고, 33~39세에 해당되는 미국인의 직장당 평균 근무기간이 5년 정도인 것으로 나타나고 있다(박영숙 박세훈,《NEXT JOB─미래직업 대예측》, 2006년, 매일경제신문사). 적어도 미국에서는 한 직장에 오래 있는 것은 무능한 것으로 비쳐지고 있으며, 이런 현상은 서서히 우리에게도 나타나게 될 것이다. 그때가 되면 우리는 직장에서 몇 년 일하다가 학교로 돌아가 1~2년간 새로운 기술을 익힌 다음에 일자리를 옮기고, 다시 몇 년 일하다가 기술훈련을 새로 받는 식으로 살아야 하는 평생 직업교육의 시대를 맞게 될 것이다.

그러나 하나의 직업이나 한 가지 직종만으로 평생을 성공적으로 살아온 사람들은 아직도 이런 현실의 흐름을 부정하고 싶어 한다. 그래서 미래 유망 직업으로 의사라는 직업이 각광을 받고 있고, 불안정한 미래를 피해가는 안전한 길로 정년이 보장되는 교사 또는 교수, 공무원이 선호되고 있다. 하지만 이런 직업이 미래의 안전을 보장해 줄 수 있을까? 절대로 그렇지 않다.

혹자는 그것은 먼 미래의 일인데 그런 예측을 그렇게 단정적으로 하는 것은 무리가 아니냐고 반문할 수 있다. 나도 계시를 받아서 미래를 내다보는 능력을 갖게 된 예언자나 점쟁이가 아니기 때문에 단정적으로 미래를 예언하는 것은 무리가 있음을 인정한다. 그렇지만 합리적인 근거를 가지고 미래를 예측하고 시나리오를 작성해 보는 것은 나름대로 의미가 있는 일이라고 생각한다.

더구나 지금 대학에서 공부를 하고 있는 학생들이라면 그들이 대학을 졸업한 뒤 사회활동을 본격적으로 하는 시기는 10년 뒤 내지 20년 뒤일 것이기 때문에 10년 뒤, 20년 뒤의 미래 세상에 대해 생각해보고 미리 준비를 하는 것은 필수적인 일이라고 생각한다.

물론 나는 미래학자가 아니기 때문에, 또 이 책의 목적이 미래사회에 대해 기술하는 것이 아니기 때문에 여기서 미래에 대한 전망을 자세하게 다룰 의도는 전혀 없다. 다만 현재 학생들이 가장 선호하는 교사와 교수, 공무원, 의사를 예로 들어 미래의 직업변화를 살펴봄으로써 미래에 대비하는 올바른 태도를 갖도록 도움을 주고자 한다.

미래를 예측한다는 것은 상당히 어려운 일이고, 미래학자도 아닌 내가 나름대로 미래를 예측한다면 그 결과는 정확도에서나 신뢰도에서나 미흡할 것이라고 생각한다. 따라서 인구변화를 비롯한 한국의 특수한 상황과 관련된 미래예측은 언론의 기사나 믿을 만한 통계자료 등에 근거함으로써 가급적 객관성을 유지하도록 노력하겠다. 특히 기술의 발전과 관련이 있는 미래예측은 《당신의 성공을 위한 미래뉴스》(박영숙, 2008년, 도솔)와 《NEXT JOB─미래직업 대예측》(박영숙 박세훈, 2006년, 매일경제신문사) 등을 참고했음을 밝혀둔다.

교사와 교수의 미래 모습

미래사회의 모습을 예측하는 데는 여러 기법이 사용되지만, 여기서는 미래를 예측하는 것 자체가 목적이 아니기 때문에 상식적이고 단순한 방법을 사용하고자 한다. 미래학자들은 미래사회 변화의 원동력으로 ① 인구변화, ②

과학기술의 발달, ③ 세계화, ④ 이동성, ⑤ 여성성의 중시 내지 강화 등을 꼽는다. 이런 요인들 중에서 교사와 교수의 미래 모습에 가장 직접적으로 영향을 미치는 것으로는 인구변화와 과학기술의 발달을 들 수 있다.

우선 저출산으로 인한 인구감소는 학생 수의 감소로 이어지고, 이는 다시 당연히 교사와 교수의 일자리 감소로 이어지리라는 점은 누구나 이해하고 있다. 현재 65억 명인 세계의 인구는 2050년에 91억 명으로 늘어났다가 2100년에는 60억 명, 2150년에는 36억 명으로 줄어들 것으로 유엔미래포럼은 예측한다. 한국의 경우에는 인구감소 문제가 더 심각하다. 심지어 어떤 미래학자는 한국인을 지구상에서 사라질 민족으로 첫 손가락에 꼽고 있다.

한국의 현재 출산율 1.10명을 기준으로 계산해 보면 2005년에 4800만 명이었던 한국의 인구는 2015년부터 감소하기 시작하고, 저출산 시기에 태어난 아이들이 성인이 되는 2040년부터는 인구가 더욱 급격히 감소하게 된다.

〈그림 2-1〉 한국의 인구 추세

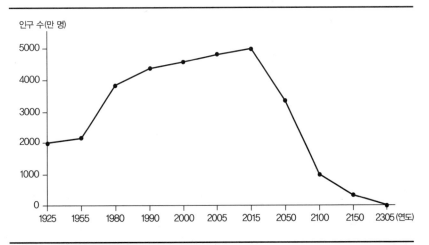

* 통계청 인구통계, 2005년 이후는 유엔미래포럼 추정치

그 결과로 한국의 인구가 2050년에 3400만 명, 2100년에 1000만 명, 2150년에 290만 명이 되고, 2305년에는 한국인이 단 한 사람도 남지 않게 된다.

물론 이런 예측을 빗나가게 할 긍정적인 변수로 외국인 이민 유입이나 출산을 장려하는 정책 등이 있지만, 저출산의 심화로 인한 인구감소의 가속화를 우려하는 비관적인 견해도 많다. 물론 유전자 공학의 발전과 장기이식 기술의 발전에 의해 인간의 수명이 대폭 길어져 낮은 출산율에도 불구하고 인구가 상당기간 유지될 가능성도 있다.

그러나 어떤 경우든 저출산으로 인해 학생 수가 감소하는 현상은 피할 수 없는 대세임을 누구도 부인할 수 없을 것이다. 취학연령인 7세의 아동인구에 대한 통계청의 추정치를 보면 2008년에 59만 명, 2018년에 42만 명, 2028년에 37만 명, 2038년에 34만 명, 2048년에 26만 명으로 급속하게 줄어들 것으로 예측되고 있다.

지금도 젊은이들이 떠난 시골의 분교를 중심으로 많은 초등학교가 문을 닫고 있고, 초등학교 교사를 줄여야 하는 것 아니냐고 걱정하는 목소리가 들려오며, 교사의 신규채용이 급속히 줄어들어 교대나 사범대 학생들의 불만이 커지고 있는 것이 현실이다. 현재 초등학교에서 나타나고 있는 이런 현상은 앞으로 점차 중학교, 고등학교를 거쳐 대학교로도 확산되리라는 것은 어렵지 않게 짐작할 수 있는 일이다.

지금도 이미 대학에서 정원보다 지원자 수가 적은 현상이 발생하고 있고, 그 정도는 해가 지날수록 더욱 심화될 것이다. 그림 〈2-2〉에서 보듯이 2009년에 대학입학 정원은 약 60만 명인 데 비해 고교졸업생 수는 약 58만 5천 명으로 정원보다 적은 것으로 나타났다. 고교졸업생 수는 2012년에는 약 64만 명으로 대학입학 정원을 웃돌겠지만, 그 뒤로 고교졸업생 수가 급격하게 줄어들어 2021년에는 약 47만 명에 불과하게 될 것으로 추정된다. 이런 문제 때

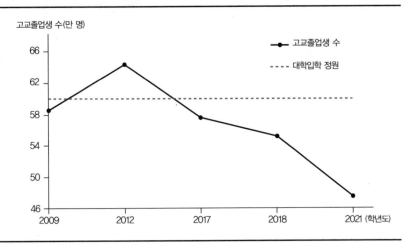

〈그림 2-2〉 연도별 고교졸업생 수의 변화 전망

고교졸업생 수(만 명)

● 고교졸업생 수
---- 대학입학 정원

66
62
58
54
50
46

2009　　2012　　2017　　2018　　2021 (학년도)

＊ 교육과학기술부

문에 일부 지방대학들의 경우에 정원도 못 채우는 현상이 이미 발생하고 있고, 2017년 이후에는 그 정도가 더욱 심해질 것으로 보인다.

현재도 일부 대학에서는 교수의 실적에 대한 평가가 연구나 수업을 충실히 하는 것보다 신입생을 얼마나 많이 모집해 오느냐에 달려있다고 한다. 그래서 이런 대학의 교수들은 고등학교 졸업반에 찾아다니면서 학생모집에 매달릴 수밖에 없고, 그 결과로 해당 대학의 주위에 있는 고등학교의 교무실 문에 '교수와 잡상인 출입금지'라는 표지가 나붙을 정도라는 우스갯소리가 있다. 그런데 이런 현상은 일시적이어서 세월이 지나면 해결될 문제가 아니라 날이 갈수록 더욱 심화될 수밖에 없는 문제라는 데 심각성이 있다.

그러나 교육분야에서 근본적이면서 더욱 심각한 변화는 과학기술의 발달로 인해 일어나게 될 것 같다. 가장 큰 변화의 요인은 인터넷과 가상현실에 의한 사이버 교육의 실현이다. 지금도 사이버 대학이 있지만, 아직은 학교에서 실시하는 교육의 동영상을 홈페이지에 올려놓는 수준이어서 경쟁력이 없다. 하지만 이런 사이버 교육이 서서히 자리를 잡아나가면 점차 그 대단한 위력을 드러내게 될 것이다.

그 가장 큰 위력은 가상현실에 의한 체험교육을 할 수 있다는 데 있다. 유엔미래포럼의 제롬 글렌(Jerome Glenn) 회장은 2015년이면 옷과 안경 형태의 컴퓨터인 사이버나우(Cyber-Now)를 통해 많은 사람들이 24시간 사이버 공간과 접속하게 될 것이라고 전망하고 있다.

미국은 2025년까지 전 세계의 70퍼센트를 사이버나우로 연결해 지구촌 인구의 44퍼센트가 사이버나우를 통해 적어도 1주일에 1회 이상은 가상현실에 접속하게 한다는 계획을 세워놓고 있다. 사이버나우를 통해 가상현실에 접속하면 무엇이든 원하는 정보를 손쉽게 찾을 수 있고, 실제와 같은 경험을 할 수 있게 된다는 것이다.

예를 들어 지금은 세계역사를 배울 때 연대표를 외우거나 글로 풀어놓은 스토리를 읽는 수준이지만, 가상현실에서 세계역사를 배울 때에는 역사의 현장에 가서 당시의 실제 상황을 볼 수 있다는 것이다. 또한 공학기술을 배우는 경우에도 지금은 실험실에서 실험을 통해 나타나는 현상을 관찰해야 하지만, 가상현실을 이용하면 아무 때나 어디에서든 실험을 해볼 수 있게 된다.

앞으로 사이버 교육에 대한 의존도가 높아지면서 가상학교가 증가할 것이다. 미래에는 극히 특수한 소수만을 제외한 대부분의 학생들은 인터넷을 통해 가상학교에서 공부하게 될 것이다. 그 결과로 지금과 같은 개별 학교는 존재의 의미가 없어질 것이고, 전 세계를 통합하는 사이버 대학이 등장할 것이다. 그렇게 되면 학생들은 각자가 배우고 싶을 때 인터넷을 통해 배우고 싶은 내용을 개별적으로, 그리고 거의 무료로 배울 수 있게 될 것이다. 여담이지만, 그렇게 되면 한국의 망국적인 사교육 문제나 조기유학 문제도 자연스럽게 해결되지 않을까?

이러한 움직임은 이미 미국에서 서서히 일어나고 있다. 현재 미국의 '인터넷2'에서는 208개 대학과 마이크로소프트를 비롯한 70개 대기업이 컨소시엄을 이루어 글로벌 대학 인프라를 만들고 있다. 또한 MIT대학은 수년 전부터 강좌를 웹에 무료로 올리면서 100여 개 대학과 맺은 국제적인 '오픈코스웨어(OCW) 컨소시엄'을 통해 무료의 대학통합 강좌를 시도하고 있다.

이렇게 기업들이 사이버 교육에 관심을 갖고 적극 참여하는 이유는 자신들이 필요로 하는 강좌를 직접 만들어 사내에서 사원교육을 실시해야 하는 부담에서 벗어날 수 있기 때문이다. 또한 기업의 사원이나 대학의 학생으로서는 비싼 교육비나 등록금의 부담을 덜 수 있을 뿐만 아니라 좋은 강좌를 선택해서 들을 수 있는데다가 강의내용이 계속 업그레이드되기 때문에 빠른 지식발전 속도를 따라가는 데도 도움이 되므로 사이버 교육을 절대적으로 선호할 수밖에 없다.

그렇다면 사이버 교육이 일반화될 경우에 교수나 교사의 역할은 어떻게 변하게 될까? 미래에는 인지과학자, 사회활동가, 첨단 과학기술 전문가, 연예인 등 다양한 직종의 사람들이 교수나 교사의 직책을 맡게 될 것이다. 즉 현재와 같이 한 사람의 교수나 교사가 이론적인 지식을 학생들에게 한꺼번에 일방적으로 전달하는 교육은 쇠퇴할 것이고, 그 대신 각 분야의 전문가들이 사이버 공간을 통해 학생 하나하나와 만나게 되기 때문에 교수나 교사는 안내자 내지 상담자의 역할을 하는 데 그치게 될 것이다. 특히 대학의 교수들은 사이버 강의가 보편화되면 강의를 하고 시험을 치는 등의 종래 역할에서 벗어나 점차 심도 있는 토론, 조직운영, 교육과정을 지도하거나 연구 프로젝트에 피드백을 해주는 조언자의 역할을 하게 될 것이다.

그러나 사이버 강의의 특성상 그것이 보편화되면 지리적, 시간적 제약이 소멸하므로 인기 있는 유명대학의 유명교수들만 강의자로 살아남게 되고, 그 밖의 수많은 교수들은 논문지도나 학생지도를 담당하는 역할만 맡게 될 것이다. 그 과정에서 학생들이 좋아하는 게임만 골라 하듯이 강의도 재미 위주로 고르지 않겠느냐는 걱정이 표출될 수 있고, 사이버 강의에 대해 대학이나 교수들이 저항하게 될 수도 있다. 하지만 다른 관점에서 보면, 대학의 교수들이 지금 불평하는 '연구와 수업을 모두 잘해야 하는 부담'에서 벗어날 수 있다. 강의는 유명한 사이버 강의 담당 교수에게 맡기고 개별적인 학생상담과 자신의 연구에만 전력을 기울일 수 있게 된다면 교수들로서도 좋은 일 아니겠는가.

여기까지 읽은 독자들 가운데는 "설마하니 그런 일이 일어나겠어?"하고 코웃음 치는 사람도 있을 것이다. 충분히 이해한다. 미래학자들이 미래를 너무 낙관적으로 내다보았을 수도 있고, 위에서 예상해본 미래 모습이 그렇게 빨리 실현되지 않을 수도 있다. 하지만 나는 그런 미래 모습이 시간상 약간 뒤로 미루어질 수는 있겠지만 결국은 실현될 것이라고 생각한다.

인터넷이 처음 출현했을 때 지금과 같이 세상의 패러다임을 바꿀 정도로 큰 영향력이 있을 거라고 생각한 사람은 거의 없었다. 이런 사실을 상기한다면, 아직은 초보단계인 사이버 교육이 미래에 큰 충격을 가져올 가능성이 있다는 사실을 누구도 대놓고 부정하기는 어려울 것이다. 사실 항공기조종사 훈련 등에는 그런 사이버 교육이 이미 이용되고 있지 않은가.

지금의 교육제도도 역사가 그리 오랜 것이 아니라 겨우 200년 전에 산업사회가 시작되면서 생겨난 제도임을 고려한다면, 위와 같은 나의 예측이 허황된 상상만은 아님을 이해할 것이다. 산업사회 이전의 농경사회에서는 지금과 같은 교사나 교수라는 직업은 없는 것이나 마찬가지였다. 당시의 교육은 아이들이 집에서 부모나 동네어른에게 배우는 정도였고, 그나마 집 밖에서 배우는 경우에도 도제제도에 의한 개인교육 정도였다. 일부 특수계층(예를 들어 조선의 양반이나 서양의 귀족)을 위한 별도의 교육기관은 있었지만, 이는 지금의 대중적인 교육과는 근본적으로 다른 것이었다.

지금의 교육은 부모가 집을 떠나 별도의 작업장에서 일을 하게 되면서 아이들을 떼어놓게 된데다 집에서 전통적으로 내려오는 일이 아닌 별도의 일을 하기 위한 지식이 필요해지면서 만들어진 제도에 불과하다. 국가나 기업의 입장에서는 생산에 필요한 기본적인 지식을 갖춘 표준형 인간을 길러내기 위해 교육을 실시해야 할 필요가 있었고, 부모의 입장에서는 자녀가 가업이 아닌 별도의 일을 해서 수입을 올릴 수 있도록 가르쳐야 할 필요가 있었기 때문에 지금과 같은 교육제도가 생겨나게 된 것이다.

그렇다면 시대가 요구하는 바가 변하고 더 좋은 교육방법이 생겨나면 교육제도가 변하는 것은 당연한 일이 아니겠는가. 농경사회에서는 낯설었던 현재의 대중적인 학교교육이 산업사회로 전환된 뒤로는 200년도 채 되지 않아 자리를 잡았다면, 앞으로 펼쳐질 감성사회에서는 사이버 교육이 새로운 교육제도로 자리를 잡게 되지 말라는 법이 없지 않겠는가.

산업사회에서는 지식의 변화속도가 느리기 때문에 평생 한 가지 전공만으로도 살아갈 수 있었다. 따라서 교사나 교수도 자신이 대학에서 배운 지식을 그대로 학생에게 넘겨주어도 별 문제가 없었다. 하지만 지식정보화사회에서는 과거의 지식으로는 더 이상 평생을 버틸 수가 없다.

예를 들어 첨단과학기술의 발달로 엔지니어의 지식수명은 5년으로 짧아졌고, 앞으로 10년 뒤에는 지금 엔지니어가 갖고 있는 기술이나 지식의 90퍼센트를 컴퓨터의 일로 대체될 것이다. 따라서 누구든 끊임없이 지식을 업데이트해야만 생존할 수 있게 된다. 현재 출판인쇄물은 4년마다 2배씩 늘어나고 있기 때문에 지식반감기가 4년으로 엄청나게 짧아졌다. 더구나 IT 등 첨단분야의 지식반감기는 2년 이하로 짧아졌고, 앞으로 더욱더 짧아지게 될 것이다. 실제로 인터넷상의 정보량이 3.5개월마다 2배씩으로 늘어나고 있다고 한다.

상황이 이러하므로 앞으로 교사나 교수는 실시간으로 정보와 지식을 업데이트해야만 학생을 가르칠 수 있게 된다. 더구나 지식반감기가 이렇게 단축되면 일단 사회에 진출한 졸업생이 5~10년간 사회에서 일하다 다시 학교로 돌아와 1~2년간 새로운 기술을 터득하고 일자리를 옮겼다가 또다시 대학으로 돌아와 몇 개월 훈련을 받는 식의 평생직업교육이 자리를 잡게 될 것이다. 따라서 이런 변화에 대응해 교수들도 지식을 끊임없이 업데이트해야 한다.

나는 동국대에서 겸임교수로 강의를 하고 있는데, 공대 학생들에게 과거의 지식을 배우려고 노력하기보다는 미래의 기술을 터득하려고 노력하라고 주문하고 있다. 그래서 내 강의의 제목도 '기술로 보는 미래 세상의 모습'이다.

산업사회에서는 표준화된 공정에 의해 제품을 생산하는 것이 엔지니어의 역할이었기 때문에 공대 학생이 과거의 기술을 익혀도 문제가 될 것이 없었다. 하지만 앞으로는 제품생산은 개발도상국과 컴퓨터, 로봇이 담당하게 될 것이고, 엔지니어의 주된 임무는 제품개발, 디자인, 콘텐츠 개발이 될 것이다. 이 때문에 미래의 기술을 터득하고 익히는 능력이 엔지니어에게 필요하다는 것이다. 더구나 제품의 수명이 짧아지고 있기 때문에 과거의 기술로 평생을 보내려는 생각은 빨리 버려야 한다고 나는 학생들에게 거듭 강조한다.

그럼 여기서 원래의 논제로 돌아가 앞으로 10년 뒤, 20년 뒤에도 교수나 교사라는 직업이 지금과 같이 안정적인 지위를 계속 누릴 것인가를 생각해 보자.

물론 앞으로도 교육은 가장 각광받는 분야 가운데 하나로 남을 것이 틀림없다. 하지만 교육도 수요자 중심의 시장으로 바뀌어 시장의 원리가 철저하게 작용하는 분야가 될 것이므로 교수나 교사라는 직업이 지금과 같은 안정성을 계속 가질 수는 없을 것이다. 앞으로는 교수나 교사가 현재와 같이 단순한 지식전달자로 머물 수 없으므로 끊임없이 새로운 지식을 실시간으로 공부해야 하고, 이에 더해 학생들에 대한 인성교육까지 담당해야 한다. 따라서 진정으로 교육에 대한 열정을 갖고 있지 않은 사람은 교수나 교사가 되더라도 오래 견뎌낼 수가 없을 것이다.

초중고교 교육의 경우에는 학생 수가 급격히 줄어들게 되고, 현재 교사가 하고 있는 역할을 사이버 교육이 담당하게 될 것이므로 필요한 교사 수가 엄청나게 줄어들 수밖에 없다. 게다가 그 줄어드는 속도 자체가 워낙 빠를 것이기 때문에 기존에 재직하고 있던 교사들 가운데 일부를 내보낼 수밖에 없을 것이다. 이런 실정을 고려하면 초중고교 교사직의 직업적인 안정성이 크게 떨어질 것이 분명하다.

대학 교육의 경우는 현재와 같이 고등학교 졸업생을 받아들여 1회성으로 교육을 실시해 내보내는 것이 아니라 평생교육을 실시해야 할 것이다. 이 때문에 대학 교육의 중요성은 오히려 더 커지게 될 것이다. 문제는 사이버 교육이 자리를 잡게 되면 지역적, 시간적 제한이 없어져서 현재의 대학들이 계속 생존할 수 있는가를 확신할 수 없는 상황이 된다는 점에 있다.

교수들과 대학의 교육시스템이 변하는 시대의 요구에 맞추어 변해야만 한다. 지금과 같이 과거의 지식에 의존하는 구태의연한 방식으로는 교수도 대학도 살아남을 수 없는 상황이 될 것이다. 따라서 대학교수는 단순히 지식을 전달하는 역할에서 벗어나 끊임없이 새로운 지식을 창출하는 역할을 수행하거나, 유익하고 업데이트된 내용의 강의나 게임과 같이 재미있는 강의로 전 세계 학생들을 사로잡아야만 살아남을 수 있을 것이다. 그러니 미래에는 교수직도 지금과 같은 직업적인 안정성을 유지하지 못할 것이다.

의사의 미래 모습

의사는 공급 과잉과 전반적인 인구분포의 변화로 인해 불안정한 직업이 된지 벌써 오래됐다. 〈메디컬투데이〉는 2009년 7월 7일에 '의사도 실업자 시대, 실업자 의사 6800명'이라는 제목의 기사를 실었다. 이 기사를 내보낸 의도는 이제 의사도 남아돌게 됐으니 의사의 공급을 줄이라는 주장을 하려는 것이었을 게다. 의사가 더 이상 안정적인 직업이 아니라는 취지의 보도는 이 기사만이 아니었다. 2009년 3월 27일자 〈국민일보 쿠키뉴스〉에 실린 기사를 잠깐 살펴보자.

건강보험심사평가원에 따르면 매년 개업하는 병·의원이 점차 늘어나면서 작년(2008년)에 3348개소가 문을 열었다. 반대로 문을 닫은 병·의원은 2007년(2147개)보다 늘어난 2218개나 된다. 파산위기에 몰린 의사들이 마지막 수단으로 법원에 호소하면서 개인회생 신청도 급증했다. 전국 법원에 접수된 의사의 개인회생 신청 건수는 지난해 82건으로 전년도 41건에 비해 2배나 된다. 올해(2009년)도 최근까지 벌써 32건이 접수됐다.

병·의원 연도별 개·폐업 현황(단위: 개소)

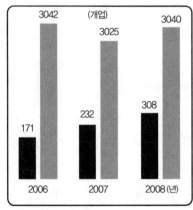

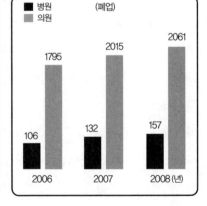

* 건강보험심사평가원

의사는 현재의 모습도 불안정하지만 앞으로는 더욱 불안정해질 것으로 예측된다. 물론 인류가 생존하는 한 생명에 대한 애착이 끊어지지 않을 것이기 때문에 의사라는 직업 자체가 없어지지는 않을 것이다. 하지만 지금과 같이 환자들이 병원을 찾아가 기다리고 의사는 진료실에 앉아서 환자를 맞는 공급자(의사) 중심의 진료형태는 그리 오래 가지 못할 것으로 예상된다.

또한 진료과목이 피부과, 소아과 등으로 구분된 가운데 어떤 특정한 진료과목을 전공한 의사는 평생 그 전공 하나만으로 먹고 살 수 있는 시대는 지나갔다. 설사 전공을 계속 유지한다고 하더라도 초고속으로 발전하는 의료기술을 따라가려면 지속적인 보수교육을 받아야 한다. 의료분야도 다른 분야들과 마찬가지로 인구변화, 첨단과학기술의 발전, 세계화, 이동성, 여성성의 중시 내지 강화 등에 의해 큰 변화를 겪게 될 것이다.

우선 인구변화에 따라 진료과목별로 명암이 크게 엇갈릴 것이다. 벌써 저출산의 영향으로 소아과와 산부인과의 휴폐업이 잇따르고 있다. 대신에 여성성의 중시 내지 강화에 따라 성형외과가 약진하고 있고, 인구의 고령화에 따라 건강의료가 눈에 띄고 발전하고 있다.

특히 인구의 고령화가 심화됨에 따라 환자의 질병을 치료해준다는 개념을 넘어 나이가 들어서도 건강한 삶을 살아갈 수 있게 해주는 대체의학의 발전이 점점 더 주목을 받게 될 것이다. 대체의학은 동양적인 치료방법을 응용한 것이 많으며, 대중요법적인 사고를 하는 의사들도 앞으로는 동양의학적인 접근방법에 더욱 관심을 기울여야 할 것이다. 더구나 앞으로는 위생조건의 개선과 치료약의 획기적인 발전으로 인해 세균에 의한 감염보다는 물질문명의 발전에 따른 정신적인 요인에 의한 질병이 많아질 것이므로 동양적인 치료법이 더욱 각광을 받을 것으로 보인다.

첨단과학기술의 발달로 진단기기의 중요성이 점점 더 커지고 있으니 그런 진단기기를 갖출 수 없는 동네의 소규모 의원들은 앞으로 정신적인 상담의 비중을 높여야만 살아남을 수 있을 것이다. 아직은 이런 단계가 본격화되지는 않았지만, 병·의원들이 개별적으로 값비싼 진단기기를 장만해야 하는 탓에 져야 하는 재정적 부담은 한국에서도 이미 상당히 심각한 문제로 떠오르고 있다. 〈국민일보 쿠키뉴스〉의 2009년 3월 27일자 기사를 보자.

> 병원 문을 여는 데 드는 평균비용은 인테리어와 의료기구 리스까지 2억~3억 원
> 정도라고 한다. 여기에 매월 임대료 400만~500만 원에 간호사 인건비, 수도요
> 금 등 관리비까지 합하면 매월 1000만 원은 벌어야 수익이 난다. 대한의사협회의
> 김주경 공보이사는 "환자 1인당 진료비와 보험공단에서 청구한 돈을 합하면 1만
> 원 정도 받을 수 있다"며 "하루에 환자 100명 이상을 봐야 수익을 볼 수 있는 구
> 조가 바뀌지 않는 한 망하는 의사는 계속 생겨날 수밖에 없다"고 말했다.

이러한 상황은 다른 나라도 마찬가지여서 싱가포르의 경우에는 아예 대형 병원의 의료기기를 공동으로 사용하는 것을 전제로 의사에게 개업을 허가하고 있다고 한다. 그래서 싱가포르에서는 의사가 청진기 하나만 있으면 개업을 할 수 있다는 것이다. 2009년 6월 29일자 〈매일경제신문〉에 '싱가포르 영리병원 재정지원 없이도 수익'이라는 제목으로 실린 기사를 보자.

> 도시국가인 싱가포르는 의사들이 청진기 하나만 있으면 개업할 수 있는 나라다.
> 의사는 자격증만 있으면 어렵지 않게 개원을 하여 임차료와 기타 운영비를 벌
> 어서 충당하면 된다. 이처럼 의사들이 손쉽게 의료현장에 뛰어들 수 있는 것은 바
> 로 '개방병원제(attending system)'가 발달해 있기 때문이다. 개방병원제는 의사
> 들이 병원 사무실을 임차해 진료를 하면서 값비싼 의료기기와 수술장비를 병원시

설과 함께 이용하는 제도다.

싱가포르에서 대표적인 개방병원은 글렌이글스(Gleneagles) 병원이다. 글렌이글스는 당초 1957년 설립됐지만 1994년 전문의 150명이 힘을 합쳐 '파크웨이홀딩스(Parkway Holdings)' 산하 개방형 민간의료법인으로 재탄생시켰다. 현재 380병상을 갖춘 글렌이글스 병원은 미국 존스홉킨스대학·병원, 영국 템스밸리대학, 호주 커틴공대, 라트로브대학과 제휴하고 있다.

글렌이글스병원에 가면 1층에는 병원건물에 입주해 있는 전문의의 명단과 층별 사무실 번호가 적힌 간판이 걸려 있다. 환자들은 사전 예약한 시간에 맞춰 곧바로 개별 전문의를 찾아가면 된다.

케빈 이프 정형외과 전문의는 "전문의들이 백화점처럼 한 곳에 몰려 있어 접근성이 좋고 선택폭이 넓어 환자들에게 유익하다"고 말했다. 케빈 이프 박사는 또 "전문의들이 개원을 하려면 MRI 등 고가장비를 구입해야 하지만 개방병원은 그럴 필요가 없어 의사에게도 좋고, 병원도 의료장비와 병실 가동률이 높아져 이익"이라고 덧붙였다.

글렌이글스 병원의 모기업인 파크웨이홀딩스는 동남아시아를 중심으로 16개 개방병원을 운영하고 있다. 이들 개방병원이 보유한 병실은 3300여 개에 달하고 전문의 1500여 명이 입주해 있다.

또한 세계화의 확산과 이동성의 증가에 의해 의료관광이 일반화되면서 그 시장이 점차 커지고 있다. 의료관광은 앞으로 일반화될 원격진료의 전단계로 보인다. 그렇지만 무엇보다 의료계의 근본적인 변화는 첨단의료기술의 발달에 의해 이루어질 것으로 전망된다. 다양하고 정확성이 높은 진단기기가 발달함에 따라 지금과 같이 의사의 주관적인 경험에 의존하는 진찰이 밀려나고 점차 진단기기의 진단결과에 의존하는 진찰이 들어서게 될 것이다.

이렇게 되면 모든 진찰결과가 데이터베이스로 관리되기 때문에 원격진료가 가능해진다.

더 나아가 바이오기술, 생명공학, 유전자공학의 발전으로 앞으로 의료의 발전이 우리 몸에서 나오는 대변, 소변, 땀, 머리카락 등을 일상적으로 분석하여 몸의 이상 유무를 알아내는 수준까지 간다면, 지금과 같이 환자가 찾아가는 병원의 필요성은 급격하게 줄어들 것이다. 공상과학 영화에서 나오듯이 아침에 일어나 화장실에서 볼일을 보고나면 자동적으로 시료가 채취돼 분석되고 그 결과가 자신의 지정병원 컴퓨터에서 점검된 뒤에 이상이 있을 경우에는 즉시 통보될 날도 멀지 않았다.

미국 조지워싱턴대학의 윌리엄 할랄 교수는 이러한 원격진료가 2014년에 가능하게 될 것이라고 예측하고 있다. 그의 예측에 의하면 개인 맞춤치료는 2018년, 인공장기는 2020년, 전자치료는 2023년, 장기증식은 2027년에 각각 가능해진다고 한다. 로봇수술도 이미 실시되고 있지만 머지않아 로봇수술이 일반화되면서 외과의사는 수술로봇의 감독자 내지 도우미의 역할을 수행하는 처지가 될 전망이다. 로봇수술이 가능하게 되는 가장 큰 요인은 진단기기의 정보가 디지털화되어 컴퓨터에 저장할 수 있게 되면서 수술을 할 때 그 정보를 활용하면 인체의 수술부위를 컴퓨터가 로봇에게 정확하게 지시할 수 있게 된다는 점이다.

이와 같은 원격진료와 로봇수술이 일반화되는 단계에 이르면 세계적으로 유명한 대형 병원들만 살아남게 되고, 중소형 병원들은 도산하게 될 것이며, 동네 병원들은 대형 병원이 담당할 수 없는 상담에 치중하게 될 가능성이 매우 높다.

의료관련 기술이 더 발전해 장기증식이 가능해지면 고장이 나거나 병든 장기를 언제든지 교체할 수 있게 될 것이므로 약을 위주로 한 현재의 치료방법은 보조수단 정도로나 이용될 것이다. 현재의 기술발전 속도를 감안하면 2025년 내지 2028년경에는 줄기세포의 활용이 보편화되면서 자동차의 부품을 갈아 끼우듯이 신체의 일부를 언제든지 교체할 수 있게 된다고 한다. 그러면 인간이 자신의 수명을 스스로 결정하는 시대가 열리게 된다는 것이다.

더구나 나노기술이 더욱 발전해서 나노로봇을 이용해 몸에 있는 암을 제거하고 혈관 벽에 쌓인 찌꺼기를 없앨 수 있게 되면 의사가 할 일이 뭐가 남아있게 될까가 궁금해진다. 진단은 진단기기가 담당하고, 진단결과는 컴퓨터가 저장하고 분석하는 데서 더 나아가 어떻게 처치를 해야 하는가까지 판단하고, 수술이 필요하면 수술로봇이나 나노로봇이 담당하고, 수술이 여의치 않으면 고장 난 장기를 통째로 교환하게 된다면 의사의 역할이 지금과 같이 중요할까?

물론 최종적인 판단은 인간인 의사가 해야 할 일이라고 주장하는 사람들도 있겠지만, 인공지능의 발달로 인간보다 컴퓨터가 더 정확한 판단을 내리게 될 가능성이 크고, 백보를 양보해서 인간인 의사가 최종판단을 내려야 한다고 인정한다 하더라도 지금처럼 많은 수의 의사는 필요하지 않게 될 것이 자명하다.

따라서 의사면허증만 따면 동네에 의원을 열고 평생 동네환자를 치료하면서 편안하게 살 수 있을 것이라고 판단하고 의사가 되기로 했다면 신중하게 다시 생각해 보아야 한다. 앞으로 진단기기가 발달하게 되면 값비싼 진단기기를 갖출 수 있는 대형 병원만이 살아남을 수 있다. 더구나 '일상생활에서 배출되는 대변, 소변, 땀 등을 채취하고 분석한 결과를 가지고 원격진단이 가능한 시대가 되면 사람들이 무엇 때문에 동네병원을 찾겠는가? 일상적인 진단은 원격진단으로 대신하고, 병이 생기면 대형 병원에 가서 수술이나 치료를 받을 것이다.

그러나 요즘 이런 추세가 작용해 이공계 학생들이 의대로 많이 옮겨가고 있는 것은 상당히 고무적인 일이라고 나는 생각한다. 앞으로는 의사가 엔지니어에 가깝게 변할 것이기 때문이다. 지금은 유전자 연구, 수술로봇, 나노기술, 인공장기 등이 의대와는 별개인 공학분야로 취급되고 있지만, 10년 이내에 이러한 구분은 모호해질 것이다. 아니, 그러한 기술들이 의료에서 차지하는 비중이 크게 확대될 것이다.

공무원의 미래 모습

교사, 교수, 의사는 인구의 변화나 첨단과학기술의 발전으로 인해 그 위상이 크게 변하겠지만 공무원이야 그럴 염려가 없지 않느냐고 생각하는 사람들이 많다. 공무원의 신분은 법률로 보장되는데다가 국가가 망하지 않는 한 공무원은 필요할 것이고 국가는 결코 망하지 않을 것이기 때문에 공무원만큼 안정된 직업은 없다고 대부분 생각한다.

과연 그럴까? 결론부터 말하자면, 이 세상에 변화의 물결을 피해갈 수 있는 분야나 직업은 어디에도 없다. 이는 최근 한국에서 일어나고 있는 공무원 퇴출 바람을 봐도 알 수 있다. 신분안정이라는 기둥 뒤에 숨어 안일하게 살아가려는 공무원들에게 시장경제에 적응하는 데 필요한 긴장감과 경쟁심을 유발하기 위해 얼마전부터 정부가 국가공무원이나 지방공무원을 대상으로 퇴출카드를 뽑아들고 있다. 이것은 당연히 그래야 하는 일이다.

이제까지는 국가가 경쟁과는 관계가 없는 절대적인 존재였지만, 이제는 세계화의 물결 속에서 경쟁력이 없는 국가는 사라질 수도 있는 세상이 됐다. 국가가 쉽게 사라지지는 않는다고 하더라도, 적어도 국가의 부는 국가 전체의 경쟁력에 의해 좌우될 수밖에 없다.

따라서 국가의 경쟁력에서 절대적인 비중을 차지하는 공무원들의 경쟁력을 높여 국가의 부를 늘리려는 노력은 어느 국가나 지극히 당연히 해야 할 일이다. 물론 공무원들의 경쟁력이 곧 국가의 경쟁력인 것은 아니다. 지금의 시대에는 국가의 경쟁력이 직접적으로는 기업의 경쟁력에 의해 좌우되지만, 기업이 경쟁력을 갖기 위해서는 공무원들의 뒷받침이 절대적으로 필요하기 때문에 공무원들의 경쟁력이 중요한 것이다.

시대의 흐름에 따라 농경사회 이전에는 종교, 농경사회에서는 국가, 산업사회에서는 기업이 권력을 가졌다. 앞으로 지식사회를 지나 감성사회로 가면 권력이 개인에게로 점차 넘어갈 것으로 나는 예측한다. 그렇다면 지금은 권력이 기업에서 개인으로 넘어가는 과도기라 할 수 있다. 물론 아직도 국가가 상당한 권력을 가지고 있는 것은 사실이다. 하지만 그 권력은 점차 줄어들고 있다.

예를 들어 요즘 거대 기업들은 어느 한 국가의 소속이 아니며, 어느 국가에 소속돼 있는지가 불분명한 다국적기업의 형태를 취하고 있다. 이러한 경제의 세계화는 상당히 빠른 속도로 더욱 진전되고 있고, 이에 따라 어느 한 국가가 독립적으로 기업을 통제하기가 곤란한 경우가 많이 발생하고 있다. 한 예로 한국에서 어느 다국적기업에 채용된 인력이 미국으로 발령을 받아 가게 되면 미국 이민법의 저촉을 받아야 하느냐 하는 문제가 발생하고 있다. 이런 국가 간의 문제는 인터넷의 발전으로 더욱 심화되고 있다. 예를 들어 인터넷 쇼핑몰을 통해 물건을 사면 어느 국가에서 세금을 매기느냐 하는 것도 큰 논란거리로 등장하고 있다.

하지만 이런 걱정거리들도 세계화가 빠른 속도로 진전되면서 자연스럽게 해결될 수 있다. 미래학자들은 현재 여러 나라에서 진행되고 있는 자유무역협정(FTA) 협상이 더욱 빨리 진전되면서 세계경제의 블록화가 가속화될 것으로 전망한다.

노르웨이의 〈국가미래보고서 2030〉에 따르면 2030년경에는 현재와 같은 형태의 국가는 소멸하고, 대신 유럽식 연방정부와 같은 형태의 세계정부가 생겨나고 세계가 8개의 경제블록으로 나뉠 것이라고 한다. 여기서 8개의 경제블록이란 유럽연합, 아랍연맹, 중남미연맹, 남미연맹, 아프리카연맹, 나프타(미국＋캐나다＋멕시코), 아세안, 한국·중국·일본의 느슨한 경제동맹을 말한다. 물론 아세안과 한국·중국·일본이 하나로 합치거나 나프타와 남미연맹이 합쳐서 경제블록의 수가 줄어들 수도 있고, 오히려 더 세분화되어 경제블록의 수가 늘어날 수도 있을 것이다. 그러나 숫자에 큰 의미가 있는 것이 아니라 현재의 국가형태가 더 이상 존속하지 않게 될 것이라는 예측이 가진 의미가 중요하다.

미래학자 폴 래스킨(Paul Raskin)은 2032년에 세계헌법이 제정될 것이라고 예측하고 있다. 물론 앞에서 말한 것처럼 개인의 권력이 강화됨에 따라 세계정부와 더불어 국제기구 내지 비정부기구(NGO)의 활동이 크게 증가하면서 이익집단의 의견을 대변하게 되고, 세계정부와 힘의 균형을 이루게 될 것이다.

여하튼 여기서 내가 강조하고자 하는 요점은 지금 안정적인 직업이라는 이유만으로 공무원이 되겠다는 생각을 하는 것은 지극히 위험한 발상이라는 것이다. 앞에서 제시한 미래전망이 얼마나 정확하냐는 것 자체가 중요한 것이 아니라, 앞으로는 공무원이라는 직업도 결코 세상의 풍파를 피해갈 수 있는 안전지대가 아닐 것이라는 사실이 중요한 것이다.

물론 개별 국가가 소멸하기 전에는 공무원이 어차피 계속 필요할 것이고 세계정부에서 일할 공무원도 필요할 것이니 공무원이 되겠다고 하면 말릴 이유는 하나도 없다. 다만 정년이 보장된 안정된 직업이라는 이유에서만 공무원이 되기를 선택하면 안 된다는 것이다.

공직은 조직이 움직이는 자리이기 때문에 독자적으로 활발하게 움직이는 특성을 가진 사람에게는 부적합하다. 또 공직은 대민업무든 기획업무든 어떤 한 가지 일을 반복적으로 수행해야 하는 경우가 많다. 따라서 독자적으로 활동하는 것을 좋아하거나 한 가지 일을 반복적으로 수행하는 것을 싫어하는 사람에게는 공직이 부적합할 수 있다. 만약 어떤 사람이 자신의 취향이 공직의 특성에 맞지 않는데도 불구하고 공직이 안정적인 직업이라는 이유만으로 공직을 선택한다면 그 자신은 개인적으로는 업무에 적응하지 못해 불행해질 것이고, 국가는 공직에 맞지 않는 공무원을 채용한 셈이니 손해를 보게 된다.

물론 앞으로는 반복적인 업무 외에 창의력과 기획력을 요구하는 공직도 많이 생길 것이다. 그러나 그런 공직이라면 민간기업에서 그와 같은 능력을 기른 사람들에게도 그 문호가 개방될 것이다. 따라서 전문성, 창의력, 기획력을 갖추고 있다면 민간기업에 있어도 언제든지 공무원이 될 수 있는 시대가 열릴 것으로 보인다. 그렇게 되면 공무원이 되기 위해 꼭 공무원 시험을 볼 필요는 없게 될 것이다.

따라서 나는 공무원 시험을 본 사람이든 아니든 미래를 내다보는 혜안과 더불어 도덕성과 청렴성까지 갖춘 사람들이 공직에 대한 소명의식을 가지고 공무원이 되어 개인적인 보람을 느끼면서 국가발전에도 이바지하게 되기를 바란다.

미래 유망직종은 있는가?

내가 어릴 때만 해도 운전기사는 상당히 인기 있는 직종이었다. 일단 운행되는 차의 수가 적었고, 운행되는 차들은 대부분 부자의 자가용이거나 택시였다. 게다가 운전면허를 갖고 있는 사람도 적었다. 그래서 운전면허를 취득하면 부자의 자가용 운전기사나 택시기사로 취업할 수 있었다. 공부 잘하는 몇몇 사람들만 면서기나 학교 선생님을 겨우 할 수 있을 정도로 일자리가 귀했던 당시로서는 모두가 타 보고 싶어 하는 차를 언제나 타면서 안정된 수입을 올릴 수 있는 자가용 운전기사나 택시기사는 그야말로 인기 있는 직종이었다.

하지만 지금은 어떤가? 지금도 부자들은 자가용 운전기사를 두지만 그 직종을 부러워하는 사람은 별로 없다. 택시기사라는 직종도 여전히 있지만 옛날과 같은 영예를 누리지는 못하고 있다. 그런가 하면 버스차장, 전화교환수 같이 기술의 발달과 시대의 변화에 따라 사라지는 직종도 많다.

이렇게 직종은 시대에 따라 사라지기도 하고, 인기가 없어지기도 한다. 다양한 직종이 생겨나거나 사라지고 직종별로 인기가 올라가거나 내려가는 속도는 앞으로 점점 더 빨라질 것이다. 그래서 과거처럼 어떤 고정된 직종에 진출할 것을 노리고 공부를 하거나 취업준비를 하는 것이 이제는 점점 더 어려워지고 있다. 이런 상황은 적어도 10년 뒤에 유망하게 될 직종을 염두에 두고 취업준비를 하는 지혜를 가질 필요가 있음을 말해준다.

그렇다면 10년 뒤, 20년 뒤에 본격적으로 사회생활을 하게 될 지금의 젊은이들은 어떤 직업이나 직종을 선택해야 할까? 앞으로 다가오는 미래에는 유망직종도 유망직업도 없을 것이라고 했지만, 그렇다고 해서 직종도 정하지 않고 아무 생각 없이 젊은 세월을 보낼 수는 없지 않겠는가. 또한 내가 미래에는 유망직종이 없다고 한 말은 어느 때나 지속적으로 유망한 직종은 없다는 의미이지, 어느 특정한 시기에도 유망한 직종이 없다는 의미는 아니다. 다시 말해 평생 한 가지 유망직종에만 종사하며 살아갈 수는 없다는 의미다. 어느 특정한 시기에는 유망직종이 있을 수 있고, 뜨는 분야와 지는 분야도 당연히 있다. 물론 지금 뜨는 분야라고 해서 앞으로도 계속 뜨는 분야로 남을 것이라는 보장은 없다.

어떤 직종이 앞으로 유망할 것인가를 알려면 앞으로 다가올 미래의 모습을 먼저 정확히 파악해야 한다. 유망직종과 관련해 미래를 예측하는 경우에도 미래에 영향을 주는 다섯 가지 요인들, 즉 앞에서 말한 인구변화, 과학기술의 발달, 세계화, 이동성, 여성성의 중시 내지 강화 등과 연관시켜 살펴볼 필요가 있다. 여기서는 미래의 유망직종 전부를 살펴보기보다는 몇 가지 사례를 들어 미래의 유망직종을 파악하는 요령을 알아본다.

우선 인구변화의 내용은 크게 저출산과 고령화로 나누어 볼 수 있다. 저출산은 유아 관련 산업의 위축을 가져올 것이다. 지금도 유아와 관련이 있는 소아과, 산부인과가 쇠퇴하고 유아복, 일회용 기저귀에 대한 수요가 줄어드는 등의 현상이 나타나고 있다. 물론 유아의 수가 줄어드는 만큼 자식에 대한 관심이 커져서 유아교육이나 명품 유아제품과 관련된 산업은 급속히 확대되고 있다.

한편 고령화의 영향으로 의료보건, 건강보조식품, 성형외과, 평생교육 등과 관련이 있는 산업들이 부상할 것으로 예측된다. 특히 부자 노인들이 점점 더 늘어남에 따라 노인의 건강과 관련이 있는 식품, 노인의 여가시간 활용에 도움이 되는 취미활동 등과 관련된 분야가 급팽창할 것으로 여겨진다. 저출산, 고령화의 영향과 싱글 맘/대디, 동성가족, 독거노인 세대의 확산으로 인해 전통적인 개념의 가족이 해체됨에 따라 외로움을 달래줄 애완동물이 더욱 각광을 받게 될 것이다. 아마도 애완동물은 현재의 강아지, 고양이 위주에서 로봇으로까지 그 범위가 확대될 것이다.

미래에는 선진국을 중심으로 서비스산업과 관련된 직종이 뜨게 될 것이다. 세계화에 의해 선진국의 제조업이 후진국으로 이동하기 때문에 선진국에서 서비스 직종이 상대적으로 뜨기도 하겠지만, 제조업 자체가 기술의 발전으로 인해 점점 인력이 덜 들어가는 형태로 바뀌는 것도 서비스 직종의 상대적 부상에 원인이 될 것이다. 2012년까지 새롭게 탄생할 2160종의 직업 가운데 2080만 개가 서비스산업에 속할 것이라는 전망도 있다.

인공지능과 컴퓨터, 로봇 등의 발달은 무인공장 수준의 제조공장의 실현을 가능하게 할 것이다. 이러한 경향은 이미 한국에서도 고용이 늘어나지 않는 경제성장이라는 현상으로 나타나고 있다. 게다가 머지않은 장래에 원자와 분자를 조립하는 방식으로 자동생산을 하는 나노어셈블러(Nano Assembler, 나노조립기)가 나오면 제조업 기술은 나노기술로 완전히 대체될 것이다.

서비스산업 시대로의 전환은 이미 미국을 비롯한 선진국에서 빠른 속도로 진행되고 있다. 2005년에 미국에서는 서비스업 종사자가 88퍼센트에 이르렀는데, 2010년을 넘어가면 적어도 미국에서는 대부분의 사람들이 서비스업에 종사할 것으로 전망되고 있다. 한국도 서비스업 종사자가 10년 안에 70%를 넘게 될 것으로 예상되고 있다.

과학기술의 발달은 수많은 새로운 직종을 만들어내고 있으며, 현재 존재하는 직종 가운데 상당히 많은 것들을 사라지게 만들 것이다. 첨단기술 분야인 나노, 바이오, 의료, 두뇌공학, 에너지, 환경 등과 관련된 산업이 급부상할 것이며, 이런 분야와 관련이 있는 첨단과학 기술자가 많이 필요하게 될 것이다. 물론 미래는 세계 최고의 기술을 개발할 능력을 갖춘 첨단과학 기술자들만 필요한 것이 아니라 하드 스킬(전문기술)과 더불어 리더십과 의사소통 능력 등 소프트 스킬을 갖춘 응용기술자도 필요한 시대가 될 것이다.

특정한 분야를 예로 들어 보면 음성인식 기술과 동시통역 기기의 개발로 동시통역사가 필요 없게 되고, 외국어를 별도로 배울 필요가 없어질 것이므로 대학의 외국어 관련 학과가 없어지게 될 것이다. 캐나다 캘거리 의과대학의 그레거 울브링(Gregor Wolbring) 교수는 앞으로 2년 뒤에는 언어 칩이 개발되어 사람의 뇌에 그 칩만 장착하면 언어의 자동적인 통역, 번역이 가능해질 것으로 예측하고 있다.

이동성의 증가와 세계화는 아웃소싱을 촉진하고 있다. 기업들은 자신의 핵심 역량을 제외하고는 지역에 상관없이 각 분야에서 최고 수준의 다른 기업을 찾아 아웃소싱을 함으로써 자신의 경쟁력을 최대한으로 높이고 있다. 이런 경향은 점점 강화되어 앞으로는 어떤 기술이나 제품을 가지고 있느냐보다는 어떤 콘텐츠를 가지고 있고 그 콘텐츠로 어떤 가치를 창출할 수 있느냐가 기업의 진정한 경쟁력을 좌우하는 시대가 될 것이다. 이에 따라 특정한 기술을 보유하고 있는 기술자나 기업을 찾아주는 정보소개업과 인력관리업이 새로운 유망분야로 떠오를 것이다.

여성성의 중시 내지 강화는 여성의 활발한 사회진출로 이어질 것이고, 이에 따라 저출산이 더욱 확산될 것이며, 주로 여성의 일이었던 육아나 가사 일을 대신 해주는 가사도우미, 숙제도우미, 부모대행업 등이 새로운 직종으로 부상할 것으로 예상되고 있다.

지금까지 언제나 안정적인 유망직종이라고 대부분의 사람들이 생각하는 교사와 교수, 의사, 공무원의 미래 모습을 살펴보고, 미래 유망직종에 대해 예측해 보았다. 이런 주제에 대해 길게 설명한 것은 지금과 전혀 다른 미래를 살아갈 젊은이들이 단순히 지금의 유망직종을 기준으로 자신의 앞날을 결정하지 말기를 바라기 때문이다.

그동안의 산업사회에서는 다른 많은 사람들이 하는 대로 따라 하면 성공할 수 있었다. 한마디로 과거의 산업사회가 예측가능한 표준형 인간을 요구했다면, 지금의 지식정보화사회나 미래의 드림 소사이어티 또는 감성사회는 남들과 차별화된 능력을 갖고 있는 동시에 빠른 속도로 변하는 세상에 능동적으로 부응해 스스로 변하는 능력을 갖춘 사람을 요구한다. 즉 산업사회에서는 성공의 모델을 찾아 그대로 따라서 하면 성공할 수 있었지만, 미래사회에서는 나에게 맞는 나만의 길을 수시로 찾지 않으면 성공하기 어렵다. 누구에게나 두루 해당되는 안정적인 유망직업이나 유망직종이 미래사회에서는 없게 되는 근본적인 이유가 바로 여기에 있다.

일반적으로 보아 어떤 직업이나 직종이 유망하다고 알려지게 되면 많은 사람들이 그리로 몰리기 때문에 더 이상 유망직업이나 유망직종이 아니게 된다. 너도나도 다 진출하는 직업이나 직종에서는 나만의 차별화된 능력을 발휘하기가 쉽지 않기 때문이다. 일단 유망직업이나 유망직종을 찾았더라도 안주하지 말고 끊임없이 변신해야 하는 이유가 바로 여기에 있다. 또 성공한 사람들이 지나간 길을 그대로 답습해서는 나의 유망직업이나 유망직종을 찾을 수 없는 이유도 바로 여기에 있다.

다음으로 유념해야 할 것은 유망직업이나 유망직종을 만들어내는 첨단과학기술의 발전속도가 워낙 빠르기 때문에 어떤 직업이나 직종이 유망한 상태로 존속하는 기간이 짧을 수밖에 없다는 점이다. 앞으로 10년 내지 20년 안에 개발될 기술들은 인류에게 지금까지 영향을 미친 기술들을 모두 다 합친 것보다 더 큰 영향을 미칠 정도로 큰 위력을 보여줄 것으로 예측되고 있다. 이는 곧 어제의 기술에 의존하는 유망직종은 오늘 개발된 첨단기술에 의해 밀려나게 되고, 오늘의 유망직종은 내일의 첨단기술로 인해 쇠락의 길로 접어들게 된다는 것이다.

그렇다면 미래에 어떻게 대비하며 살아가야 할까? 경영의 대가인 피터 드러커는 미래를 개척하는 방법 두 가지를 제시했다. 첫째 방법은 현재 속에서 이미 일어나고 있는 미래의 조짐에 주목하는 것이고, 둘째 방법은 내가 미래를 만들어나가는 것이다. 미래를 개척해가는 데서 이 두 가지 방법 가운데 어느 한 가지가 더 중요하다고 말할 수는 없다. 두 가지 방법을 동시에 병행해야 한다. 즉 미래에 일어날 일을 예측해보고, 그 결과를 토대로 나만의 차별화된 미래를 개척해야 한다.

미래는 어느 날 갑자기 우리 앞에 나타나지 않고, 우리의 생활 속에서 서서히 조짐을 드러낸다. 다만 우리가 미래의 조짐을 지나가는 일상적인 유행과 혼동해서 제대로 알아보지 못하거나, 현재에 만족해서 현재의 상태가 지속되기를 은근히 바라기 때문에 미래의 조짐을 직시하지 않다가 놓치는 것이다.

이렇게 현재의 성공에 안주해서 미래를 망치는 현상이 가장 극명하게 드러나는 곳이 바로 기업 현장이다. 예를 들어 코닥은 필름 하나로 세계를 제패했지만, 디지털 카메라라는 첨단 신기술의 출현에 너무 미온적으로 대처하다가 역사의 뒤안길로 밀려나는 비운을 맛보았다.

과거의 성공에 안주해서 미래를 망치는 또 다른 예로 나는 자녀교육에 열성을 쏟는 한국의 부모들을 들고 싶다. 현재 한국의 부모들은 아무것도 가진 것이 없는 상태에서 출발해 오로지 공부라는 방법을 통해 개인적인 부를 쌓고 한국의 경제성공 신화를 만들어낸 사람들이다. 그때는 그런 방법이 통했다. 그때에는 기업은 미국을 비롯한 선진국의 기술을 들여와 이용했고, 개인은 그런 기업에 취직해 돈을 벌거나 경제성장의 결과로 나타난 부동산 붐을 타고 부를 축적했다.

하지만 지금의 상황은 어떤가? 나는 지금의 학부모 세대가 자신들이 이룩한 그런 성공신화에 취해 자녀들에게도 똑같은 길을 가도록 강요하고 있다고 생각한다. 시대가 변했는데도 그들은 과거의 성공신화에 취해 자녀들의 미래를 망치고 있다고 극단적으로 말하고 싶다.

미래를 예측하고 그에 대비하기란 쉬워 보일지 몰라도 실제로는 상당히 어려운 일이다. 미래학자인 앨빈 토플러가 《제3의 물결》에서 지식정보화사회를 내다보고 그에 대비할 것을 권했지만, 실제로 그렇게 한 사람은 그리 많지 않았다. 인터넷이 세상에 소개됐을 때 그 영향이 지금과 같이 크리라고는 아무도 생각하지 못했다. 인터넷은 그저 컴퓨터에 사용되는 편리한 소프트웨어 가운데 하나 정도로, 또는 정보를 쉽게 얻을 수 있게 해주는 도구 정도로 간주됐다. 하지만 그 파급효과는 엄청났다. 인터넷을 이용하는 기업인 마이크로소프트, 야후, 구글 등이 그토록 빠르게 성장해 거대 기업이 되리라고는 적어도 인터넷이 도입된 초기에는 아무도 상상하지 못했다.

앞으로 첨단기술의 발달은 우리 생활을 근본적으로 뒤흔들게 될 것이다. 예를 들어 인공장기 이식이 일상화되면 인간은 호모사피엔스를 넘어 인공장기를 이식한 트랜스휴먼으로 변하게 될 것이고, 인체의 대부분이 기계로 대체되어 죽지 않는 포스트휴먼까지 나타나게 될 것이다. 그때가 되면 인간이라는 개념 자체가 모호해지고, 종래의 '전통적'인 인간과는 다른 새로운 인간과 그런 인간이 살아가는 사회에 대해 연구를 하는 '신 사회과학'이 부상하게 될 것이라고 한다면 어떤 기분이 드는가?

미래에 내가 다른 사람들보다 앞서 나가기 위해서는 현재에 안주하지 말고 미래를 내다보는 눈을 키우고, 미래의 유망분야 속에서 나를 차별화할 수 있는 방법을 찾아내야 한다. 이때 나를 차별화하는 가장 좋은 방법은 내가 좋아하고 잘할 수 있는 것을 찾아내어 거기에 집중하는 것이다. 그런데 내가 좋아하고 잘할 수 있는 것을 찾아내기 위해서는 자기 자신에 대한 철저한 성찰이 필요하다. 이에 대해서는 뒤의 4장에서 별도로 자세히 논하고자 한다.

3장

미래사회에서
직장과 직업 선택하기

앞 장에서 우리 사회가 미래에 어떻게 변할 것인가를 살펴보았다. 크게 보면 우리 사회는 과거의 산업사회를 지나 현재의 지식사회를 거쳐서 이제 서서히 감성사회로 나아가고 있다는 점을 얘기했다. 또 시대별 특성과 시대의 변화에 따른 패러다임의 변화에 대해서도 가볍게 언급했다.

감성사회는 우리에게 익숙한 산업사회와는 완전히 다른 특성을 갖고 있다. 현재 우리가 겪고 있는 취업의 어려움과 직장생활에 대해 느끼는 불안감도 어느 정도는 이러한 시대적 특성 변화에 적응하지 못한 데서 기인한다고 볼 수 있다. 완전히 새로운 시대의 개막, 즉 감성사회의 도래에 맞추어 직업이나 직장에 대한 이제까지의 태도를 바꿔서 자신의 적성에 맞고 즐겁게 할 수 있는 일을 찾아야 한다는 점에 대해서도 앞 장에서 언급했다.

또한 여기서 더 나아가 점점 더 불안정해지는 직장생활은 시대적 변화를 반영하는 것일 뿐 아니라 앞으로 그 정도가 더욱더 심해질 것이라는 점도 여러 미래학자들의 견해를 종합해 살펴보았다. 그리고 나로서는 독자들에게 좀더 확실한 자극을 주기 위해 현재 대표적으로 안정적인 직업으로 여겨지고 있는 교사와 교수, 의사, 공무원의 미래 모습을 나름대로 예측해 보았다.

물론 그런 직업들이 정확하게 내가 예측한 대로 변할 것이라고 생각하지는 않는다. 왜냐하면 미래란 내가 생각하지 못한 변수들도 작용한 결과일 것이기 때문이다. 하지만 미래에 그 직업들이 현재 사람들이 생각하는 대로 계속 안정적이지 않을 것이라는 예측만큼은 확실하다고 생각한다.

이러한 앞 장에서의 논의를 바탕으로 이 장에서는 좀더 구체적으로 시대적 변화에 비추어 어떻게 직업을 선택해야 하는가 하는 문제를 다루어보려고 한다. 이는 미래를 현재에 연결시키는 것이므로 미래와 현재 중 어느 쪽 관점에서 보느냐에 따라 약간 다른 의견이 제시될 수 있을 것이다.

예를 들어 미래의 감성사회에서는 기업이 창의적인 인재를 필요로 하겠지만 현재의 시점에서는 기업이 성실한 사람을 더 원한다. 하지만 시대적 변화와 트렌드는 막을 수 없는 것이다. 그러므로 현재의 기업이 원하는 인재의 기준에 부합하는 것도 중요하겠지만 미래의 감성사회에 맞는 인재는 어떠한 모습인가를 염두에 두고 자신을 계발해 나가는 것이 더 중요할 것이다.

이런 의미에서 다음 장(4장)에서는 감성사회에 맞는 인재가 되기 위해 필요한 강점 계발에 대해 살펴보려고 한다. 또한 '좋은 회사'의 기준이 이제까지는 누구에게나 똑같았지만 앞으로는 사람마다 달라질 것이므로 각자에게 맞는 미래 유망기업을 어떻게 찾을 것인가를 5장에서 논의하겠다. 그러한 미래 유망기업이 원하는 인재의 모습과 그러한 미래 유망기업에 취업하기 위해 구체적으로 어떻게 해야 하는가 하는 문제에 대해서는 실전부록에서 설명하도록 하겠다.

직장과 직업에 대한 관점의 변화

내가 직장과 직업에 대해 진지하게 생각하기 시작한 것은 내 회사를 창업한 뒤부터라는 사실이 좀 아이러니하다고 생각된다. 하지만 그것은 사실이다. 사실 젊어서는 취업을 걱정했지만 실제로 취업해 직장에서 일을 하면서부터는 그저 누구에게나 주어진 삶을 나도 똑같이 살고 있다는 생각뿐이었지 '내가 왜 이 길을 가야 하는가?'라든가 '다른 길은 없는가?'라는 의문 자체를 품어 볼 틈이 없었다. 주어진 길을 따라 사는 것, 그것이 과거 나와 내 또래들이 직장과 직업에 대해 갖고 있었던 고정관념이다.

그런데 내가 창업을 하고 나서 같이 일하고자 하는 젊은 사람들을 고용해야 하는 입장에서 그들을 바라보다 보니 과거의 내 삶까지도 투영되면서 새로운 방향에서 '직장과 직업'이 보이기 시작했다. 마치 강의실에서 수십 명의 학생들 모두가 "설마 내가 딴 짓 하는 것이 선생님에게 보이겠어?" 하고 생각하지만 선생님이 교단 위에서 내려다보면 그 모든 학생의 일거수일투족이 훤하게 보인다는 사실을 깨달았을 때와 비슷하다. 선생님이 모르는 척해 주는 것임을 그때 우리가 몰랐을 뿐인 것이다.

내가 기업을 운영하게 되면서부터 '직장과 직업'에 대해 관심을 갖게 된 또 하나의 이유를 말한다면, 젊은이들이 좋은 회사에 취업하기를 바라는 정도에 못지않게 회사들도 우수한 인재를 원할 수밖에 없는 현실 때문이었다. 회사를 경영하는 내 입장에서는 우수한(일반적으로 우수하다고 생각되는) 젊은이들을 그들의 이른바 스펙에 맞지 않는 내 회사에 어떻게 들어오게 할 것이냐가 큰 고민이 아닐 수 없다. 젊은이들은 자신의 스펙(기존 사회가 만들어놓은 구시대적 스펙)이 좋지 않아 자신이 원하는 좋은 회사(기존의 관점에서)에 들어갈 수 없다고 한탄하지만, 거꾸로 나도 나 나름대로 그런 스펙 걱정을 하는 것이다.

하지만 여기서 다시 생각해 봐야 할 점이 있다. 그것은 과연 어떤 회사가 좋은 회사이고, 어떤 인재가 좋은 인재냐 하는 것이다. 단도직입적으로 얘기하면 좋은 회사, 좋은 인재에 대한 지금의 기준은 과거의 기준과 완전히 달라졌다고 할 수 있다. 아니 보다 정확하게 표현하면, 과거의 좋은 인재도 물론 좋은 인재이겠지만 완전히 새로운 기준에서 좋은 인재도 기업이 요구하는 시대가 됐다는 것이다.

이런 이유에서 요즘 많은 기업들이 단순히 학교성적이나 이력서만 살펴보기보다는 면접, 그것도 다양한 형태의 면접을 실시해서 인재를 선발하고 있다. 사실 서류전형이나 필기시험에 비해 면접은 기업 입장에서는 상당한 비용을 감수해야 하는 전형방법이다. 비용에 민감한 기업이 왜 이렇게 면접이라는 고비용의 방법을 채택하고 있는가 만이라도 정확하게 이해해도 직장과 직업에 대한 패러다임의 변화를 제대로 파악할 수 있다.

과거보다 취업이 어렵다고들 하지만, 사실 직장과 직업에 대한 새로운 패러다임만 정확하게 이해한다면 다양하고 활기찬 삶이 우리 앞에 펼쳐질 것이다. 다만 우리가 아직도 과거의 산업사회적인 패러다임에 사로잡혀 있다는 것이 문제일 뿐이다. 따라서 여기서 시대의 변화에 따라 우리의 생각을 어떻게 바꿔야 하는지에 대해 살펴보고자 한다.

내가 회사를 선택하는 시대가 됐다

과거에는 각 회사에서 원하는 인재상이 비슷했고, 그에 맞추어 각 대학에서는 공통된 기준에 따라 인재를 길러 배출하고자 했다. 모든 회사가 비슷한 인재를 뽑다보니 모두가 가고 싶어 하는 순서, 즉 일류 회사, 이류 회사, 삼류 회사의 순서로 대학에서 배출되는 젊은이들이 취업했다. 즉 회사에도 서열이 있고 취업지망자에도 서열이 있어서 서로 순서대로 채용하고 취업하는 것이 당연시됐다. 이른바 일류 직장과 일류 직업이 있었고, 일류 대학과 일류 학과가 있었다.

따라서 과거에는 일류 대학과 일류 학과를 나온 사람만이 일류 직업을 갖거나 일류 직장에 들어갈 수 있었고, 그렇지 않은 사람은 각자 자신의 '수준'에 맞는 직업을 갖거나 그런 직장에 들어갈 수밖에 없었다. 그 일류 직업, 일류 직장이라는 것의 기준은 대체로 높은 급여수준이었다. 그리고 과거에는 직장이란 주로 생계를 위한 수입을 책임져 주는 대가로 노동을 제공해야 하는 곳이었다.

따라서 과거의 취업은 내가 회사를 선택하기보다는 회사가 나를 선택하는 시스템이었다. 반면에 지금은 내가 회사를 선택하는 시대다. 물론 지금이 지식정보화사회라고는 하지만 아직도 산업사회적인 회사들이 엄연히 존재하고 있고, 취업지망생들이 아직도 과거의 일류 기업에 몰리고 대학의 교육체계도 그렇게 맞추어져 있는 경우가 많아 회사가 나를 선택하는 경향이 있는 것이 사실이다. 하지만 이제 현명한 취업지망생이라면 '나에게 맞는' 회사를 스스로 선택해야 한다.

다시 말해 사회적인 평판이나 급여수준 등 사회의 일반적인 기준에 따라 내가 들어갈 회사를 선택할 것이 아니라 나의 능력을 발휘할 수 있고, 내가 즐겁게 일할 수 있는 회사를 능동적으로 선택하려는 노력이 필요하다. 왜냐하면 회사는 이제 더 이상 나에게 단순히 생계를 유지시켜주는 수단이 아니라 나를 계발하고 내 인생을 실현하는 삶의 터전이 돼야 하기 때문이다.

물론 과거에도 미래를 내다보고, 단순히 월급을 많이 주는 회사보다 자신을 더 발전시킬 수 있는 회사를 선택해 성공한 사람들이 많이 있었다.

그 대표적인 인물 중 한 사람이 GE코리아의 이채욱 전 회장(현 인천국제공항공사 사장)이다. 이채욱 사장은 대학졸업 후에 '동명목재'와 '삼성물산'에 동시에 합격해 선택을 해야 했다고 한다. 당시 월급은 동명목재가 삼성물산의 1.5배 정도였고, 대부분의 취업지망생들은 이 같은 경우에 월급을 많이 주는 동명목재를 선택했다고 한다. 하지만 이 사장은 현재의 수입이나 주위 사람들의 권유보다는 자신의 장래에 삼성물산이 더 적합하다는 확신에 따라 삼성물산을 선택했다. 성숙기를 넘어 곧 쇠퇴기에 들어설 것으로 보이는 목재분야보다는 이제 초창기이지만 무한한 가능성이 있는 무역분야를 선택한 것이었다. 현재의 평판이나 수입보다는 미래의 가능성을 선택의 기준으로 삼았던 셈이다.

사실 현재의 이 사장을 보고 현재의 삼성물산과 동명목재를 비교해보면 그가 삼성물산을 선택했던 것은 당연한 일 아니냐고 묻는 독자도 있을 수 있다. 그러나 당시에 전성기였던 동명목재의 위상에 비추어 그런 동명목재와 갓 태동한 삼성물산 가운데서 앞날을 내다보고 삼성물산을 선택할 수 있었던 사람은 드물었을 것이다. 지금의 상황으로 말한다면, 잘 나가는 삼성전자를 선택하지 않고 자신이 정말로 하고 싶은 일을 하기 위해 보수는 낮지만 자신의 저성에 맞고 무한한 가능성도 있는 문화산업 관련 회사를 소신 있게 선택하고 그 회사에 자신의 미래를 걸 수 있는 젊은이가 과연 얼마나 될까?

이런 생각을 해보면 이 사장의 선택이 어떤 의미를 가진 것이었는지를 쉽게 이해할 수 있을 것이다. 이 사장처럼 미래를 내다보고 삼성물산을 선택한 다음에 덜 받는 월급 금액은 자신의 장래를 위한 투자라고 생각할 수 있는 소신 있는 젊은이가 과연 몇이나 있을까? 이채욱 사장이 보여준 지혜를 머리만 끄덕거리지 않고 실제로 실천할 수 있는 젊은이들이 많이 나오길 기대하면서 이 책을 쓰고 있는 내가 욕심이 많은 것일까?

한국의 토종 증권회사로 증권계에 바람을 일으킨 미래에셋의 박현주 회장도 비슷한 예라고 할 수 있다. 1980년대에 경영학을 전공한 졸업생들이 좋은 대우를 받을 수 있어 인기 있는 단자회사나 종합금융회사를 선택할 때 박 회장은 그렇게 하지 않고 증권회사를 선택했다. 당시 증권회사의 대졸직원 급여는 단자회사나 종합금융회사의 고졸 여직원 급여보다 훨씬 낮았다. 따라서 실력 있는 취업지망생이라면 증권회사를 선택하려고 하지 않았다. 하지만 박 회장은 증권시장의 앞날을 믿었고 증권이야말로 자신이 정말로 일해보고 싶은 분야였기에 주위의 시선에 아랑곳하지 않고 증권회사를 선택했다고 한다.

그는 직장을 단순히 자신의 생계를 책임져주는 곳으로 삼기보다 자신이 하고 싶은 일을 배울 수 있는 곳으로 삼았다. 이런 선택 덕분에 그가 당시에 월급쟁이로서 덜 받은 수입과는 비교도 되지 않을 만큼 큰돈을 벌 수 있게 된 것이다. 누군가의 말대로 돈을 쫓아다닌 것이 아니라 돈이 쫓아오게 만든 셈이다.

현재 전 세계 82개국에서 7천 명의 직원을 고용하고 있는 광고회사이자 아이디어 컴퍼니인 사치앤사치(Saatchi & Saatchi)의 회장 케빈 로버츠(Kevin Roberts)는 경력관리를 위해 월급도 포기한 일화로 유명하다. 그는 장래에 자기가 할 사업을 위해 1960년대 당시에 국제적으로 사업을 확장해 가던 패션 디자인 회사인 메리퀀트(Mary Quant)에서 일하는 것이 꼭 필요하다고 판단하고 면접에서 이런 제의를 했다고 한다.

"앞으로 6개월 동안 전임자 월급의 절반만 받고 일하겠습니다. 그 후에 제가 가치가 있다고 판단하시면 그때부터 제 능력에 맞는 월급을 주십시오." (차동엽, 《무지개 원리》, 2006년, 동이)

그가 채용된 것은 물론이다. 그가 이런 제안을 할 수 있었던 것은 자신의 능력을 보여 줄 수 있다는 자신감이 있었기 때문이기도 하지만, 자신의 경력에 꼭 필요한 일은 월급의 액수에 상관없이 해야 한다는 철학이 있었기 때문이기도 하다. 그처럼 못 받은 절반의 월급은 자신의 경력을 쌓기 위한 수업료로 생각할 수도 있다는 관점의 전환이 중요하다. 어학이나 기술을 배우기 위해 돈을 내고 학원도 다니는데, 젊은 시절의 월급 몇 푼 차이가 자신의 장래보다 더 중요할 수는 없지 않겠는가?

메트라이프코리아에서 52개월 연속 매출 1위 지점이라는 기록을 내면서 250명에 이르는 구성원의 과반수를 억대 소득자로 만든 김성환 메트라이프코리아 스타MGA 지점 대표는 자신의 능력을 가장 잘 발휘할 수 있는 보험업을 선택해서 성공을 거두었다. 그가 보험업을 선택하게 된 직접적인 계기는 친구의 빚보증을 서주었다가 8천만 원의 빚을 지게 된 것이었다. 그는 그래서 가장 빨리 돈을 벌 수 있는 길을 찾았던 것이지만, 굳이 보험업을 선택한 것은 그것이 자신의 능력을 가장 잘 발휘할 수 있는 분야라고 생각했기 때문이었다.

처음에 그가 보험업에 발을 들여놓으려고 했을 때 주위에서 반대가 심했다. 안정적인 직장을 잡으려고 하지 않고 실적에 따라 수입이 달라지는 직장을 선택하려는 그에게 주위에서 근심의 눈길을 보냈다. 물론 그런 눈길에는 김 대표가 보험 일을 하게 되면 주위의 친척 등 아는 사람들을 귀찮게 할 것이라는 염려도 깔려 있었다.

지금도 그렇지만 그가 보험업을 선택할 당시에는 더더구나 보험영업이란 안면 있는 주위 사람들에게 가입을 강권하는 방식이 일반적이었다. 따라서 가입을 강권할 수 있는 주위 사람들이 소진되고 나면 더 이상 실적을 내지 못하는 것이 당연시됐다. 하지만 김성환 대표는 친척이 아닌 일반 고객에게 보험이 필요하다는 점을 부각시켰고, 나름대로 고객에게 다가갈 수 있는 다양한 기법을 개발해서 최고의 실적을 내고 있다.

여기서 나는 김 대표가 걸어온 길을 그대로 따르면 누구나 다 성공할 수 있다고 주장하는 것이 아니다. 또한 그가 쓴 책인《절대긍정》(2008년, 지식노마드)에서 그가 강조한 긍정적인 태도에 대해 여기서 내가 더 자세하게 논의하고 싶지도 않다. 다만 대부분의 다른 사람들이 어느 분야가 유망하고 어느 회사가 좋다고 말한다고 해서 그대로 따라서 하면 성공하던 시대는 이미 지났다는 점을 김 대표가 보여주고 있음을 강조하고 싶다. 자신이 해야 할 일을 스스로 선택하고 자신 있게 열정적으로 그 일을 해야만 일에서도, 인생에서도 성공할 수 있다.

이렇게 '내가 회사를 선택'해서 성공하는 경우가 과거에도 많이 있긴 했지만, 미래에는 그렇게 하는 것이 더욱더 중요해질 것이다. 그 이유는 앞으로 다시 자세히 설명하겠지만, 이제는 각자가 자신의 분야에서 차별화된 1등이 돼야 하고 그러기 위해서는 자신이 좋아하고 가장 잘할 수 있는 분야를 선택해야 하기 때문이다. 앞으로는 차별화된 1등이 되지 않으면 경쟁에서 밀려 낙오할 수밖에 없고, 차별화된 1등이 되기 위해서는 자신이 즐기면서 할 수 있는 일을 해야만 한다.

직장보다는 직업을 먼저 선택하라

대학에 입학원서를 낼 때를 생각해 보자. 어떤 순서로 어느 대학, 어느 학과에 갈지를 결정하는가? 나의 경우에는 대학에서 공대 전체로 학과구분 없이 입학생을 뽑은 다음에 2학년이 될 때 학과를 정했기 때문에 학과선택에 대한 고민이 없었다. 하지만 지금은 학과의 형태이든 좀 더 넓은 범위의 학부의 형태이든 전공학과와 학교를 동시에 정해야 한다.

나는 진학문제에 대해 상담을 해 본 적도 없고 고민을 해 본 적도 없기 때문에 어떤 방법이 효과적인지에 대해서는 잘 모르겠다. 그런데도 방금 나는 대학진학 시의 선택에 관한 질문을 던졌다. 이는 대학입학 시험에서 어떻게 하면 잘 합격할 수 있는지를 말하기 위한 것이 아니라 앞으로 이상적인 직장생활을 하기 위해 학과와 학교 선택을 어떻게 하면 좋을지를 말하기 위한 것이다. 내가 주장하고자 하는 바는 학교보다는 학과를 먼저 선택해야 한다는 것이다.

과거에는 학교도 학과도 서열이 있었다. 어느 학교, 어느 학과를 졸업했느냐에 따라 취업할 수 있는 회사가 결정됐고, 그에 따라 인생의 성공 여부도 결정됐다. 그래서 과거에는 대학진학을 할 때 내가 무엇을 잘할 수 있느냐 하는 것보다 내 점수로 갈 수 있는 학교와 학과가 어디냐가 중요했다. 지금도 입시철이 되면 원서접수 창구 앞에서 눈치작전이 난무하는 것을 보면 아직도 내가 무엇을 잘할 수 있느냐보다 내 점수로 갈 수 있는 학교와 학과가 어디인지를 중시하는 것이 대세인 것 같다. 또한 그러다보니 학과보다 학교가 우선시되는 분위기가 강한 것 같다.

하지만 나중에 진정으로 행복한 직장생활을 하며 살아가기를 원한다면 대학입시에서부터 학교보다 학과를 선택하는 것이 맞는다고 나는 생각한다. 왜냐하면 무슨 일을 할 것이냐 하는 것은 학과에 의해 결정되기 때문이다. 과거에 학과보다 학교가 우선시됐던 것은 서열이 높은 대학을 졸업해야만 취직이 잘 되고 급여도 더 많이 받을 수 있었기 때문이다. 하지만 이제는 일시적으로 높은 급여를 받는 것보다는 내가 원하는 일을 하면서 내 능력을 키우는 것이 더 중요한 시대가 됐고, 그렇게 하다보면 급여는 자연히 높아지게 돼 있다. 따라서 이제는 학교보다 학과를 선택하는 것이 더 중요하다.

이와 마찬가지로 이제는 직장을 선택할 때에도 어느 회사에 들어가야 하느냐보다 어떤 일을 해야 하느냐가 더 중요해졌다. 내가 좋아하고 잘할 수 있는 일을 선택해야 오래 일할 수 있고 일의 성과도 나게 되어 급여도 올라가게 되는 시대가 됐다는 것이다. 하지만 내가 대학에 다니면서 강연을 하다 보면 어느 대학의 학생들이나 똑같이 대기업에 들어가고 싶다거나 공무원이 되고자 한다는 등 진로가 너무 천편일률적이다. 자신의 특성에 맞는지, 자신이 잘하고 좋아하는 일인지에는 아무런 관계도 없이 그저 편하고 오래 안정적으로 일할 수 있는 직장이라고 사회에서 인식하는 쪽으로 너도나도 몰려가고 있다.

하지만 이제는 그렇게 안정적인 동시에 편한 직장도, 직업도 없다. 당분간은, 예를 들어 몇 년 동안은 어떤 특정한 직장이나 직업이 상대적으로 안정적인 동시에 편할 수 있다. 하지만 만약 그런 직장이나 직업이 있다면 지금과 같은 절대경쟁 사회에서는 그런 상태로 오래 존속할 수가 없기 때문에 몇 년 안에 사라져버리고 말 것이다. 한 가지 예로 의사가 되기만 하면 안정된 삶과 고수입이 보장된다고 생각하는가? 이미 앞 장에서 자세히 논의했지만, 모든 사람이 선망하던 직업인 의사도 한물간 느낌이다. 병·의원의 폐업이 이미 속출하고 있고, 앞으로는 그 정도가 더욱 심해질 것으로 예측된다.

과거의 산업사회에서는 이미 정해진 표준과정(매뉴얼)을 따라 일을 하면 됐기 때문에 개인이 무엇을 잘 하느냐는 크게 중요하지 않았다. 다시 말해 표준화된 능력을 갖추고 있으면 일을 하는 데 아무런 지장이 없었기 때문에 자신의 적성에 맞는 학과를 선택해야 할 필요성이 그렇게 크지 않았다. 물론 어느 정도의 능력은 필요했지만 그 필요한 수준이 그리 높지는 않았다.

예를 들어 이공계 학생이라면 수학과 과학을 어느 정도는 해야 했지만, 그렇다고 그런 것을 꼭 뛰어나게 잘 해야 할 필요는 없었다. 왜냐하면 일의 성과는 개인이 얼마나 능력이 있는가보다 표준화된 과정을 얼마나 잘 준수하느냐에 달려 있었기 때문이다. 자동차 조립라인에서 일하는 경우를 예로 들어보

자. 자동차바퀴를 조립하는 과정을 맡아서 일을 하다가 갑자기 몸이 아프게 되어 출근을 하지 못하면 어떻게 될까? 당연히 나 대신 다른 사람이 그 일을 맡아 할 것이다. 다른 사람이 그 일에 익숙하지 않을 것이기 때문에 능률은 좀 떨어질 수 있지만, 매뉴얼대로 따라 한다면 큰 문제는 없었다.

하지만 지금은 어떤가? 자동차 조립라인에서 하는 반복적인 일은 로봇이나 컴퓨터가 대신하고 있고, 사람은 주로 자동차의 디자인이나 개발 등 기계가 대신할 수 없는 일을 하고 있다. 물론 아직도 과거와 같이 단순한 일을 하는 사람들도 있지만 그런 사람들은 충분한 대접을 받기가 힘들고, 항상 자기가 다른 사람으로 대체될 수 있다는 불안감을 갖고 일을 해야 한다.

그러므로 충분한 대접을 받으면서 일을 할 수 있으려면 나만의 차별화된 1등 능력을 갖고 있어야 하고, 그 능력으로 회사에 절대적으로 필요한 존재가 돼야 하며, 실제로 회사에 기여하는 역할을 해야 한다. 그러기 위해서는 나의 능력을 최대로 발휘할 수 있는 분야를 찾아야 하고, 나의 그런 능력을 필요로 하는 회사를 찾아야 한다.

내 인생을 실현할 수 있는 회사를 선택하라

K는 요즘 어느 회사를 선택해 취업해야 하느냐는 고민에 빠져 있다. 불행인지 다행인지 얼마 전에 치른 입사시험에서 국내 굴지의 대기업 S사와 벤처기업인 B사에 동시에 합격했다. S사는 교수님의 추천을 받고 시험을 치렀지만, B사는 자신이 정말 하고 싶은 컴퓨터그래픽을 하는 회사여서 이리저리 알아본 뒤 입사시험을 치렀다.

K가 알아본 바에 따르면 S사는 주로 같은 그룹 계열사들의 소프트웨어 프로그램을 개발하고 보수 및 유지를 해주는 회사로서 일의 특성상 밤샘작업이 많고 수

직적인 조직분위기를 가지고 있다. 반면에 B사는 아직 태동기에 있지만 앞으로 영화를 비롯한 영상에 필수적인 컴퓨터그래픽을 하는 회사로서 S사보다 규모가 작아 일하는 분위기가 자율적이고 창의적인 아이디어를 중시하고 있다. 따라서 K 는 자신의 성격에는 B사가 잘 맞는다고 판단했다.

그런데 부모님이 문제였다. 두 회사 중에서 B사를 선택하겠다는 말씀을 드리자 이유는 물어 보지도 않고 무조건 S사를 선택해야 한다고 강력하게 말씀하시는 것 이었다. K의 입장에서는 차라리 부모님께 상황에 대한 말씀을 드리지 않고 B사를 선택했으면 좋았을 텐데 이미 말씀을 드렸기 때문에 참으로 난감한 상황이다. 부 모님의 논리는 안정적이고, 급여도 많이 주고, 사회적으로도 알아주는 회사를 선 택해야지 무엇 때문에 이름도 없고, 앞으로 어떻게 될지도 모르고, 급여까지 낮은 회사를 선택하려고 하느냐는 것이다.

K의 경우는 그나마 취업할 회사를 고를 수 있는 기회를 가졌으니 행복한 고 민을 하는 것이라고 생각할 수도 있다. 취업하고 싶어도 취업하지 못하고 있 는 입장이라면 찬밥 더운밥 가릴 계제가 어디 있느냐는 항변도 나올 수 있다. 그러나 어떻게 해야 취업을 할 수 있느냐 하는 문제는 여기서 내가 다루고자 하는 문제와는 별개의 문제다. 그러니 여기서는 취업이 이미 가능한 상태에 서 어떤 기준으로 회사를 골라야 하는가 하는 문제만을 다루고자 한다.

K의 경우에 내가 할 수 있는 조언은 "자신의 인생을 실현해 나갈 수 있는 B사를 선택하라"는 것이다. 이렇게 제3자의 경우를 예로 들어 말한다면 답 이 뻔한 문제라고 생각할 수도 있겠다. 하지만 막상 본인의 문제에서는 이런 선택이 그렇게 간단한 문제가 아니다. 부모님과 주위의 반대를 무릅쓰고 자 신의 인생을 실현할 수 있는 회사를 소신 있게 선택하는 것이 생각만큼 쉽지 가 않을 것이다.

또 자신이 부모의 입장이 되어 자식이 그런 선택을 할 경우에 자신 있게 "네 인생을 실현할 수 있는 회사를 선택하라"고 말하기도 그렇게 쉽지 않다. 그렇지만 어쨌든 현 시대에 행복한 인생을 살기 위해서는 '내 적성에 맞고, 내가 좋아하고, 내가 잘할 수 있는 일을 선택'해야 하는 것이 분명하다. 그러니 K군의 경우에 B사를 선택하는 것이 당연하지 않을까?

　어떤 회사를 선택하느냐 하는 문제를 좀더 구체적으로 풀어보기 위해서는 취직하고 10년 뒤의 내 모습을 상상해 보는 것도 좋은 방법이다. 만약 10년 뒤에 내 능력을 십분 발휘하면서 신나게 일하는 모습이 상상된다면 그 회사를 선택해야 한다. 반면에 10년 뒤에 일에 찌들어 아침 출근길이 즐겁지 않을 것 같다면 그 회사를 선택해서는 안 된다. 또 10년 뒤에 내가 일을 충분히 배워 독립하거나 다른 회사로 옮길 수 있는 능력을 갖추게 될 것인지도 생각해 봐야 한다.

　과거와 달리 앞으로는 한 회사에서 평생을 보내는 일은 거의 없다고 봐야 한다. 적어도 한 직책에서 평생을 보내는 일은 꿈도 꾸지 말아야 한다. 따라서 지금 당장의 급여수준이나 안정성보다는 내가 10년 뒤에 경쟁력 있는 모습으로 클 수 있는지가 훨씬 더 중요하다.

　어떤 분야에서 내 실력을 키울 수 있으려면 내가 그 분야의 일을 좋아하고 그 일이 내 적성에 맞아야 하는 것이 당연하다. 하기 싫은 일을 억지로 하면서 남들보다 뛰어난 실력을 연마할 수는 없다. 더 나아가 내가 몸담고 있는 분야가 10년 뒤에 유망한 분야일지도 파악할 줄 아는 지혜가 있어야 한다. 내가 지금 몸담고 있는 분야 자체가 10년 뒤에 유망하지 않게 될 것으로 판단된다면 내가 지금 하고 있는 일을 바탕으로 해서 어떤 다른 유망한 분야로 진출할 수 있는지를 탐구해야 한다. 세상의 변화에 끊임없이 적응하면서 나를 연마해야 한다는 것이다.

좀더 큰 그림으로 보면, 내가 취업하고자 하는 회사의 비전과 나의 비전이 같은 방향인가를 살펴보는 것도 필요하다. 이제 내 인생을 회사에 맡기는 시대는 지났다. 그러므로 내 인생을 내가 책임지고 개척해 나가기 위해서는 회사가 내 꿈의 실현에 도움이 돼야 하니 실제로 그런지를 살펴볼 필요가 있다.

나는 10년 뒤에 사업을 하기 위해 그 전에 여러 부서를 거치면서 경험을 쌓고 싶은데 회사에서는 숙련된 인력이 필요하다는 이유로 내게 한 부서에서만 계속 근무하기를 바란다면 갈등이 생길 수밖에 없고, 일의 능률이 오르지 않을 것이 뻔하다. 더구나 나는 끊임없이 새로운 일을 배우는 것을 좋아하는데 만약 회사에서 내게 한 부서에서만 계속 근무하기를 바란다면 나는 곧 매너리즘에 빠지게 되고, 자기발전에서 정체하거나 퇴보하게 된다. 또 나는 일을 배워서 독립하는 것이 목표인데 회사에서는 내게 평생 회사에 충성하기를 바란다면 그 회사에 입사할 것인지를 다시 한 번 신중하게 생각해 봐야 한다.

여기서 가장 중요한 점은 나 자신이 비전을 가지고 있어야 한다는 것이다. 내 비전이 없는데 회사의 비전과 내 비전이 맞는지를 어떻게 살펴볼 수가 있겠는가. 또 내 비전과 꿈이 없다면 결국은 회사에 끌려 다니면서 남의 인생을 살게 된다. 이 얼마나 불행한 일인가!

하긴 과거에는 내 인생을 포기하는 대가로 회사가 내 인생을 책임져 주었기 때문에 그나마 덜 억울할 수 있었지만, 지금은 내가 내 인생을 포기했다고 해서 회사가 내 인생을 책임져 주는 일은 결코 없다. 이제부터는 회사도, 대학도 내 꿈과 비전을 실현하기 위한 하나의 수단이라고 생각해야 한다.

어느 시대 기업을 선택할 것인가?

"감성사회 기업을 선택할 것인가, 지식사회 기업을 선택할 것인가, 아니면 산업사회 기업을 선택할 것인가?"

어쩌면 이것은 상당히 어리석은 질문이라고 독자가 생각할 수도 있겠다는 생각이 든다. 이런 질문을 받았을 때 누가 산업사회 기업을 선택하고 싶다고 말하겠는가. 산업사회 기업을 선택하겠다고 하면 구닥다리로 낙인찍힐 것 같은 생각이 들 수도 있겠다.

하지만 실제로는 대부분의 사람들이 산업사회 기업을 선호하고 있다고 봐야 한다. 생각해 보라. 현재 안정적이고 편안한데다가 급여까지 많이 주는 기업은 대부분 산업사회 기업 아닌가. 사실 극히 일부를 빼고는 대부분의 대기업들이 산업사회 기업이다. 그러니 대기업을 선택했다면 그것은 곧 산업사회 기업을 선택했다는 얘기나 마찬가지다.

물론 산업사회 기업이라 하더라도 새로운 시대에 적응하기 위해서는 지식사회 기업이나 감성사회 기업으로 변신해야 한다는 점을 고려하면 무슨 사회 기업이니 하는 구분 자체가 애매할 수는 있다. 하지만 그러한 변신을 한다고 해서 회사의 문화 자체가 통째로 바뀌기는 어렵다. 따라서 산업사회 기업에 지식사회 기업이나 감성사회 기업의 요소가 더해질 수는 있지만, 산업사회 기업 자체가 지식사회 기업이나 감성사회 기업이 되기는 쉽지 않다.

하긴 IBM 같은 경우는 전형적인 산업사회 기업에서 지식사회 기업을 넘어 감성사회 기업으로 변신한 좋은 예이긴 하다. 하지만 IBM 같은 경우는 사업의 중심 자체를 제조업에서 서비스업으로 이동시켰기 때문에 그러한 변신이 가능했다. 사업패턴의 변화 없이 산업사회 기업이 지식사회 기업이나 감성사회 기업으로 변신하기란 불가능하다.

그렇다면 산업사회 기업, 지식사회 기업, 감성사회 기업을 구분하는 기준은 무엇일까? 쉽게 얘기하자면 산업사회의 특성에 맞는 기업은 산업사회 기업이고, 지식사회나 감성사회의 특성에 맞는 기업은 지식사회 기업이나 감성사회 기업이다. 너무나 당연하고도 말장난 같은 얘기라고 빈정댈 수도 있다.

하지만 산업사회, 지식사회, 감성사회의 특성이 무엇이냐 하는 점을 생각해 보는 것이 중요하다. 이에 대해서는 이미 1장에서 논의한 바 있으므로 여기서 그 논의를 다시 반복하지는 않겠다. 다만 간단히 요약하자면 공급자 위주의 기업은 산업사회 기업이고, 고객 위주의 기업은 지식사회 기업이나 감성사회 기업이라고 말할 수 있다.

물론 요즘 기업 치고 고객 위주의 기업이 아닌 기업이 어디 있느냐고 반문할 수도 있다. 맞는 말이다. 하지만 고객의 관점에서 생각하는 고객 위주냐, 기업의 입장에서 생각하는 고객 위주냐가 문제다. 싸고 좋은 물건을 만들어 파는 기업이 고객을 위한 기업이 아니냐고 단순하게 생각한다면 산업사회 기업이다. 고객이 필요로 하는 가치를 제공하는 기업이 고객을 위한 기업이라고 말한다면 지식사회 기업이나 감성사회 기업이다. 지식사회 기업이나 감성사회 기업에게는 제품이란 고객에게 가치를 제공하는 수단일 뿐이다.

예를 들어 애플은 산업사회 기업에서 지식사회 기업을 넘어 감성사회 기업으로 변신하고 있다. 애플이 컴퓨터, PDA 등의 개발과 제조에 집중할 때에는 산업사회 기업이었다. 하지만 mp3를 판매하면서부터는 감성사회 기업으로 변신했다고 볼 수 있다. 왜냐하면 애플의 입장에서 mp3라는 제품은 고객에게 아름다운 음악을 제공하는 하나의 수단이 됐고, 그래서 애플은 mp3 자체의 개발이나 제조보다 디자인과 마케팅에 집중했다.

고객이 쉽게 음악을 들을 수 있게 해주기 위해서는 mp3 자체도 중요했지만 음악을 다운로드할 수 있는 소프트웨어 프로그램을 개발하고 음반회사들의 동의를 얻는 일이 필요했고, 애플은 그러한 서비스를 고객에게 제공했다. 물론 mp3 자체가 액세서리의 역할을 하게 된 상황이었기에 애플은 그 디자인을 아름답게 하는 데도 신경을 썼다.

이와 같이 감성사회 기업은 제품 자체보다는 제품을 통해 고객에게 제공하는 서비스를 사업으로 생각한다. 간단한 예로 아파트를 짓는 회사의 경우도 아파트를 지어서 이윤을 덧붙여 고객에게 파는 일을 한다고 생각한다면 산업사회 기업이고, 고객에게 안락한 주거공간을 제공하는 일을 한다고 생각한다면 감성사회 기업에 가깝다.

이제 사회는 지식사회를 지나 감성사회로 나아가고 있다. 감성사회가 되면 기업은 고객에게 서비스를 제공해야 할 뿐만 아니라 더 나아가 브랜드 내지 스토리까지 제공해야 한다. 예를 들어 나이키는 더 이상 운동화를 파는 것이 아니라 '최고의 경기력을 발휘하기 위한 최고의 제품'이라는 브랜드 메시지를 팔고 있다.

나이키는 이런 브랜드 메시지를 팔기 위해 '승리, 신화, 불패'라는 스토리를 만들어내고 있다. 그 방법은 다양하다. 마이클 조던이라는 천재 농구선수를 내세우기도 하고, 'just do it!'이라는 표어를 내세우기도 한다. 나이키는 스토리를 만들어내기 위해 다양한 광고기법도 사용한다. 요즘 나오는 나이키 광고를 보면 제품보다는 스토리를 전달하려고 노력하고 있음을 알 수 있다.

과거의 광고에 익숙한 사람들은 요즘의 광고가 낯설다. 제품에 대한 직접적인 설명이 없는 탓에 무슨 광고인지 헷갈리는 경우도 있다. 삼성전자는 디지털TV의 성능을 광고하는 대신에 '또 하나의 가족'이라는 스토리를 광고로 전달한다. SK는 휘발유를 광고하는 것이 아니라 '생각이 에너지다'라는 스토리를 광고로 전달한다. 이런 것은 감성사회에 걸맞은 광고다.

물론 광고의 구절만 가지고 그 광고를 하는 회사가 감성사회 기업인지의 여부를 판단할 수는 없다. 다른 여러 가지 측면들, 예를 들어 사업분야, 기업문화, 경영방침 등도 살펴보아야 그 기업이 감성사회 기업인지 아닌지를 판단할 수 있다.

하지만 어느 기업이 감성사회 기업이냐 아니냐보다 더 중요한 것은 나 자신이 감성사회 기업에 맞느냐 하는 점이다. 그저 시키는 일이나 열심히 하는 게 편하지 새로운 아이디어를 내거나 콘텐츠를 개발해야 한다면 그 스트레스를 어떻게 감당하느냐고 생각하는 사람이라면 감성사회 기업에 취업을 해봐야 오히려 불리할 것이다. 감성사회 기업을 찾아내는 노력도 기울여야 하겠지만, 나 자신이 감성사회 기업에서 내 능력을 발휘할 수 있을지를 스스로 판단해 보는 것도 그런 노력 못지않게 중요하다.

산업사회의 일은 생계를 위한 수단이었다

이제는 어느 누구도 자신이 일하고 있는 회사가 자신의 평생을 책임져 줄 것이라고 생각하지 않는다. 하지만 불과 십수 년 전만 해도 누구에게나 회사가 인생의 전부였다고 해도 과언이 아니다. 물론 지금도 많은 사람들이 자신의 평생을 책임져 줄 수 있는 직장을 이상적인 직장이라고 생각하고, 정년이 보장되는 공무원, 교사, 공기업 등을 '신이 내린 직업이나 직장'이라면서 그런 직업이나 직장에 취업하지 못해 안달하고 있다.

하지만 과연 그럴까? 이에 대해서는 이미 2장에서 자세히 다룬 바 있다. 어쨌든 그런 태도는 눈을 감고 시대의 변화를 피해 가고자 하는 어리석음의 발로일 따름이다. 이는 마치 태풍이 지나가는 길목에 있다가 우연히 태풍의 눈에 들어간 탓에 주위가 적막한 것을 보고 태풍이 자신을 피해 갔다고 착각하고 좋아하는 것과 마찬가지다.

얼마 지나지 않아 그 태풍의 눈을 벗어나는 순간 자신이 태풍의 소용돌이에 휩쓸리게 된다는 것을 알아야 한다. 따라서 자신이 태풍 속에 있다는 현실을 직시하고 피해를 최소화하는 노력을 기울이거나, 더 나아가 태풍이 지나가는 동안에 내리는 빗물을 농사용 저수지에 비축해 두는 등 오히려 태풍을 이용하는 지혜를 발휘해야 한다.

언젠가 직장에서 열을 받아 스트레스가 잔뜩 쌓인 친구와 술 한 잔을 하면서 그의 하소연을 들어준 적이 있다. 생각 같아서는 당장 회사를 때려치우고 싶은데 지금 그만두면 어디 갈 데도 마땅치 않고 해서 정말로 미칠 지경이라는 게 친구가 늘어놓은 하소연의 주된 내용이었다. 그래서 내가 "자네는 왜 직장을 다니는데?" 하고 물었더니 친구가 한심하다는 듯이 나를 쳐다보면서 "너 지금 그걸 말이라고 하냐? 입에 풀칠하려고 다닌다. 너야 네 회사를 하고 있으니 그런 한가한 얘기를 하지만, 너도 지금 이 나이에 나처럼 직장에 다녀봐라, 그런 얘기가 나오나?"

물론 내가 친구의 말을 이해하지 못한 것은 아니다. 성경 말씀에도 있지 않은가?《창세기》를 보면 선악과를 따 먹는 잘못을 이브와 함께 저지른 아담에게 하느님이 "너는 죽도록 고생해야 먹고 살리라. 너는 흙에서 난 몸이니 흙으로 돌아가기까지 이마에 땀을 흘려야 낟알을 얻어먹으리라" 하면서 일(노동)을 죄에 대한 벌로 내렸다고 가르치고 있다. 성경조차도 우리가 일을 해야 하는 것은 '일을 해서 생계를 유지해야 하기 때문'이며, 일을 하는 것은 괴로울 수밖에 없는 것이라고 가르치고 있다. 그래서인지 대부분의 사람들이 일이란 하기 싫지만 어쩔 수 없이 해야 하는 것이고, 그렇기 때문에 일이란 당연히 괴로운 것이라고 인식하고 있다.

과연 일이라는 것이 그야말로 생계를 위해 괴로워도 어쩔 수 없이 해야 하는 의무일 뿐일까? 그런 인식은 과거의 산업사회에서는 어느 정도 타당하다고 할 수도 있었다. 누구나 표준화되고 정해진 일을 해야 하는 산업사회에서는 자신이 좋아하는 일보다는 회사가 정해준 일을 할 수밖에 없었기 때문이다.

산업사회에서는 자신에게 맞는 일을 찾기도 힘들었지만, 설사 그런 일을 찾았다고 해도 생계에 충분한 수입을 얻기가 힘들었다. 운 좋게 다니던 회사 안에서 그런 일을 찾은 사람도 있었겠지만, 대부분은 자신에게 대충 맞으면 주어진 일을 할 수밖에 없었다. 왜냐하면 산업사회에서는 회사가 개인보다 우위에 있었으므로 회사가 개인에게 맞추기보다는 개인이 회사에 맞추어야 했기 때문이다.

또한 산업사회에서는 자본이 우위에 있었고, 개인의 역할은 자본의 의도에 맞는 노동을 제공하는 것에 한정돼 있었다. 따라서 회사에 취직해서 일을 하든 개인적인 사업과 관련된 일을 하든 좋아하는 일을 하면서도 충분한 수입을 확보할 수 있다고 생각하는 것 자체가 덜 성숙된 자세라는 인식이 일반적이었다.

내 또래의 기성세대는 '옛날의 평생직장 시대가 좋았다'는 의식을 가지고 있다. 그래서 자녀에게 그래도 공무원, 교사 등 정년이 보장되므로 평생직장에 가까운 직장이나 직업을 적극적으로 권한다. 하지만 이제 그런 평생직장은 없다.

물론 얼마 동안은 안정적인 것처럼 보일 수도 있다. 그러나 결국은 어느 직장이나 태풍에 휩쓸려 휘청거리게 돼 있다. 단기적으로는 그런 직장 자체가 새로운 시대를 맞아 경쟁력을 상실하고 도태되어 사라질 것이기 때문이고, 장기적으로는 첨단기술의 발달과 사회적인 변화(인구변동, 세계화 등)에 의해 직장이나 직업 자체 또는 일의 성격이 변하기 때문이다. 요즘 흔히들 말하는 '신이 내린 직장들'도 이런 점에서는 예외일 수 없다.

감성사회의 일은 즐거워야 한다

얼마 전에 차를 타고 가다가 현재 권투에서 한국의 유일한 동양챔피언인 김

정범 선수가 라디오에서 인터뷰하는 내용을 들은 적이 있다.

그는 어렸을 적부터 알아주는 불량학생이었다고 한다. 그는 고등학생 때까지도 항상 싸움만 하는 불량배였는데 우연한 기회에 권투를 하게 되어 취미를 붙이게 됐다. 그는 자신의 주먹이 말썽이나 피우고 주위 사람들에게 피해나 주는 도구가 아니라 칭찬 들을 일을 하는 도구일 수도 있다는 사실을 알게 되어 너무나 기뻤고, 지금도 즐겁게 권투를 하고 있다고 한다. 그는 권투 덕분에 돈도 벌 수 있었고, 아내도 만나 결혼을 하고 아이도 갖게 되어 권투가 너무나 좋다는 것이었다.

사실 내가 클 때만 해도 요즘 인기 스포츠인 농구, 야구 등을 직접 한다는 것은 꿈도 꾸지 못했다. 일단 장비를 장만하는 데만도 돈이 많이 들어가기 때문에 가난한 처지에서는 그 비용을 감당할 수 없었기 때문이다. 그래서 기껏해야 축구 정도가 인기 종목이었다. 그리고 텔레비전에서 중계를 해주는 스포츠 가운데서는 권투가 가장 인기가 있었다.

요즘이야 12회전 내지 15회전을 치르며 지루하게 치고 빠지고 하는 권투의 인기가 시들해지고, 대신에 단시간에 승부를 내는 이종격투기가 더 인기를 끌고 있다. 그래서 텔레비전에서 권투경기를 중계하는 경우가 드물고, 권투를 하겠다는 지망생도 별로 없다고 한다. 게다가 권투도장이 권투선수가 되기 위한 연습장이 아니라 다이어트나 몸매 만들기를 위한 체력단련장이 됐다고 하니, 시대의 변화를 절감하게 된다.

하지만 내가 어릴 적에는 권투란 가난한 사람이 자본 없이도 오직 자신의 몸 하나와 노력만으로 돈과 명예를 한방에 거머쥘 수 있는 길 가운데 하나였다. 그래서 주먹에 조금만 자신이 있어도 이를 악물고 권투를 했다.

당시에 권투를 하는 주된 목적은 돈을 버는 것이었다는 얘기가 맞을 것이다. 그래서 권투에는 '헝그리 정신'이라는 말이 꼭 따라 다녔다. 지금 배고픔도, 맞는 아픔도 잘 참고 견디며 노력을 하면 언젠가는 돈을 벌어 이 지긋지긋한 생활에서 벗어날 수 있다는 생각이 바로 권투선수의 헝그리 정신이었다. 김정범 선수와 같이 권투가 즐거워서 그것을 하는 사람은 당시에는 거의 없었다고 나는 생각한다.

지금의 직장인도 권투선수와 비슷한 입장이다. 과거에는 생계를 위해 열심히 일해야 했지만, 지금은 자신이 좋아서 일해야 한다. 과거의 직장생활에 비해 현재의 직장생활이 훨씬 불안정해졌다고 불평하는 사람들이 많다. 그렇다면 지식사회나 감성사회, 합쳐서 미래사회의 회사에서 일하는 현대의 직장인은 과거 산업사회의 직장인에 비해 불행한 것일까? 나는 절대로 그렇지 않다고 생각한다.

좀 지나친 비유일지는 모르지만, 과거의 직장생활이 아무 생각 없이 시키는 일만 하면 되는, 어떻게 보면 편한 노예의 생활이었다고 한다면 앞으로의 직장생활은 끊임없이 변신하면서 자기가 주체가 되어 일해야 하는 불안정한 자유인의 생활이라고 표현하고 싶다.

편한 노예의 생활이 좋은가, 불안정한 자유인의 생활이 좋은가는 각자가 판단해야 할 문제이지만, 이제는 그 편한 노예의 생활도 더 이상 가능하지 않는다는 데 유의해야 한다. 왜냐하면 노예를 부리는 주인이 노예의 평생을 책임져 줄 능력을 더 이상 갖고 있지 않기 때문이다. 그래서 나는 월급쟁이 생활을 하는 사람들에게 "좀 과장하자면 월급은 당신을 서서히 중독시켜 스스로 설 수 없게 만드는 독"이라고까지 말하고 있다.

그렇다면 월급쟁이 생활을 하지 말라는 얘기인가? 꼭 그렇지는 않다. 말장난 같이 들릴지는 모르겠지만, 월급 그 자체를 위해서 일한다고 생각하지 말고 내 인생의 의미를 실현하기 위해 신나게 일하고 그 대가로 월급을 받는다고 생각하라는 것이다. 시키는 대로 열심히 일했기 때문에 월급을 받는 것이 아니라 내가 신나게 일해서 돈을 벌어 그 가운데 일부를 당당하게 대가로 받는다는 자세가 중요하다는 얘기다. 좀더 비약시켜 표현한다면, 산업사회에서는 단순히 성공을 위해 일을 했다면 미래사회에서는 내 행복과 내 인생의 의미 실현을 위해 일을 해야 한다는 뜻이다.

왜 이렇게 변해야 하는 것일까? 왜 산업사회에서는 단순히 시키는 일만 성실히 하고 주는 월급만 받으면 됐는데 미래사회에서는 나 자신의 행복과 인생의 의미까지 생각하면서 일을 해야 하는가? 그 이유는 한마디로 미래사회가 되면 평생직장이 없어지기 때문이다.

산업사회에서는 평생 한 직장에서 거의 같은 일만 하다가 정년퇴직을 하게 되면 그와 거의 동시에 나의 수명도 끝났기 때문에 직장생활이 곧 인생이라고 볼 수 있었다. 그러니 직장생활만 충실히 해도 인생을 잘사는 것이었기 때문에 다른 고민은 할 필요가 없었다.

게다가 회사도 나의 평생에 걸쳐 사업내용이 거의 변하지 않았기 때문에 내가 평생 거의 같은 일만 해도 큰 문제가 없었다. 산업사회의 전형적인 기업인 정유공장, 비료공장, 철강공장, 시멘트공장 등을 생각해 보라. 이런 공장을 운영하는 기업들은 1970년대 이전에 세워졌는데 아직도 건재하고 있지 않은가. 그 당시에 이런 기업에 들어갔던 사람은 자신의 생전에 그 기업의 사업내용이 바뀔 것이라는 생각은 해 보지도 않았을 것이다.

다시 말해 개인이 같은 직장에서 같은 일만 충실히 하면 인생을 충실히 사는 게 되는 것이 과거 산업사회의 본질이었다. 또한 개인은 약간의 보수를 월급으로 받으며 거대한 자본에 노동을 제공하는 보조적 역할을 하는 존재였기 때문에 그 힘이 미미할 수밖에 없었다. 하지만 이제 지식사회가 되면서 지식의 주체인 개인의 힘이 커지게 됐다.

더 나아가 지식사회를 거쳐 감성사회가 펼쳐지면서 인간이 제공하던 노동의 대부분을 컴퓨터와 로봇, 기타 각종의 기계들이 대신하게 됐다. 첨단기술의 발달로 기계의 성능이 향상되고 그 가격이 낮아짐에 따라 이제 인간은 단순히 노동을 제공하는 것만으로는 기계와 경쟁할 수 없게 됐다. 그래서 이제는 거의 같은 일만 하면서 평생을 살아갈 수 있게 해주는 평생직장이 사라지게 된 것이다.

이와 관련해 염두에 두어야 할 또 하나의 현실적 요소로, 기술변화의 속도는 빨라진 데 반해 인간의 수명은 길어짐에 따라 이제는 평생 한 가지 직업이나 직종만으로는 살아갈 수 없게 됐다는 점을 꼽을 수 있다. 개인이 시대에 맞는 뛰어난 기술이나 제품을 갖고 있을 경우에 과거의 산업사회에서는 그 기술이나 제품으로 평생을 보장받을 수 있었지만, 미래사회에서는 그보다 더 뛰어난 기술이나 제품이 금방 개발되기 때문에 평생은커녕 단 몇 년도 버틸 수 없을 것이다.

무엇보다도 일의 의미를 변화시키고 있는 가장 큰 요인은 미래사회에서 요구되는 차별화된 능력이다. 과거의 산업사회에서는 기업이 정보를 독점했기 때문에 개인은 평범한 기술이나 제품만으로도 생존할 수 있었다. 하지만 미래사회에서는 기업의 고객이 정보를 공유하므로 제품선택에서 강력한 힘을 갖게 된다. 이런 상황에서는 다양하고 까다롭고 변덕스러운 고객에게 호소력이 있는 차별화된 기술이나 제품만이 고객의 선택을 받게 된다.

따라서 개인도 특정 분야에서 타의 추종을 불허하는 차별화된 1등이 돼야만 생존할 수 있는 시대가 된 것이다. 요즘 유행하는 말로 블루오션을 찾아내야만 살아남을 수 있는 시대가 열리게 됐다는 얘기다.

그런데 차별화된 1등 능력을 발휘하면서 급속하게 변하는 시대의 흐름을 잘 따라가기 위해서는 그야말로 좋아하고 잘하는 일을 찾아서 해야 한다. 생각해 보라. 자신이 좋아하고 잘하는 일을 할 때에는 일의 능률이 오르고 점점 더 일을 잘 하게 되지만, 어쩔 수 없이 해야 하는 일을 하다 보면 매너리즘에 빠지게 되어 일의 능률이 오르지 않을 뿐만 아니라 일을 싫어하게 되지 않는가.

일을 좋아하고 잘하기 위해서는 단순히 수입을 올리기 위한 지루한 일이 아니라 자신의 인생에 의미를 주고, 자아실현을 할 수 있게 해 주고, 하면 할수록 즐거워지는 일을 해야 한다. 물론 어떤 일이 즐겁기 위해서는 그것은 누가 시켜서 하는 일이 아니라 자신이 주체가 되어 하는 일이어야 하는 것은 당연한 이치다.

따라서 미래사회를 살아가기 위해서는 '생계를 위해 일을 해야 하기 때문에 일을 하면 당연히 괴롭다'는 산업사회적인 자세를 버리는 대신에 '일을 통해 즐겁고 행복해져야 한다'는 새로운 자세를 가져야 한다. 물론《마시멜로 이야기》(호아킴 데 포사다, 엘런 싱어, 2005년, 한국경제신문사)에 나오는 대로 '미래의 성과를 위해 오늘 참을 수 있는 특성'은 인간만이 가진 것이 사실이지만, 무조건 참아내는 것보다는 '나 자신이 즐겁고 잘할 수 있는 일'을 찾아 하는 것이 훨씬 더 성과가 좋다.

현재의 찰나적인 쾌락을 위해 미래의 행복을 버리는 것도 어리석은 일이지만, 미래의 성과를 위해 현재의 괴로움을 무조건 참아내는 것도 미래사회에서는 결코 바람직한 일이 아니다. 현재의 즐거움을 찾으면서도 미래의 행복을 추구하는 것이야말로 미래사회를 살아가는 가장 현명한 태도다. 즐거움과 삶의 의미, 현재의 만족과 미래의 행복을 동시에 추구하는 것이 미래사회에서 직장인들이 일에 대해 가져야 할 올바른 태도일 것이다.

이 얼마나 좋은 일인가. 현재의 즐거움과 미래의 행복을 동시에 추구할 수 있는 시대를 살고 있는 우리는 얼마나 행복한 존재인가. 아리스토텔레스의 말대로 '행복은 삶의 의미이며 목적이고 인간존재의 목표이며 이유'일진대 그러한 행복을 즐기기도 하고 추구하기도 할 수 있는 시대에 우리가 살고 있다는 것은 얼마나 다행한 일인가.

좀 극단적으로 얘기하자면, 행복은 일 또는 직업 자체에 의해 결정되는 것이 아니라 일이나 직업이 나에게 무슨 의미를 갖고 있느냐에 따라 결정된다. 이런 의미에서 보면 병원에서 일하는 청소부 아줌마가 자신이 하는 일이 환자들의 건강에 도움을 줄 것이라고 생각하면서 즐겁게 일한다면, 오로지 돈을 벌거나 명예만을 목적으로 삼아 인상을 찡그리면서 일하는 의사보다 수입은 적을지 몰라도 오히려 더 행복할 수 있다.

과거의 산업사회와 미래의 감성사회에서 일의 의미가 어떻게 다른가를 극명하게 보여주는 예화로 '개미와 베짱이' 이야기를 들 수 있다. 산업사회에서 내가 배운 개미와 베짱이 이야기는 더운 여름에 개미는 땀을 흘려가며 열심히 일하지만 베짱이는 나무그늘에서 노래만 부르고 있는 것으로 시작한다.

개미는 베짱이에게 추운 겨울에 대비해 일을 하라고 충고하지만 베짱이는 그런 개미의 말을 무시하고 놀기만 한다. 그런 생활이 반복되면서 마침내 가을도 가고 겨울이 닥치자 개미는 여름과 가을 내내 열심히 일해서 모아둔 양식 덕분에 따뜻한 방 안에서 배불리 먹으며 편안하게 지내는 반면에 베짱이는 먹을 게 없어서 개미한테 동냥을 하러 온다. 이 우화가 전하려는 교훈은 개미와 같이 열심히 일해야지 베짱이와 같이 게으름이나 피우면 안 된다는 것이었다.

하지만 미래사회에서는 이 이야기의 내용이 완전히 달라진다. 개미는 괴로움을 참고 너무 열심히 일한 나머지 몸에 무리가 가서 가느다란 허리에 탈이 나고 디스크에 걸린 탓에 애써 저축한 돈을 병원비로 모두 다 써 버리고 거지가 된 반면에 베짱이는 여름에 노래연습을 열심히 해서 유명한 가수가 되어 음반도 내고 텔레비전에도 출연해 즐겁게 노래를 부르면서 부와 명예를 얻게 된다는 것이다.

그렇다. 미래사회에서는 개미와 같이 무조건 열심히, 성실히 일할 것이 아니라 베짱이 같이 자신이 좋아하고 잘하는 일을 찾아 신명나게 하면서 돈은 자연스럽게 따라오게 만들어야 한다.

하지만 불행하게도 한국인들은 아직도 일은 그저 호구지책일 뿐이라고 생각하는 경향이 있는 것으로 조사됐다. 삼성경제연구소가 펴낸 〈근로관의 국제비교〉라는 보고서를 보면, 2005년에 31개국의 20~69세 근로자를 대상으로 실시한 '국제 사회조사 프로그램(ISSP)'의 설문조사에서 얻어진 자료를 비교분석한 결과 한국인의 근로관은 '생계수단형'으로 분류됐다는 것이다. 생계수단형이란 일에 대한 만족도가 낮은데도 불구하고 가족의 생계를 위해 일하는 경우가 많다는 뜻이다.

한국인이 일에서 느끼는 흥미는 100점 만점에 65.8점으로 미국인(81.7점), 프랑스인(78.4점), 일본인(71.1점)보다 훨씬 낮은 것으로 나타났다. 일에 대한 한국인의 만족도도 미국인(77.0점), 프랑스인(69.5점), 일본인(68.6점)보다 낮은 66.6점으로 나타났다. 삼성경제연구소는 이런 결과에 대해 "한국인은 취업이나 진학 시 자신의 적성보다 수입의 안정성이나 사회적 평판을 먼저 고려하는데다 노동의 이동성이 낮기 때문"이라고 설명하고 있다.

한국의 직장인과 달리 미국, 영국, 호주 등의 직장인은 대체로 '자아실현형' 근로관을 갖고 있는 것으로 나타났다. 프랑스, 스웨덴, 핀란드 등의 직장인은 개인주의 성향으로 인해 직장 내 관계는 별로지만 일에 대한 만족도는 높은 '보람중시형' 근로관을 갖고 있으며, 일본은 이와 반대로 일에 대한 만족도는 별로이지만 직장 내 인간관계에 대해서는 만족도가 높은 '관계지향형' 근로관을 갖고 있는 것으로 파악됐다.

따라서 한국이 새로운 시대에 선진국이 되기 위해서는 직장인이 생계수단형 근로관에서 벗어나 직장 내 인간관계에 대한 만족도도 높고 일 자체에 대한 만족도도 높은 근로관을 가질 수 있도록 교육, 정치, 사회 등 모든 분야에 걸쳐 전반적인 체제변화를 이루기 위한 노력이 절대적으로 필요하다.

한국인의 생계수단형 근로관을 극명하게 보여주는 현상 가운데 하나는 복권 당첨자의 행동이다. 고액복권에 당첨된다면 한국인이 가장 먼저 하고 싶은 일은 다니던 직장을 그만두는 것이라고 한다. 실제로 복권이 당첨되고 나면 직장을 그만두는 경우가 대부분이다. 심지어는 복권 당첨금을 들고 외국으로 이민을 가는 경우도 있다. 그동안 돈을 벌어 보겠다고 힘들게 일했지만 이제는 돈을 갖게 됐으니 더 일할 필요가 있겠느냐는 심리로 보인다.

물론 외국에서도 복권 당첨자가 돈을 절제 없이 써서 자신의 인생을 불행하게 만드는 경우가 많다. 하지만 외국에서는 복권에 당첨된 뒤에도 다니던 직장을 그만 두지 않는 경우가 종종 있다. 얼마 전에 130만 파운드(약 25억 원)짜리 복권에 당첨된 영국의 루트 피타드는 자신이 다니던 영국 카디프의 한 맥도널드 햄버거 지점에서 계속 일하기로 했다고 한다. 한국에서 그 정도의 복권에 당첨된 사람이 과연 맥도널드 햄버거 가게에서 계속 서빙을 할 사람이 있을까?

잘하는 일을 할까, 좋아하는 일을 할까?

공자는 《논어》의 옹야편에서 "알기만 하는 사람은 좋아하는 사람만 못하고, 좋아하는 사람은 즐기는 사람만 못하다(知之者 不如好之者, 好之者 不如樂之者)"라고 즐기는 것의 중요성을 강조했다. 앞으로는 일에서도 즐거움이 중요한 요소로 자리 잡을 것이다.

지금도 미래사회 기업이나 신생기업을 보면 직원들이 일에서 재미를 느낄 수 있도록 회사 쪽에서 노력하는 경우가 많다. 구글은 창업 초기부터 전문

요리사를 고용해 맛있는 요리를 직원들에게 제공하고 있다. 또한 구글은 직원들이 게임을 하듯 일을 즐기면서 할 수 있는 분위기를 만들려고 노력하고 있다. 직원들이 즐겁게 일을 해야만 능률이 오르고 스트레스가 쌓이지 않아 건강을 유지할 수 있고, 결국은 직원들 개개인에도 회사에도 이익이 된다는 논리에서다. 또 뒤에 살펴보겠지만, 자신의 소질과 강점을 알기 위해서라도 즐겁게 할 수 있는 일을 찾아 해보는 것이 중요하다.

그렇다면 즐거움이 직종이나 직업을 선택하는 유일한 기준이 돼야 하는 가? 사실 직업이나 직종의 선택에서 가장 이상적인 태도는 유망한 분야에서 내가 차별화된 능력을 발휘할 수 있고, 수입도 많은 동시에 즐겁기도 한 일을 찾아내는 것이다. 여기서 유망한 분야가 무엇인지에 대해서는 앞의 2장에서 간단히 다룬 바 있다. 또 수입은 차별화된 능력을 갖추고 자신의 브랜드 가치를 높이면 자동적으로 많아지는 시대가 이미 열리고 있다. 그러므로 여기서는 내가 잘할 수 있는 분야와 좋아하는 분야가 다를 때에는 어떻게 해야 하느냐는 문제에 초점을 맞추어 논의하도록 하겠다.

이런 문제에 대한 해결책으로 진로상담 전문가인 하영목은 그의 저서 《10대의 꿈을 실현해주는 진로 코칭》(2005년, 북하우스)에서 이렇게 권유했다. 첫 번째는 자신이 가장 좋아하면서 동시에 잘할 수 있는 일, 두 번째는 자신이 좋아하는 일, 세 번째는 자신이 잘할 수 있는 일, 네 번째는 뜨는 직업의 순서로 선택을 하라는 것이다.

그러나 내가 생각하기에 더 좋은 해결책은 항상 잘할 수 있으면서 좋아하기도 하는 일을 선택하는 것이다. 간단한 예를 들어보자. 스포츠를 좋아하긴 하지만 잘하지는 못하고 대신 홍보업무를 잘한다면, 자신이 좋아하는 스포츠팀의 홍보업무를 맡아서 하거나 그 팀의 홍보업무에 도움을 주면서 그 팀의 일원이 된다면 잘할 수 있는 동시에 좋아하기도 하는 일을 하게 되는 것이 아닐까?

위 책에서 하영목이 소개한 상담경험 가운데 이런 이야기가 있다. 가수가 되기를 열망하는 여고생이 있었다. 하지만 여고생의 어머니는 딸이 노래에 대한 소질이 뛰어나지 않아 가수로 성공할 수 없다고 판단해 반대했다. 이런 갈등을 현명하게 해결하려면 어떻게 해야 할까? 이 사례는 좋아하는 일과 잘할 수 있는 일이 다른데도 그 두 가지 조건을 다 만족시키면서 문제를 해결한 이야기이기 때문에 참고가 되리라고 생각한다.

여고생은 너무나 가수가 되고 싶었기 때문에 어머니의 반대를 극복할 수 있는 길은 가출밖에 없다고 생각하고 집을 나갔다. 하지만 없던 소질이 새로 생겨날 리 만무해서 여고생은 결국 고생만 하고 가수로 데뷔조차 하지 못했다. 그때 여고생을 상담하던 전문가가 어머니와 여고생에게 새로운 길을 제시했다.

여고생은 가수가 될 정도로 노래에 대한 소질이 뛰어나지 않기 때문에 가수로 성공하기는 힘들지만 노래를 워낙 좋아하기 때문에 그 꿈을 무작정 포기하라고 할 수는 없었다. 한편 어머니는 여고생이 안정된 직업을 갖게 되기를 원했다. 상담 전문가는 그 두 가지 조건을 모두 충족시키는 방법으로 여고생에게 음악선생님이 되는 길을 제안했다.

이 제안에는 여고생도, 어머니도 찬성했다. 여고생은 음악선생님이 되는 길을 스스로 선택했기에 열심히 공부해서 음악선생님이 됐다. 사실 여고생에게는 남을 가르치는 소질이 있었다. 그 소질을 뒤늦게라도 찾아낸 여고생은 결국 좋은 음악선생님으로 성공할 수 있었다.

또 하나의 예화를 들어보자. 어릴 때 미국으로 이민을 간 교포 L씨는 어려서부터 발레를 배웠다고 한다. L씨는 어렸을 적에는 어머니의 극성에 떠밀려 워낙 열심히 발레를 했기 때문에 상도 많이 타는 등 잘 나갔다. 그런데 사회에 나와서는 발레가 자신의 적성에 맞지 않다는 사실을 깨달았다. 특히 동양인다운 자그마한 체구를 가진 L씨는 자신의 신체적 조건이 불리해 어차피 발레에서 두각을 나타내기가 힘들다는 점을 알게 됐다.

이리하여 L씨는 발레를 그만두기로 결심했다. L씨는 어머니에게 이런 자신의 의견을 얘기하고 발레를 그만두겠다고 말했다. 물론 어머니는 난리를 치면서 반대했다. 하지만 L씨는 더 이상 어머니의 의견을 따르지 않고 자신의 인생을 살기로 하고, 발레를 그만두고 나서 무엇을 할 것인가를 생각했다.

그래서 내린 결론은 자신이 공연기획에 소질이 있으니 공연기획자로 나서자는 것이었다. 그리고 그는 곧바로 실행에 옮겼다. 처음에는 공연비용을 줄이기 위해 자신도 직접 공연에 참여하기도 했고, 길거리 공연 등 기존에 누구도 시도하지 않았던 참신한 공연을 기획해 고객에게 가까이 다가가는 노력을 기울였다.

이런 고생 끝에 그는 결국 공연기획자로 성공하게 됐고, 지금은 발레를 할 때보다 더 보람 있게 살아가고 있다고 한다. 자신이 어릴 때부터 해왔기에 잘할 수 있는 일인 발레와 자신이 원래부터 좋아하던 일인 기획을 결합해 자신에게 가장 이상적인 길을 개척한 것이다. L씨는 공연에 직접 참여해 활동을 하기도 했기 때문에 공연기획을 할 때 출연자들의 입장을 이해할 수 있었고, 이 때문에 공연기획을 더 잘할 수 있었다.

대기업이냐 중소기업이냐

앞에서 대기업을 선택하느냐 중소기업을 선택하느냐 하는 갈림길에서 고민하는 K의 예를 살펴본 바 있다. 이런 고민을 하는 사람은 우리의 주위에서 의외로 많이 접할 수 있다.

내가 아는 또 다른 취업지원자의 경우에도 자신은 중소기업에 가고 싶었지만 "결혼을 위해서라도 대기업에 가야 한다"는 부모님의 설득에 밀려 결국 중소기업을 포기하고 대기업을 선택할 수밖에 없었다고 내게 하소연했다.

그나마 그 취업지원자의 경우는 중소기업에 가겠다는 생각이라도 갖고 있었지만, 대부분의 취업지원자들은 아예 처음부터 대기업을 1차 목표로 하고 대기업에 입사하지 못하게 되면 그때는 할 수 없이 중소기업을 선택하겠다는 생각을 하는 것 같다. 하지만 이런 식의 판단기준은 절대로 옳지 않다. 대기업을 선택하느냐 중소기업을 선택하느냐는 내 적성이 어느 쪽에 맞느냐와 나의 장래 희망이 무엇이냐에 따라 결정해야 할 문제다.

오늘날 대부분의 취업지망생들이 갖고 있는 회사선택 기준을 보면 월급이 많은가, 회사가 유명하고 큰가가 공통적인 기준인 것 같다. 그 회사가 자신의 장래에 얼마나 도움이 되는 경력을 쌓게 해줄 것인가를 고려의 대상으로 삼는 경우는 거의 없다.

그러나 예를 들어 장래에 사업을 할 계획이 있다면 대기업에 근무하는 것보다 중소기업에 근무하는 것이 훨씬 유리하다. 왜냐하면 중소기업에서는 한 가지 일만 맡아서 하는 것이 아니라 업무영역의 구분 없이 일을 해야 하므로 전문성을 기를 기회가 없다고 볼 수도 있지만, 다른 한편으로는 업무 전체를 볼 기회가 많다고 볼 수도 있기 때문이다.

반면에 대기업에서 근무하게 되면 자신이 소속된 부서 전체로 보면 업무의 스케일이 클지는 모르지만 개인으로서 수행하는 업무는 부분적인 일일 가능성이 높다. 나중에 사업을 하려면 일을 전체적으로 보는 안목이 필요한데 이런 안목은 대기업에서보다는 중소기업에서 길러질 가능성이 더 높다.

그렇다고 해서 무조건 중소기업을 선택하는 것이 좋고 대기업을 선택하는 것은 나쁘다는 얘기는 결코 아니다. 큰 조직에서 일부분의 일을 맡아 하는 것이 내 적성에 맞거나 대기업의 전문경영인이 되는 것이 목표인 경우에는 당연히 대기업을 선택해야 할 것이다.

문제는 자기 인생의 꿈과 비전에 대한 고려도 없이 급여의 수준이나 자신에 대한 사회의 평판에 신경을 써서 무조건 대기업을 선택하는 것에 있다. 주위에서 대부분 그렇게 생각하니 나도 우선은 대기업에 취업하기 위한 노력을 해 보고 안 되면 중소기업에 들어가겠다는 생각은 바람직하지 않다.

나의 경우에도 대학원을 졸업한 뒤에 대기업에서 근무했지만, 그 대기업을 그만두고 유학을 다녀와서는 중소기업에서 근무했다. 그때 대기업인 정유회사에서 근무할 기회도 있었다. 하지만 지금 돌이켜 생각해 보면 그때 정유회사에 들어갔으면 지금과 같이 사업을 하지는 못했을 것이라고 생각한다. 중소기업에 들어갔기에 비록 처음에는 연구소에 있었지만 나중에는 신제품을 사업화하는 부분을 맡아 일하면서 사업화의 경험을 쌓을 수 있었고, 그 덕분에 지금의 사업을 시작할 수 있었다.

사업을 시작한 직후에는 내가 기술자로서 생산을 관리하거나 연구개발을 해본 경험 밖에 없었기 때문에 여러 가지 어려움을 겪었다. 하지만 지금 생각해 보면 그 어려운 과정이 내 인생에서 가장 귀중한 경험이었다. 그 과정은 내게 고객의 중요성을 깨닫는 계기가 돼 주었고, 기술만이 전부가 아니라는 의식을 갖는 계기가 돼 주었다.

대기업은 급여가 중소기업에 비해 상대적으로 높고, 보상체계가 잘 갖춰져 있다는 장점도 있지만 성과에 의한 평가가 분명하고, 경쟁이 치열하며, 어떤 경우에는 업무 자체보다 주위와의 관계 형성이 더 중요하다는 단점도 있다. 또한 대기업에서 일하다 보면 담당업무가 세분화돼 있어 전문성을 높일 수는 있지만, 몇 년 동안 같은 업무만 제한적으로 반복하거나 정신없이 일해야 하는 경우가 허다하다. 그만큼 창의적으로 자신의 역량을 충분히 발휘하기에는 부적합한 경우가 많다.

요즘은 코끼리 기업, 즉 거대 기업이라고 할지라도 스피드와 원활한 의사소통을 중시하는 곳이 늘어나고 있기는 하지만, 한국의 대기업은 아직도 시키는 일만 해야 하는 분위기가 지배적이다. 그래서 대기업에서 일하다 보면 시간이 지날수록 자세가 점점 더 수동적으로 변하게 되면서 창의성과 적극성이 떨어지게 된다.

물론 중소기업이라도 산업사회 기업인 경우에는 대기업에 비해 급여나 복지의 수준도 낮으면서 분위기도 대기업과 크게 다르지 않을 수 있다. 이는 최악의 경우라고 할 수 있다. 하지만 이런 경우에도 중소기업에서는 적은 수의 사원들이 일하기 때문에 전체적으로 일을 볼 수 있는 안목이 생기고, 다양한 일을 단기간에 처리하면서 다양한 경험을 쌓을 수도 있다. 더 나아가 그 중소기업이 발전성 있는 유망기업이라면 자신의 창의성을 발휘하면서 일하다 보면 회사가 크게 발전할 때 금전적인 보상을 받을 수 있는 기회도 있다. 미국의 야후나 구글의 경우에 창업 멤버들 가운데 부자가 된 경우가 많았고, IT 발전의 초기에는 한국에서도 IT 기업의 사원들 가운데 부자가 된 경우가 적지 않았다.

대기업에 취업하든 중소기업에 취업하든 한 가지 꼭 명심해야 할 것은 이제 더 이상 기업에 자신의 인생을 맡기는 일은 없어야 한다는 것이다. 어떻게 보면 대기업에 취업하는 경우든 중소기업에 취업하는 경우든 나는 '나 주식회사'(이에 대해서는 뒤의 5장에서 다루고자 한다)의 CEO로서 내가 취업한 회사와 동반자 관계가 돼야 하기 때문에 차이가 없다. 회사와 나는 프로젝트를 같이 진행하는 동반자 관계이지 한 쪽에서 일을 시키면 다른 쪽에서 그 일을 해야 하는 주종관계가 더 이상 아니라는 것이다.

다시 말해 미래사회의 직장인은 회사에 대한 무조건적인 충성보다는 자신의 성취감이나 자기계발을 더 중요하게 생각해야 한다. 따라서 대기업에 취업하면 그 품안에서 안정되고 풍요롭게 살아갈 수 있다는 환상은 버려야 한다. 아직도 산업사회 대기업에 취업하면 그런 생활을 누릴 수 있을 것 같이 보일지 모르지만, 앞으로는 시일이 지날수록 산업사회 대기업이 도태되거나 약화될 것이기 때문에 그런 생활을 보장받을 수 없게 된다.

이런 흐름은 2006년 3월에 IBM이 발표한 보고서 〈글로벌 이노베이션 아웃룩 2.0(Global Innovation Outlook 2.0)〉에서도 예견됐다. 이 보고서는 4개 대륙에 걸쳐 15차례의 심포지엄을 열고 33개국 248명의 CEO, 178개의 각종 조직 등을 심층 인터뷰한 결과를 분석한 미래예측서다.

이 보고서는 산업사회에서 만들어졌던 기업형태, 즉 대기업이나 다국적 기업은 앞으로 소멸한다고 내다보고 있다. 이는 대기업 자체가 사라진다기 보다는 대기업의 형태가 지금과는 완전히 딴판으로 변할 것이라는 예측이라고 보는 것이 타당할 것이다.

다시 말해 미래사회의 대기업은 '나 주식회사'인 개인들이 연합한 형태가 되리라는 것이다. 즉 '나 주식회사' 형태의 1인기업들이 아웃소싱, 오픈소싱, 네트워킹 등을 통해 대기업을 이루게 된다는 말이다. 그렇지 않아도 미래사회 기업으로의 변신을 꾀하고 있는 대기업들은 이미 다양한 형태의 아웃소싱과 네트워킹을 사업조직의 주된 형태로 삼고 있다. 앞에서 예로 든 애플과 P&G 등은 핵심 기술까지 아웃소싱 하는 '연결개발(C&D; Connection & Development)'이라는 개념을 도입해 시행하고 있다.

4장

미래사회에 맞는 강점 계발

과거의 산업사회에서 요구된 인재는 표준화되고 평준화된 인력이었다. 대량 생산 위주이자 공급자인 기업 위주인 사회에서는 기업이 정한 표준적인 생산방법(매뉴얼)에 맞추어 일할 수 있는 능력을 특정한 기준 이상으로 갖춘 평범하고 표준화된 인력이 요구됐다.

정해진 표준을 벗어나 발칙한 발상을 하는 천재는 예술을 비롯해 아주 특수한 분야에서만 받아들여졌고, 일반적인 기업이나 사회 시스템에서는 철저히 배격됐다. 그래서 '모난 돌이 정 맞는다'라든가 '가만히 있으면 중간은 간다'라는 말이 진리처럼 통했다. 학교에서도 톡톡 튀는 질문을 해서 선생님을 곤혹스럽게 만드는 학생은 이상한 문제아 취급을 받았고, 아무런 질문도 하지 않고 그저 선생님이 하는 말만 잘 받아들이는 학생은 '착한 학생'이자 '모범 학생'이라는 말을 들었다.

회사에서도 마찬가지였다. 회의는 당연히 윗사람이 혼자서 훈시조로 애기하고 상부의 지시를 전달하는 자리였다. 회의에서 아랫사람은 감히 상관과 다른 의견을 개진할 수 없었다. 그래서 과거의 산업사회에서는 회의의 풍경이 어디서나 거의 똑같았다.

가장 상관인 사람이 탁자의 중앙에 자리 잡고 앉아서 먼저 의제를 얘기하고 나서 좌중을 둘러본 다음에 의견을 말할 것을 요청한다. 그러나 모두 꿀먹은 벙어리처럼 입을 다문 채 서로 눈치만 본다. 그러면 상관이 한심하다는 듯이 다시 둘러보고 나서 자신의 의견을 얘기한다. 그런 다음에 자신의 의견과 다른 의견이 있는지를 묻는다. 그때 보통은 차상급자가 나서서 그 의견이 지당하다고 치켜세운 뒤에 비슷한 의견을 덧붙인다. 그러고 나면 재청이 이어진다. 그 다음에는 처음에 의제와 의견을 제시했던 상관의 일장 훈시를 거쳐 회의는 끝난다.

비단 회의만이 그런 것이 아니었다. 내가 처음 취업한 회사는 시멘트 공장이었는데, 거기서 내가 주로 해야 하는 일은 공정관리와 품질관리였다. 아침에 출근하면 전날의 생산량과 출하량을 파악하고 재고를 계산해서 위에 보고했고, 그 다음에는 생산공정에 대한 점검을 실시했다. 공기량, 온도, 압력 등을 측정해 에너지 효율을 평가하고 제품의 품질에 이상이 없는지를 점검하는 일이 거의 매일 반복됐다. 물론 가끔은 완전히 새로운 일이 주어지는 경우도 있었지만, 그런 일은 통상적으로 해야 하는 주된 업무 외에 그야말로 별도로 주어지는 일이었다.

그때 내가 주로 했던 일들은 이제 컴퓨터가 대신하고 있다. 재고관리는 ERP 시스템을 통해 측정되고 공정의 운전조건과 제품의 품질은 온라인으로 측정되어 그 결과가 실시간으로 컴퓨터 모니터에 표시된다. 이제 어느 공장에서나 반복적인 일은 로봇과 컴퓨터가 대신하고 있다. 이런 경향은 앞으로 점점 더 심화될 것이다. 더 이상 자동화할 수 없거나 계속 사람이 해야만 하는 일이라면 그것이 부가가치가 아주 높은 일이 아닌 한 저임금 국가로 공장과 함께 이전될 것이다. 그래서 과거에는 경제성장이 이루어지면 고용이 늘어나는 게 당연했지만, 지금은 고용 없는 경제성장이 일반화되고 있다.

그렇다면 미래사회에서는 어떤 인재가 요구될까? 앞에서 이미 언급했지만, 미래의 감성사회에서는 차별화된 1등 능력을 가진 인재가 필요하게 된다. 여기서 더 나아가 자신의 차별화된 1등 능력에 타인의 차별화된 1등 능력을 연결시키는 네트워킹을 할 줄 아는 안목과 능력을 갖고 있는 인재가 요구된다. 나는 이런 인재를 'H형 인재'라고 부른다. H형 인재가 무엇인가에 대해서는 뒤의 5장에서 자세히 설명하겠다.

아무튼 감성사회에서는 회의시간에 상관과 다른 의견을 제시할 수 있는 창의력 있는 인재가 요구된다. 반복적인 일, 컴퓨터와 로봇에게 시킬 수 있는 일을 할 줄 아는 능력보다 다른 사람은 누구도 할 수 없는 일을 할 줄 아는 차별화된 능력을 가진 인재가 요구되는 시대가 되는 것이다. 내 프로젝트의 목적을 달성하기 위해 필요한 능력 가운데 내가 갖고 있지 못한 부분을 파악하고 그 부분을 메우기 위해 네트워킹을 할 수 있는 능력을 가진 인재가 요구되는 것이다.

과거의 산업사회에서와 같이 정해진 일이나 시키는 일만 그대로 하는 데 그치지 않고 자신만의 차별화된 능력을 발휘하기 위해서는 자신의 특성을 파악하는 것이 중요하다. 그러기 위해서는 자신이 무엇을 잘하는지, 무엇을 하면 즐거운지를 아는 것이 가장 먼저 해야 할 일이다.

다음으로 네트워킹을 효과적으로 할 수 있으려면 자신의 성격을 아는 것이 중요하다. 예를 들어 외부에서 사람을 만나는 것을 좋아하는 사람이 있는가 하면, 사람을 만나서 얘기를 하면 스트레스를 받는 사람도 있다. 각자의 성격에 맞게 일이 맡겨져야 일의 능률이 오르게 된다는 것은 누구나 안다. 외부에서 사람을 만나는 일을 좋아하는 사람에게 하루 종일 사무실에 앉아 기획안을 만들게 하거나, 낯선 사람을 만나 설득하는 일에서 스트레스를 많이 받는 사람에게 영업을 시키면 실적이 오르지 않을 것은 당연한 이치다.

물론 내부에서 기획안을 만드는 일이 자신의 적성에 맞는 사람도 고객의 중요성을 알기 위해, 또는 다양한 경험을 하기 위해 영업을 해볼 수는 있겠지만, 이런 사람은 궁극적으로는 영업에서 자신의 차별성을 나타낼 수 없다. 그러나 이런 사람이 어쩔 수 없이 영업을 맡게 된 경우에 아무런 대책도 없는 것은 아니다. 그런 경우에는 영업의 상대방에게 말로 의사를 전달할 것이 아니라 자신의 특성을 살려 관련 자료를 철저하게 준비해서 그 자료로 상대방을 설득하는 것이 바람직할 수 있다.

나의 경우가 그렇다. 나는 사람 만나기를 좋아하는 성격이 아니라는 나자신의 특성을 잘 알고 있다. 그러나 나는 중소기업을 경영하는 입장인데다 사업의 성격으로 봐도 내가 직접 영업을 해야 한다. 그래서 나는 인간적인 관계를 형성하는 데 치중하기보다는 내가 가장 자신 있는 방법, 예를 들어 충실한 기술자료를 작성해 제공한다든가, 고객이 원하는 제품을 개발해낸다든가, 고객이 부닥친 기술적인 애로사항을 해결해준다든가 하는 방법을 주된 무기로 삼고 있다.

미래사회에서는 강점 계발이 중요하다

세계에서 가장 영향력 있는 여자들 가운데서도 상위 리스트에 항상 올라가는 여자. 토크쇼의 여왕. 가장 돈을 많이 버는 방송인. 누가 떠오르는가?

바로 오프라 윈프리다. 그녀가 지금은 성공해서 토크쇼의 여왕으로, 아니 남녀를 통틀어 토크쇼의 1인자로 자리를 잡았지만, 처음 토크쇼에 데뷔할 때만 해도 그녀는 절대적으로 불리한 여건에 있었다. 그녀가 토크쇼를 시작할 당시에는 토크쇼 진행자는 백인남성이어야 한다는 암묵적인 기준이 있었다. 그런데 오프라 윈프리는 흑인에다 여성이다. 더구나 그녀는 미녀나 슈퍼모델처럼 쫙 빠진 몸매를 가진 여자도 아니었다. 지금도 날씬한 편은 아니지만 한때 그녀는 몸무게가 100킬로그램을 넘나드는, 누가 봐도 뚱뚱한 체형을 가지고 있었다. 목소리만 나오는 라디오 방송이라면 모를까, 텔레비전에서는 그 당시의 기준으로 보면 성공할 수 있는 조건을 하나도 갖추고 있지 못했다.

게다가 그녀는 자신을 뒷받침해줄 배경도 갖고 있지 않았고, 남들은 한 가지만으로도 좌절할 만한 일을 여러 가지로 겪으면서 불우한 어린 시절을 보냈다. 그녀는 부모가 이혼한 뒤 어머니와 외롭게 생활했고, 친척 오빠에게 성폭행을 당하기도 했으며, 십대 중반에 미혼모가 됐으나 낳은 아이가 태어난 직후에 죽는 일을 당했고, 그 뒤로 마약을 복용하기도 했다.

이렇게 불리한 조건, 아니 절대로 성공할 수 없는 조건을 갖고 있었던 그녀가 도대체 어떻게 해서 성공할 수 있었던 것일까? 그 비결은 바로 그녀만의 차별화된 1등 능력, 즉 그녀만의 강점을 살린 데 있었다.

그녀의 가장 큰 강점은 남들 앞에서 이야기를 하기를 좋아하는 것이었다. 그것도 논리적인 이야기가 아니라 누구나 쉽게 할 수 있는 친근한 이야기를 하는 것이었다. 그녀는 워낙 이야기를 하기를 좋아한 나머지 불우한 어린 시절에는 자신의 이야기를 들어줄 사람이 없으니까 동네 강아지들에게, 심지어는 동네 돼지들에게 자신의 이야기를 들려주곤 했다. 그녀는 어렸을 때 교회에 열심히 나갔다고 하는데, 그렇게 한 가장 큰 이유는 자신이 교회에 가서 성경에 관한 이야기를 하면 교인들이 귀 기울여 들어주고 칭찬까지 해준다는 데 있었다.

그녀가 토크쇼에서 지금과 같이 성공할 수 있었던 것은 이처럼 인간적인 대화를 할 줄 아는 자신의 강점을 살렸기 때문이다. 그녀의 토크쇼를 보면 꼭 이웃집 아줌마의 수다를 듣는 것 같은 편안함이 있다. 일반적으로 백인남성이 진행하는 토크쇼에서는 틀에 박힌 유머를 듣게 되곤 하지만, 오프라 윈프리가 진행하는 토크쇼를 보면 집안에서 엄마나 아줌마가 늘어놓는 구수한 이야기를 듣는 것 같아 편안함을 느끼게 된다.

만약 그녀가 당시의 일반적인 토크쇼의 형태를 흉내 내고 백인남성 진행자의 스타일을 따라 하려고 했다면 성공할 수 있었을까? 만약 그녀가 자신의 단점인 흑인, 여성, 뚱뚱함 등을 가리거나 고치려고 했다면 지금과 같은 성공이 가능했을까? 누구나 "아니다"라고 대답할 것이다.

이렇게 예를 들어 설명할 때에는 쉬운 일처럼 보이는 강점 계발이 실제로는 결코 쉬운 일이 아니다. 대부분의 경우에는 강점 계발보다는 단점 보완에 집중하는 것이 우리의 습관이다.

내가 대학에서 강연을 하다가 강점에 관한 이야기를 할 때가 되면 학생들에게 꼭 물어보는 질문이 하나 있다. "내 아들은 수학은 잘하지만 미술은 잘하지 못한다. 내가 아들의 교육에 투자를 좀 하고 싶은데, 어느 쪽 공부를 시키는 데 투자해야 할까?" 이런 질문을 받게 되면 누구나 한번쯤 다시 생각해볼 것이다. 평범한 답을 요구하는 질문이라면 애당초 하지도 않았을 테니까.

어쨌든 대부분의 부모는 만약 이런 경우를 실제로 당하면 아들에게 당연히 미술 공부를 시킬 것이다. 굳이 위와 같은 질문을 던지는 것 자체가 이상하게 여겨질 것이다. 왜 그러냐면 이제까지 산업사회에서 요구해온 인재는 표준화된 인재였기 때문이다. 잘하는 분야에서 더 잘하게 하기보다는 잘못하는 분야에서 좀더 잘하게 해서 아들을 '표준화된 인재'로 만들어야 하기 때문이다. 게다가 내신성적도 관리해야 하기 때문에 아들이 잘하지 못하는 미술의 성적을 높여야 할 필요도 있다.

하지만 앞으로 다가올 미래사회에 대비해 내 아들이 '차별화된 1등 능력'을 갖추게 하려면 소질이 없는 미술을 공부시키기보다는 소질이 있는 수학을 더 많이 공부시켜야 한다. 그 이유는 자명하다. 내 아들이 같은 시간을 들여 미술을 공부할 때와 수학을 공부할 때를 비교하면 어느 쪽 공부의 능률이 더 크겠는가? 그야 물론 수학을 공부할 때일 것이다. 수학을 더 많이 공부시켜야 하는 또 하나의 이유가 있다. 내 아들이 수학을 더 많이 공부하면 그 분야에서 뛰어난 성과를 보여줄 가능성이 있지만, 같은 시간을 들여 미술을 공부한다고 해도 그 분야에서 다른 사람들에 비해 차별화된 성과를 보여줄 가능성은 없다는 것이 그것이다.

단점을 보완하려고 노력하기보다는 강점을 계발하는 것이 미래사회에서 차별화된 1등 인재가 되는 길임에도 불구하고 우리는 아직도 단점 보완에 더 많은 노력을 기울이고 있다. 이는 우리가 산업사회의 사고방식과 교육방식에 너무 익숙해져 있기 때문이다.

나의 이런 주장에 대해 '설마 그럴 리가 있겠느냐?'라고 반문하는 사람들이 있을 수 있다. 당신도 그런 사람들에 속한다면 '강점과 단점 쓰기'를 한번 해보라. 그러면 우리가 단점 보완에 치중하는 산업사회의 사고방식에 얼마나 젖어 있는지를 금세 알 수 있을 것이다.

'강점과 단점 쓰기'는 누구나 손쉽게 해볼 수 있다. 백지 2장과 필기도구를 준비한다. 그런 다음에 주위로부터 방해를 받지 않을 만한 조용한 곳에 앉아서 백지를 앞에 펼쳐 놓고 우선 10분 동안 시간을 재면서 자신의 단점을 리스트로 작성한다. '성격이 소심하다', '눈이 작다', '숫자를 잘 기억하지 못한다' 하는 식으로 성격, 외모, 기억력 등 모든 것과 관련된 자신의 단점을 쓰면 된다. 10분이 다 지났으면 단점 쓰기를 끝내고, 이번에는 다시 10분 동안 자신의 강점을 리스트로 작성해 본다. '사람을 잘 사귄다', '귀가 밝다', '기억력이 좋다' 하는 식으로 쓰면 된다.

다 썼으면 단점 리스트와 강점 리스트 가운데 어느 쪽의 항목이 더 많은 가를 비교해 보라. 단언하건대, 아마도 단점 리스트가 훨씬 더 길 것이다. 왜 냐하면 우리는 표준형 인간이 되기 위해 자신의 단점을 고치는 연습을 이제 까지 많이 해 왔으므로 자신의 강점보다는 단점에 훨씬 더 익숙해 있기 때문 이다.

물론 이런 일회성 시도나 노력만으로 자신의 모든 특성을 다 파악할 수는 없을 것이다. 하지만 이런 시도나 노력을 반복하다 보면 자신의 특성에 대해 점점 더 많이 파악할 수 있다. 생활 속에서, 또는 조용한 사색을 통해 자기 안 에서 들려오는 소리에 귀를 기울이고, 그 가운데 무엇이 자신을 가장 강하게 잡아당기는지를 알아보는 과정을 되풀이하다 보면 자신에 대해 조금씩 더 많이 알게 될 것이다. 이렇게 하면 자신의 특성, 그중에서도 특히 강점에 해 당하는 특성을 발견할 수 있으며, 이런 시도는 자신에게 맞는 일을 찾아서 즐 겁게 그 일을 하기 위한 첫걸음이 될 수 있다.

그래도 강점의 중요성에 대해 의문을 버리지 못하는 사람이 있다면 "사 람은 오직 자신의 강점으로만 성과를 올릴 수 있다"는 피터 드러커의 말을 되새겨 볼 필요가 있다. 그리고 일단 자신의 특성을 파악했다는 생각이 들면, 그 다음에는 학교생활, 직장생활, 봉사활동 등을 통해, 또는 아르바이트를 통 해서라도 다양한 경험을 하면서 그 각각의 일이 자신의 특성이나 적성에 부 합하는지를 확인해 본다.

강점 계발이 왜 중요한가?

세계의 역사에서 가장 큰 제국을 건설했던 인물은 누구일까? 비유적으로야

예수, 석가, 마호메트 등 세계인의 마음을 정복한 위인들도 들 수 있겠지만, 물리적인 영토를 기준으로 하면 그 답은 몽골제국을 건설한 칭기즈칸이다. 그의 지도 아래 몽골이 그토록 짧은 기간에 그토록 넓은 영토를 정복했던 비결은 무엇일까? 여러 가지를 들 수 있겠지만, 나는 몽골이 자신의 강점을 제대로 활용한 것이 가장 중요하고도 결정적인 비결이었다고 생각한다.

당시에는 보병이 전쟁의 중심이었다. 물론 기병도 있었지만, 기병은 어디까지나 보병을 보완하는 역할에 그쳤다. 그런데 보병은 두꺼운 갑옷과 무거운 무기를 들고 전투를 해야 했기에 기동성에서 뒤질 수밖에 없었다. 유럽에서는 기병조차 갑옷과 무기로 인해 기병의 장점인 기동성을 발휘하기가 힘들었다.

하지만 몽골은 유목민족의 강점인 기동성을 살려 전투를 했다. 무거운 갑옷을 벗어 던지고 가벼운 칼이나 창, 활로 무장했기에 말의 부담을 최소한으로 줄여줄 수 있었다. 이런 가벼운 무장 덕분에 몽골 병사들이 그들의 강점인 마상에서의 현란한 재주를 마음껏 부릴 수 있게 되어 전투에서 우위를 점할 수 있었다. 기동성이 높아지면서 발생하게 된 보급품 문제를 해결하기 위해 병사들로 하여금 각자 마른 육포를 지니도록 했다.

몽골은 이렇게 자신의 강점을 효과적으로 활용하고 극대화해서 짧은 시일 안에 세계의 역사상 가장 넓은 제국을 건설했다. 하지만 몽골이 그 강점을 버리자 곧바로 제국은 몰락의 길을 걷게 된다. 다시 말해 몽골인들이 말에서 내려와 성을 쌓고 그들이 정복한 민족들이 하던 대로 따라 하게 되면서 망하는 길로 들어섰다는 얘기다. 몽골은 정복전쟁에서는 유목민족으로서 갖고 있었던 기동성이라는 강점을 살렸지만, 통치에서는 자신의 강점을 제대로 살리지 못했기 때문에 멸망의 길로 들어서게 된 것이다.

개인적으로도 미래사회를 살아가는 데서 가장 중요한 일은 자신의 강점,

즉 특성을 찾아내서 계발하는 것이다. 그런데 각 개인의 특성은 거의 뇌에 의해 좌우된다. 예술감각이 뛰어난 사람, 기억력이 좋은 사람, 계산능력이 뛰어난 사람은 각각 뇌의 해당부위가 '발달'돼 있다. 그런데 너무나 공평하게도 뇌의 모든 부위가 다 뛰어나게 발달돼 있는 사람은 없다.

사람의 정자와 난자가 만나서 수정이 이루어진 뒤에 자궁에 착상된 지 42일 뒤부터 4개월 동안에 태아의 뇌가 급속하게 성장해 뉴런의 수가 1천억 개에 이르게 된다. 하지만 그 뒤에는 뉴런의 수가 더 이상 늘어나지 않는다. 대신에 태아가 세상에 나오기 60일 전부터는 각각의 뉴런이 뻗어나가 다른 뉴런과 연결되면서 시냅스가 형성된다. 출생 후 3년 동안에 시냅스가 활발하게 형성되어 1천억 개의 뉴런이 각각 1만 5천 개의 시냅스 연결을 만든다.

그리고 세 살 무렵에 갑자기 시냅스의 많은 부분이 끊어진다. 그로부터 열다섯 살이 될 때까지는 뇌 회로의 형성이 거의 이루어지지 않고, 오히려 수십억 개의 시냅스가 사라진다. 열여섯 살이 되면 뇌 회로의 절반 정도가 사용할 수 없는 상태가 되고, 그 뒤에는 뇌 회로가 그 상태를 계속 유지하거나 오히려 점점 소멸한다.

왜 이런 일이 일어나는 걸까? 그 많은 시냅스가 그대로 유지되면 인간이 더 똑똑해져서 좋지 않겠는가 하는 의문이 생길 것이다. 그 이유는 시냅스를 끊어줌으로써 그중에서 가장 강력한 연결을 가진 시냅스가 더욱 잘 이용되도록 하기 위해서다. 즉 다른 수십억 개의 시냅스 연결을 차단함으로써 인간의 두뇌가 남아있는 시냅스를 더욱 활발하게 이용할 수 있게 하려는 자연의 섭리인 것이다.

여기서 또 한 가지 의문이 생길 수 있다. 그렇다면 처음부터 필요한 시냅스만 연결하면 되는 것 아닌가? 왜 3세가 될 때까지는 그렇게 필요 이상으로 많은 시냅스를 연결했다가 그 후에 갑자기 끊어버리는 것일까? 그 이유는 태어나서 몇 해 동안에는 될 수 있는 대로 많은 정보를 흡수해야 한다는 데 있다. 하지만 필요한 정보를 어느 정도 축적한 뒤에는 정보를 선별해서 받아들이는 것이 효율적이다.

만약 인간이 성장한 뒤에도 뇌 회로가 전부 다 작동하면서 계속해서 모든 정보를 다 받아들인다면 엄청난 양의 정보가 입력돼 뇌 회로에 과부하가 걸릴 것이다. 그야말로 신비한 자연의 섭리가 아닐 수 없다. 아무튼 이렇게 선택된 시냅스가 바로 그 사람의 강점이 되는 것이다.

이렇게 뇌 회로의 관점에서 살펴보면, 강점을 계발하는 것이 효율적인 반면에 단점을 고치는 것은 효율성이 떨어진다는 사실을 쉽게 이해할 수 있다. 단점을 고치려고 노력한다는 것은 이미 끊어져 버린 시냅스를 다시 연결하려고 하는 것이기 때문에 비효율적인 반면에 강점을 계발하는 것은 이미 연결돼 있는 시냅스를 보다 적극적으로 활용하려고 하는 것이기 때문에 효율성이 높을 수밖에 없다.

그렇다면 이제까지 우리가 갖고 있었던 교육의 개념을 획기적으로 바꿀 필요가 있다. 즉 그동안 우리는 교육이란 못 하는 부분을 잘 하도록 고치는 것이라고 생각하는 경향이 있었지만, 위에서 살펴본 뇌 회로의 관점에서 다시 보면 잘하는 부분을 더욱 계발하는 것이 교육이 가야 할 방향인 것이다.

다시 말해 우리가 가지고 있는 적성은 타고난 능력이므로 고칠 수 있는 것이 아니며, 적성은 단지 찾아내서 계발하고 강화해야 할 것이라고 생각하는 것이 올바른 방향이다. 이런 측면에서 보면 과거의 산업사회에서 실시된 학교교육의 목적, 즉 학생의 적성에 관계없이 단점을 보완하고 정해진 방향에 맞추어 학생을 표준화된 인재로 만든다는 것이 얼마나 비효율적인 방향인가를 알 수 있다.

이렇게 강점을 찾아내서 더욱 계발해야 한다는 원칙의 타당성을 뒷받침

해주는 실험이 있다. 미국 네브래스카대학에서 3년간에 걸쳐 1천 명이 넘는 학생들을 대상으로 속독 훈련에 관한 연구가 이루어졌다.

연구진은 훈련대상 학생들을 읽는 속도에서 평범한 학생들(A그룹)과 뛰어난 학생들(B그룹)의 두 그룹으로 나누었다. 그런 다음에 학생들에게 속독 훈련을 시킨 결과 놀랍게도 뛰어난 학생들(B그룹)의 훈련성과가 훨씬 더 좋았다. A그룹의 읽는 속도는 훈련 전의 90단어에서 훈련 후에 150단어로 1.7배 향상된 데 비해 B그룹의 읽는 속도는 훈련 전의 350단어에서 훈련 후에 2900단어로 8.3배 향상된 것으로 나타났다. 즉 읽는 속도에서 강점을 갖고 있는 그룹이 평범한 그룹에 비해 속독 훈련에서 약 5배의 성과를 거둔 것이다.

왜 이런 결과가 나온 걸까? 앞에서 얘기한 뇌과학의 견지에서 보면 이는 너무나 당연한 결과다. 즉 속독에 강점을 가진 그룹은 이미 속독에 필요한 시냅스가 많이 연결되어 있으므로 그것을 더 강화시키는 데 별로 어려움이 없다. 반면에 속독을 잘 하지 못하는 그룹은 속독에 필요한 시냅스가 이미 끊어진 상태이므로 그것을 새로 연결하는 게 무척 힘들기 때문이다. 전문가들은 이런 결과를 "돼지에게 노래를 가르치려고 노력하지 말라. 돼지만 힘들게 할 뿐이다"라고 비유적으로 표현하고 있다.

뇌 회로에 의해 강점의 차이가 특히 뚜렷하게 나타나는 경우로 '남녀의 차이'를 들 수 있다. 물론 남녀의 차이 자체도 사람에 따라 다르겠지만 여기서는 논의전개의 편의를 위해 남녀의 차이로 단순화해 표현하기로 하겠다. 남자는 좌뇌가 상대적으로 더 발달해서 논리적이고 분석적인 반면에 여자는 우뇌가 상대적으로 더 발달해서 감성적이고 직관적이다.

남자 뇌와 여자 뇌의 차이에 대해 자세히 논의하려면 너무 길어지기 때문에 여기서는 남녀의 뇌 회로 차이가 남녀의 강점과 어떤 연관성을 갖고 있는가만 간략하게 살펴보자. 한 가지 예로 여자의 뇌에서는 커뮤니케이션과 정서적인 부분을 담당하는 부분이 남자의 경우에 비해 상대적으로 더 크다. 따라서 일반적으로는 여자가 남자에 비해 커뮤니케이션에 훨씬 능하다. 남자의 뇌는 하루에 약 7천 개의 단어를 처리할 수 있는 데 비해 여자의 뇌는 하루에 약 2만 개의 단어를 처리할 수 있다는 연구결과도 있다.

남자는 좌뇌가 비대칭적으로 발달해 있기 때문에 한 번에 한 가지 일밖에 하지 못하지만, 여자는 남자에 비해 뇌가 골고루 발달해 좌뇌와 우뇌가 잘 연결돼 있기 때문에 동시에 여러 가지 일을 처리할 수 있는 능력을 가지고 있다고 한다. 다시 말해 남자는 텔레비전을 보면서 아내의 말을 집중해서 들을 수 없지만, 여자는 설거지를 하면서 텔레비전도 보고 남편과 대화도 할 수 있는 것이다.

이러한 남녀의 차이는 우열의 문제가 아니라 원시사회부터 인간이 살아오면서 필요에 의해 갖게 된 상대적 강점의 문제일 따름이다. 남자는 사냥을 하기 위해 힘이 세야 했고, 사냥감에 집중하듯이 한 가지 일에 집중하는 능력이 필요했다. 이와 달리 여자는 아이를 돌보고 공동체 내의 다른 여자들과 협력을 잘 해야 했기 때문에 커뮤니케이션 능력이 뛰어나게 됐고, 여러 가지 일을 동시에 처리할 수 있는 능력이 생기게 된 것이다.

남녀평등의 시대라고 해서 남자와 여자를 동일시하는 것보다는 이러한 남녀의 뇌 회로 차이에 의한 각각의 강점을 알고 잘 활용하는 것이 올바른 자세다. 여자들은 사회적으로 차별대우를 받고 있다고 불평하지만, 그것은 지금까지의 산업사회에서는 힘과 논리 등이 유리한 조건이었기에 일어난 일이라고 이해할 필요가 있다. 그러나 앞으로 감성사회로 넘어가면서 남자의 강점인 힘이나 논리보다 여자의 강점인 감성과 커뮤니케이션 능력 등이 더 필요한 세상이 되기 때문에 여자들이 유리한 위치에 서게 된다는 점을 이해하고 이를 잘 활용할 필요가 있다.

자신의 기질적 특성을 먼저 파악하라

자신의 재능을 발견하기 위해서는 자신의 '기질적 특성'을 파악하는 것이 중요하다. 기질적 특성이란 타고난 성격적 특성을 말한다. 이 기질적 특성을 긍정적인 방향으로 잘 계발하면 강점이 된다. 물론 백인백색이라고 사람은 저마다 기질적 특성이 다른 것이 사실이다. 하지만 편의상 사람의 기질적 특성을 몇 그룹으로 나누고 그룹별 성격적 특징을 제시하고자 하는 노력이 끊임없이 이어져 왔다.

특히 요즘에는 인적 네트워크의 형성이 필요해지고 커뮤니케이션이 중요해지고 있기 때문에 인간의 성격에 대한 관심이 더욱 커지고 있다. 예로부터 한국에서는 사람을 체질별로 구별해 성격과 신체의 특징을 파악하고자 하는 시도가 많이 있었다. 동양철학에 바탕을 둔 체질감별법은 사람의 오장육부와 음양오행을 대비시켜 오장육부 가운데 어느 장기가 강하고 어느 장기가 약한가에 따라 사람의 성격과 체질을 판별한다.

그 가운데 가장 대표적이면서 많이 알려진 것이 바로 이제마의 '사상체질론'이다. 이제마는 사람의 체질을 태양인, 태음인, 소양인, 소음인으로 나누고, 그 각각의 체질별로 성격의 특성과 잘 걸리는 질병을 이야기하고 있다. 또한 그는 사람이 질병에 걸리면 체질에 따라 다른 치료법을 사용해야 한다고 주장한다.

이제마의 사상체질론은 너무 단순하다면서 보다 복잡한 체질론을 제시한 사람들도 있다. 예를 들어 전신철 박사 등은 저서 《건강에는 편식이 최고다》(2007년, 은행나무)에서 수, 목, 금, 토에 양, 음을 붙여 수양(신장), 수음(방광), 목양(간), 목음(담), 금양(폐), 금음(대장), 토양(심장), 토음(위)으로 구분하고 있다. 각각의 체질은 괄호 안에 표시된 장기가 강한 체질이며, 사람은 이런 체질에 따라 성격도 다르고 맞는 음식도 다르다는 것이다. 예를 들어 수양체질은 돌부처처럼 화를 낼 줄 모르는 성격인 데 비해 토양체질은 한시도 가만히 있지 못하는 성격이라는 것이다. 또한 채식이 모든 사람에게 다 좋은 것이 아니며, 목양체질이나 목음체질을 갖고 있는 사람은 오히려 육식을 해야 한다는 것이다.

사람들이 누구나 한마디씩 거들 수 있을 정도로 널리 알려진 체질분류법으로 혈액형 분류법이 있다. 동양의학적인 체질론은 일반 사람들이 그것을 가지고 체질을 판별하기가 어렵다는 단점이 있지만, 혈액형은 누구나 다 아는 것이기 때문에 혈액형을 가지고 사람의 성격을 파악할 수 있다면 유용하고 편리할 것이라는 점에서 혈액형 분류법이 유난히 일반 사람들의 관심을 많이 끄는 것 같다.

혈액형에 따른 성격의 차이를 가장 먼저 본격적으로 연구한 사람은 일본의 후루카와 다케지였다. 그는 〈혈액형을 통한 기질 연구〉라는 논문을 통해 'A형은 내성적이고, B형은 외향적이고, O형은 의지가 강하고, AB형은 이중적'이라는 혈액형별 기본 성격을 제시했다.

그 뒤 1971년에 일본의 유명한 방송작가 노미 마사히코가 《혈액형 인간학》이라는 책을 펴내면서 혈액형 분류법이 대중에게 본격적으로 알려지기 시작했고, 그의 아들인 노미 도시타카가 영어로 《혈액형이 당신의 모든 것을 결정한다》라는 책을 출간하면서 혈액형 분류법이 다시 큰 반향을 일으켜 일본에서는 텔레비전을 통해 여러 차례 소개됐다.

한국에서도 혈액형에 따른 행동의 차이를 관찰한 내용이 텔레비전에 방영된 적이 있다. 유치원생들을 혈액형별로 구분해 놓고 선생님이 없을 때 행동하는 모습을 몰래 관찰했더니 혈액형별로 확연하게 차이가 났던 것으로 기억된다.

그런가 하면 최근에는 특히 혈액형이 B형인 사람은 남을 배려할 줄 모르는 성격을 가지고 있는 것으로 알려지면서 〈B형 남자친구〉라는 영화까지 나왔다. 거기서 B형 남자는 자신의 일에만 몰두하고 여자친구에게 배려할 줄 모르는 사람으로 묘사되고 있다. 과연 B형 남자는 모두 다 배려심이 없을까? 그럴 확률이 높다는 것이지, B형 남자라고 해서 모두 다 배려심이 없는 것은 아닐 것이다.

어쨌든 사람이 혈액형에 따라 어떤 특정한 성격을 가지고 있거나 어떤 특정한 소질을 가지고 있다고 하더라도 그것은 확률의 문제일 뿐이지 혈액형이 같은 사람들 사이에도 개인차가 엄연히 존재한다고 보는 것이 맞을 것이다. 그렇다면 보다 더 '과학적'으로 인간의 성격을 파악하는 방법은 없을까?

동양에서는 위와 같이 체질이나 혈액형의 그룹별로 인간의 성격이나 기질을 진단해보려는 노력이 많이 있었던 반면에 서양에서는 각 개인별로 인간의 성격이나 적성을 진단해보려는 경향이 있었다. 그래서 탄생한 서양의 진단방법 가운데 대표적인 것이 에니어그램(Enneagram), 마이어스−브릭스 유형지표(MBTI; Myers−Briggs Type Indicator), 스트렝스파인더(StrengthFinder, 강점발견 프로그램), 다중지능(Multiple Intelligence)이론 등이다.

에니어그램은 인간의 성격을 9가지(개혁가, 조력가, 성취자, 예술가, 사색가, 충성가, 낙천가, 지도자, 조정자)로 분류하여 1에서 9까지의 번호로 표시해 놓고 분석하는 방법이다. 이에 따르면 각 유형마다 장점과 단점, 추구해야하는 방향, 단점이 되기 쉬운 면, 두려워하는 것, 희망하는 것 등이 다르다고한다.

예를 들어 5번(사색가)은 에니어그램에서 양쪽으로 인접한 4번(예술가)과 6번(충성가)의 성격도 부차적으로 갖고 있다고 한다. 5번은 7번의 장점에

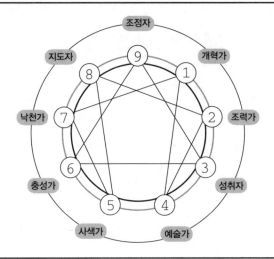

*한국에니어그램 교육연구소

의해 보완되는 것이 바람직하다. 8번은 스트레스를 잘 관리하지 못하면 결점
이 커진다. 즉 지도자형은 낙천적인 마음가짐을 가지려고 노력해야 하며, 스
트레스 관리에 실패하면 지도자로서의 자질이 떨어지게 된다는 것이다. 애
니어그램이 추구하는 것은 사람의 성격을 파악해 장점은 발전시키고 단점은
나타나지 않게 하는 것이다.

  MBTI는 살아가는 태도에 따라 외향형(E; Extroversion)과 내향형(I;
Introversion), 어떤 정보에 의존하는가에 따라 감각형(S; Sensing)과 직관형
(N; iNtuition), 의사결정을 어떻게 하는가에 따라 사고형(T; Thinking)과 감정
형(F; Feeling), 삶의 방식에 따라 판단형(Judging)과 인식형(Perceiving)으로
사람의 특성을 구분하고, 이를 조합해서 16가지의 성격유형을 제시한다.

  예를 들어 나의 경우는 내향형(I), 감각형(S), 사고형(T), 판단형(J)을 조합
한 ISTJ형으로 분류된다. ISTJ형은 내향적 사고형으로 세상의 소금 역할을 한

다고 한다. 또한 ISTJ형은 신중하고, 조용하고, 집중력이 강하고, 매사에 철저하고, 사리분별력이 뛰어나다는 특성을 갖고 있으며, 정확성과 조직력을 발휘할 수 있는 분야를 선호하므로 회계, 토목, 법률, 생산, 건축, 의료, 사무직, 관리직 등에 적합하다는 것이다.

ISTJ형과 정반대의 조합인 ENFP형은 외향적 감정형이자 팍팍 튀는 스파크형이다. ENFP형은 따뜻하고, 정열적이고, 활기에 넘치고, 재능이 많고, 상상력이 풍부하며, 반복되는 일상적인 일을 참지 못하는 반면에 새롭고 창의력을 요구하는 일에는 흥미를 느끼므로 과학, 상담, 교육, 저널리즘, 광고, 판매, 성직, 저작 등의 분야에서 뛰어난 재능을 보인다. 간략하게 정리하면 각각의 조합은 다음과 같으며, 조합마다 성격의 특성과 선호하는 직업의 종류가 다르다.

ISTJ형 내향적 사고형, 소금형.

ENFP형 외향적 감정형, 스파크형.

ISFJ형 내향적 감정형, 왕 뒤의 권력자형.

ENTP형 외향적 사고형, 발명가형.

INFJ형 내향적 감정형, 예언자형.

ESTP형 외향적 사고형, 수완 좋은 활동가형.

INTJ형 내향적 사고형, 과학자형.

ESFP형 외향적 감정형, 사교적인 유형.

ISTP형 내향적 사고형, 백과사전형.

ENFJ형 외향적 감정형, 언변이 능숙한 유형.

ISFP형 내향적 감정형, 성인군자형.

ENTJ형 외향적 사고형, 지도자형.

INFP형 내향적 감정형, 잔다르크형.

ESTJ형 외향적 사고형, 기업가형.

INTP형 내향적 감정형, 아이디어뱅크형.

ESFJ형 외향적 감정형, 친선도모형.

스트렝스파인더는 갤럽에서 30년간에 걸쳐 다양한 직종에 종사하는 200만 명을 인터뷰해서 얻은 결과를 바탕으로 개발한 적성(강점) 발견 프로그램이다. 이 프로그램은 사람의 재능을 34가지 테마로 분류하는데, 180개 문항에 걸친 검사를 통해 그중에서 보통 5가지 강점을 찾아낸 뒤 그에 따른 설명을 내놓는다.

다중지능이론은 하버드대학의 하워드 가드너 교수가 주장하는 이론이다. 가드너에 따르면 사람은 언어지능, 음악지능, 논리수학지능, 공간지능, 신체운동지능, 인간친화지능, 자기성찰지능, 자연친화지능의 8가지 지능을 가질 수 있다. 사람은 이 8가지 지능 가운데 어느 하나의 지능만을 갖고 있는 경우보다는 두세 가지 이상의 지능을 복합적으로 갖고 있는 경우가 많다고 한다.

에니어그램, MBTI, 스트렝스파인더, 다중지능이론 등에 의한 성격진단은 여러 기관에서 시행하고 있다. 요즘은 인터넷으로도 이런 검사를 받을 수 있으므로 한 번쯤 검사를 받아보는 것도 괜찮다. 물론 검사방법마다 장단점이 있고, 각각의 검사방법에 의한 결과가 꼭 일치하지는 않는다는 점에 주의할 필요가 있다. 이런 검사는 혈액검사의 경우와 같이 객관적인 결과를 낳아주는 것이 아닐 뿐더러 설문조사와 같은 지극히 주관적인 조사방법에 의존하며, 따라서 용어사용이나 설문문항의 미묘한 차이가 상이한 결과로 이어질 수 있다.

그렇다면 이렇게 부정확한 적성검사를 받아볼 필요가 있을까? 물론 있다. 다만 검사의 한계를 인정하고, 자신의 재능이 무엇인지를 찾아가는 노력의 시발점으로 검사를 활용하면 된다. 검사결과는 그 자체가 절대적인 의미를 가진 것이 아니다. 검사결과는 단지 자신의 모습을 보다 객관적으로 한번 들여다보게 해주는 것일 뿐이다. 그것을 자신이 생각하는 자신의 모습과 비교해보면 자신의 재능을 찾아내는 데 도움이 되는 단서를 얻을 수 있다.

어떻게 자신만의 강점을 계발할 것인가

이 책을 쓰다가 신문에서 신간서적에 관한 기사를 보던 중 눈에 확 들어오는 책이 있었다. 구본형 변화경영연구소의 연구원들이 공동으로 쓴 《나는 무엇을 잘할 수 있는가》(2008년, 고즈윈)라는 책이었다. 우선 여섯 명이나 되는 사람들의 공동저작 형태라는 점도 특이했지만, 그들이 각각 자신에게 맞는 강점발견 방법을 정리해서 자신에게 적용해본 다음에 적용범위를 넓혀 그 방법의 범용성을 검토해보는 내용으로 돼 있다는 점도 돋보였다.

이 책에서 저자들이 제시한 강점발견 방법은 '산맥 타기', 'DNA 코드 발견', '욕망 요리법', '몰입경험 분석', '피드백 분석', '내면 탐험'의 여섯 가지다. 자신의 강점을 탐색하기 위해 이 여섯 가지 방법을 모두 다 사용할 것이 아니라 자신의 기질 또는 강점에 따라 한두 가지 방법을 선택해 사용할 것을 저자들은 권하고 있다. 물론 그러한 선택을 하는 방법도 책의 서두에 나와 있다. 여섯 가지 방법 각각에 대해 자세히 설명하기에는 지면상의 제약이 있으므로 여기서는 간단한 소개만 하고자 한다.

우선 '산맥 타기'를 통한 강점발견 방법은 자신의 인생을 연대기처럼 넓게 펼쳐 보고 그 안에 담겨 있는 자신의 강점과 기질, 그리고 욕구를 파악하는 것이다. 즉 자신의 삶을 펼쳐 놓고 삶이 언제 빛났고 언제 어두웠는지 살펴 다음에 긍정적인 경험과 관련된 자신의 특성을 자신의 강점으로 판단하는 방법이다.

두 번째로 'DNA 코드 발견'은 자신에게 유전적 기질을 물려준 부모의 기질적 특성을 파악해보고, 자신을 잘 알고 있는 가족에게 자신에 대해 물어보고, 자신의 유전적 특성이 겉으로 가장 잘 나타났을 자신의 어린 시절에 대해 부모에게 물어보는 것을 통해 자신의 강점을 찾아내는 방법이다.

세 번째로 '욕망 요리법'은 내가 자연스럽게 끌리는 것이 무엇인가를 살펴봄으로써 자신의 강점을 찾는 방법이다. 자신이 무언가에 자연스레 끌린다는 얘기는 내 안에 그것에 반응하는 무언가가 있기 때문이다. 그 무언가가 바로 자신의 강점이라고 보는 것이다.

네 번째로 '몰입경험 분석'은 자신이 강점을 가진 분야의 일을 하게 되면 몰입을 느끼게 된다는 점을 이용해 자신의 강점을 찾아내는 방법이다.

다섯 번째로 '피드백 분석'은 자신이 선택한 일의 결과에 대한 예상을 기록해 놓은 뒤에 실제 결과를 그 예상과 비교분석해 잘한 분야가 무엇이고, 그 분야에서 어떤 강점이 발휘되어 성과를 거두게 됐는지를 살펴보는 방법이다. 이러한 피드백 분석을 통한 강점 찾기는 피터 드러커가 '강점을 발견하는 유일한 방법'이라고 확신한다고 한 방법이다.

여섯 번째로 '내면 탐험'은 객관적인 적성검사 도구(에니어그램, MBTI 등)를 통해 '강점의 씨앗'을 모은 다음에 그것을 기초로 자신의 기록물(일기, 작품 등)과 타인이 보는 나의 모습이 어떤지를 조사해 비교하고 그 결과를 자신의 언어로 정리해보는 과정을 통해 자신의 강점을 찾아가는 방법이다.

이상 여섯 가지 강점 찾기의 방법은 각각 별도의 독립적인 방법인 것이 아니라 서로 복잡하게 얽혀 있고, 어느 정도는 중복된다. 하지만 어느 방법을 쓰든 결국은 마커스 버킹엄과 도널드 클리프턴이 그들의 공저인 《위대한 나의 발견★강점 혁명》(2002년, 청림출판)에서 "타고난 재능을 정확하게 알아내는 방법은 자신에 대한 실마리를 최대한 이용해서 시간을 두고 자신의 행동과 감정을 관찰하는 것이다. 어떤 프로파일이나 앙케트도 이 방법보다 훌륭할 순 없다"라고 한 말대로 자신의 내면을 들여다보는 일이 우선돼야 한다. 누구나 자신에 대해서는 잘 알고 있다고 생각하기 쉽지만, 실제로 자신에 대해 잘 알고 있는 사람은 드물다. 오죽하면 불교의 고승들도 자신을 알기 위해 여러 해 동안, 아니 평생 동안 피나는 노력을 하겠는가. 그만큼 자신에 대해 객관적으로 파악하는 것은 어려운 일인 것이다. 아니 자신을 객관적으로 바라보려는 자세를 갖는 것조차도 어려운 일이다.

자신을 알기 위한 가장 좋은 방법은 혼자만의 시간을 갖고 스스로 자신의 내면을 들여다보는 것이다. 인디언은 성년에 가까워진 미성년자를 깊은 숲에 들여보내 혼자서 열흘 동안 음식도 금한 채 자기 인생의 비전을 세우게 했다고 한다. 인디언은 성년이 되려면 자신이 누구인지를 알고, 그 자신에 맞는 인생의 비전을 세워야 한다고 보았던 것이다.

물론 자신을 찾는 과정이 쉽지는 않다. 세상의 바쁜 일에 휘말려 지내다 보면 자신의 내면을 들여다본다는 생각을 하는 것 자체가 어려운 일이다. 그럴 시간이 없을 수도 있지만, 그보다는 자신의 내면을 들여다볼 필요성을 느끼지 못할 가능성이 높다. 그냥 살아온 대로 살아도 별 불편함이 없는데 뭣 때문에 나의 내면을 들여다보고 삶을 바꿔보려고 골치를 썩일 필요가 있느냐고 생각할 수 있기 때문이다.

하지만 강점을 계발하기 위해서는 자신의 내면을 직접 들여다보는 과정을 반드시 거쳐야 한다. 왜냐하면 각종 검사방법을 이용하거나 주위 사람들에게 물어보아서 자신에 대해 파악한 것이 참고가 될 수는 있지만, 어차피 자신의 강점을 계발하기 위해서는 자신의 강점을 스스로 알고 있어야 하기 때문이다. 자신의 강점을 계발하는 주체는 다른 어느 누구도 아닌 바로 자기 자신이기 때문에 스스로가 자신에 대해 파악하고 있어야 하는 것은 너무도 당연한 일이다.

그러니 자신의 강점을 계발하기 위해서는 아무리 바쁘더라도 조용히 자신의 내면을 들여다보는 시간을 가져야 한다. 요즘은 주5일 근무제가 정착되어 주말에 토요일과 일요일 이틀간 휴일을 가질 수 있어 예전에 비해서는 비교적 시간을 내기가 쉽다. 또한 산사, 단식원, 명상센터 등에서 여러 가지 프로그램을 운영하고 있으니 마음만 먹으면 얼마든지 그런 프로그램에 참여해 자신을 돌아볼 시간을 가질 수 있다. 그런 프로그램에 참여하는 것이 부담스럽다고 한다면 그저 자신이 갖고 있는 강점과 약점의 리스트를 작성해보는 것만으로도 의외로 큰 성과를 거둘 수 있을 것이다.

자신의 강점을 계발하기 위해서는 우선 강점이란 것이 무엇인가를 아는 것이 중요하다. 강점은 재능, 지식, 기술이라는 세 가지 요소의 조합으로 이루어진다. 이 세 가지 가운데 가장 중요한 것은 재능이다. 지식과 기술은 경험과 학습을 통해 습득되는 것이지만 재능은 타고나는 것이기 때문이다. 재능이 있다고 해서 강점이 저절로 계발되는 것은 아니다. 재능은 각자의 뇌 회로에 의해 결정되는 선천적인 요소이며, 따라서 후천적인 노력에 의해 고쳐질 수 있는 것이 아니다. 그렇기에 재능을 파악하는 것이 가장 중요하다. 지식과 기술은 선천적인 재능을 바탕으로 해서 강점을 계발하는 데 도움을 주는 요소다. 그러므로 강점을 계발하는 가장 이상적인 방법은 자신의 재능을 찾아낸 다음에 그 재능을 지식과 기술을 통해 연마하는 것이다.

여기서 지식을 통한 연마는 학습을 통해 새로운 것들을 뇌 회로에 저장하는 것을 말하며, 기술을 통한 연마는 지식을 체계적으로 숙련시켜 겉으로 드러나게 만드는 것을 말한다. 다만 자신의 재능을 찾아냈다고 하더라도, 그리고 그 재능을 일상에 적용해가면서 자신의 강점을 파악했다고 하더라도 그 재능과 강점이 진정한 자신의 재능과 강점인지를 끊임없이 다시 확인해야 한다.

자신이 스스로 강점이라고 생각한 것이 실제로는 자신의 강점이 아닌 경우에는 그 강점을 일상에 적용할 때 예상한 만큼의 결과를 얻을 수 없다. 따라서 자신의 강점을 찾는 작업은 한순간에 완성되는 것이 아니며, 끊임없이 삶 속에서 조금씩 다듬어가는 과정을 거쳐야 하는 것이다. 다시 말해 강점의 발견과 정리, 그리고 일상에서의 그것의 적용을 1년에 한 번 정도 정기적으로 되풀이하는 것이 바람직하다.

아이가 커가면서 자신의 개인적 특성을 찾아내는 데서 가장 중요한 역할을 해주어야 하는 사람은 부모와 교사, 그중에서도 특히 부모다. 하지만 실제로는 아이가 스스로 적성을 찾아내고 계발하는 과정에서 가장 큰 걸림돌이 되는 것이 바로 부모와 교사다. 부모와 교사가 아이의 적성을 찾아내기보다는 어른의 잣대로 보아 아이가 잘하는 것에 가치를 부과하기 때문이다.

아이는 자신의 내면에서 울리는 소리에 더 충실한 결정을 하려고 하지만, 부모와 교사는 아이를 다룰 때 취업의 전망이나 사회적 대우와 같은 현실적인 문제와 타협을 하려고 한다. 아이의 묻혀있는 재능을 발견해 캐내기 위해서는 부모와 교사는 애정을 가지고 아이를 꾸준히 관찰해야 한다. 그런데 부모와 교사의 눈에는 당연히 아이의 부족한 면이 가장 먼저 보인다. 그것은 어쩌면 당연한 일이다. 부모와 교사는 산업사회의 표준화된 인력을 키우는 교육방식, 즉 단점 고치기에 치중하는 교육방식에 익숙해져 있기 때문이다.

실제로 연구를 해본 결과에 따르면 부모는 자녀가 가장 나쁜 성적을 받은 과목에 더 많은 관심을 보인다. 그래서 부모가 빠지기 쉬운 함정이 바로 아이의 부족한 면을 고치려고 하는 것이다. 하지만 아이의 단점을 고치려고 해서는 절대로 아이를 경쟁력 있게 키울 수 없다. 진정으로 아이의 행복을 바란다면 아이의 단점을 지적하고 그것을 고치라고 아이에게 윽박지르기만 할 것이 아니라 아이의 강점이나 가능성을 찾아주고 그것을 키우도록 격려해 주어야 한다. 이렇게 하지 못하는 부모나 교사라면 아이에 대한 진정한 사랑이 부족하지 않은가를 스스로 의심해 보아야 한다.

부모나 교사가 아이를 지도하는 데서 어려움을 겪게 되는 또 다른 이유는 부모나 교사가 스스로 모든 해답을 다 알고 있어야 한다고 생각한다는 사실에 있다. 부모나 교사가 해야 할 일은 아이가 스스로 자신의 특성을 파악하고 자신의 길을 찾도록 돕는 것이다. 그러기 위해서는 아이의 특성이나 아이가 선택한 길이 마음에 들지 않더라도 아이를 있는 모습 그대로 인정하고 아이의 선택을 존중할 줄 알아야 한다. 이런 의미에서 자녀를 키울 때 질문법을 사용해 자녀의 내면에서 울리는 목소리를 겉으로 끌어내려고 하는 이스라엘의 부모들을 본받을 필요가 있다.

부모들은 교육학자 A. S. 닐의 "문제아는 없다. 다만 문제부모가 있을 뿐이다"라는 말을 되새길 필요가 있다. 물론 자녀 스스로도 부모가 선택해준 것을 무조건 따르기보다는 자기가 갖게 된 다른 의견을 부모에게 말하고 부모를 설득해보려는 노력이 필요하다. 자식의 이익을 위하는 입장에 있는 부모도 설득하지 못하는 자식이라면 장차 자기와 상반되는 이익을 추구하는 사람들을 설득하고 그런 사람들과 협상해야 하는 사회에 나가서 생존하기가 불가능하지 않을까.

내가 다니는 치과의원의 의사는 다른 의사들과 다른 독특한 면이 있다. 우선 그 의사는 치료 위주로 환자를 다루는 다른 의사들과 달리 예방 위주의 진료를 한다.

치과 치료라는 것은 누구나 다 알다시피 병이 심해질수록 치료비가 기하급수적으로 늘어나게 돼 있다. 따라서 치과의사의 입장에서는 예방보다 병이 난 뒤에 치료를 하는 것이 수입의 측면에서 훨씬 더 이익이 된다. 그런데 내가 다니는 치과의원의 의사는 예방 위주의 진료를 고집한다. 심지어 6개월마다 고객에게 전화를 걸어 정기적으로 잇몸과 치아의 상태를 점검받으라고 권한다. 그 덕분에 나는 치아만큼은 큰돈을 들이지 않고도 별 문제 없이 잘 관리하고 있다.

처음에 내가 그 치과를 방문했을 때 그 의사는 내 치아를 살펴본 뒤에 잇몸 치료를 권했다. 그때 나는 내친 김에 비뚤어진 아랫니도 교정하는 것이 어떻겠냐고 물었다. 내 이빨은 전체적으로는 아주 보기 싫게 배열돼 있지는 않지만 아랫니 가운데 일부가 벌어진 형태여서 교정을 받아보면 어떨까 하는 생각을 평소에 갖고 있었던 것이다.

치과의 입장에서는 수입이 오를 일이기 때문에 그 의사가 반대를 하리라고는 나로서는 전혀 생각하지도 못했다. 그런데 그 의사는 내 예상을 뒤엎고 굳이 교정을 할 필요가 없다고 대답하는 것이었다. 이빨의 배열을 보기 좋게 고쳐야 한다고만 생각해서는 안 된다는 것이 그 의사의 조언이었다. 나의 경우는 이미 오랜 세월에 걸쳐 윗니와 아랫니들이 서로에 대해 힘의 균형을 찾아 자리를 잡았는데, 만약 이빨의 배열을 바꾸게 되면 보기에는 더 좋게 고칠 수 있을지 모르지만 이빨들 사이의 균형이 깨어져 여러 가지 문제가 생길 수 있다는 것이었다.

내가 여기서 취업과는 전혀 상관없는 치과치료 문제를 꺼낸 것은 다음 두 가지 이유 때문이다.

첫째, 우리 부모들이 이미 균형이 잡힌 자녀의 상태를 그대로 인정했으면 하는 생각을 나는 갖고 있다. 부모의 입장에서 보아 무조건 보기 좋게 자녀를 교정하려고만 하지 말고, 나름대로 균형이 잡힌 자녀의 강점을 파악하려고 노력하는 게 나을 것 같다. 이빨을 교정해서 얻을 수 있는 이점도 있겠지만 그렇게 하면 자칫 균형이 파괴되어 얻는 것보다 잃는 것이 더 많을 수 있다는 사실을 명심할 필요가 있다.

둘째, 우리 부모들이 자녀의 단점이 드러난 다음에 그것을 고치려고 하지 말고, 평소에 자녀를 잘 관찰해서 그 자신의 강점을 발휘할 수 있는 길로 인도해주었으면 하는 생각을 나는 갖고 있다. 이는 질병이 난 뒤에 치료하는 것보다는 예방처치를 하는 것을 통해 훨씬 더 효과적으로 치아관리를 할 수 있는 것과 마찬가지다.

뚜렷한 강점이 없다면 컨버전스 전략을

컨버전스는 융합이라고도 하는데, 이미 알려진 기술들을 결합해 차별화된 기술이나 제품을 만들어내는 방법이다.

이제까지의 산업사회에서는 일반적으로 기업들이 새로운 시장을 개척하기 위해서는 자체적으로 세계 제일의 기술을 개발하는 것이 당연하다고 생각했다. 하지만 이는 엄청나게 어려운 일이다. 특히 요즘과 같이 제품의 수명이 짧고 기술발전의 속도가 빠른 시대에는 어느 기업이든 자체적으로 기술이나 제품을 개발하는 데만 몰두하다가는 시간이 걸리기 때문에 경쟁에서 뒤처지기 쉽다. 게다가 개발을 하는 동안에 개발 중인 제품을 다른 기업에서 출시라도 하는 날에는 큰 타격을 입을 수도 있다.

이에 비해 컨버전스 전략은 이미 알려진 기술들을 결합하는 것이기 때문에 새로운 기술을 개발하는 경우에 비해 노력이 적게 든다는 장점이 있고, 여러 가지 가능한 조합을 다양하게 시도해볼 수 있기 때문에 독특한 조합을 찾아 자신만의 분야를 빠른 시간 안에 개척할 수 있다는 장점도 있다.

컨버전스 전략을 가장 잘 활용하고 있는 분야의 대표적인 예로 휴대폰 분야를 들 수 있다. 초기에는 휴대폰 본래의 기능인 통화나 문자서비스의 성능 차이로 휴대폰 제품과 서비스를 차별화시킬 수 있었다. 중계기지의 수를 늘리면 통화의 품질을 개선하고 통화가 안 되는 지역을 줄일 수 있었다. 그러나 중계기지의 수가 업체마다 비슷해지면서 통화의 품질로는 더 이상 차별화가 불가능해졌다. 그러자 디자인을 예쁘게 하고 휴대폰의 무게를 줄이는 방식의 차별화 노력이 전개됐다.

하지만 그런 노력만으로는 부족하게 되자 등장한 것이 바로 컨버전스 전략이다. 휴대폰의 원래 기능에 이미 알려진 기술인 카메라 기능을 합치고 mp3 기능도 넣는 등 다양한 기능을 추가하여 차별화를 시도하게 된 것이다. 요즘에는 휴대폰이 전자사전과 노트북컴퓨터까지 겸할 정도에 이르렀고, 이런 컨버전스가 앞으로 어디까지 확장될지를 예상해보는 것도 자못 흥미롭다.

이런 컨버전스 전략은 제품이나 기술의 개발뿐만 아니라 개인의 특성 계발에도 적용해서 큰 효과를 얻을 수 있다. 한 가지 분야에서 차별화된 1등이 될 정도의 적성은 갖고 있지 않지만 두세 가지 분야에서 어느 정도 뚜렷하게 드러나는 적성을 갖고 있는 사람이 있다면 그러한 적성들을 컨버전스 해서 새로운 차별화된 1등 적성을 만들어낼 수 있는 것이다.

예를 들어 성격이 외향적이어서 다른 사람과 사귀는 것을 좋아하지만 낯선 사람을 상대로 보험상품을 팔아 보험왕이 될 정도는 아니고, 이와 동시에 공학 분야에 어느 정도 관심이 있고 기술에 대한 이해가 빠르지만 공학 분야에서 선두에 서기에는 능력이 부족한 사람이 있다고 하자. 이 사람의 경우에는 자신의 그 두 가지 적성을 합쳐서 기술영업을 하면 다른 사람들과 차별화된 자신만의 능력을 발휘할 수 있지 않을까? 이와 비슷한 예를 들자면 너무나 많을 것이다.

이제까지의 산업사회에서는 어느 한 넓은 분야에서 어느 정도의 수준이 되면 개인적으로 살아가거나 사업을 하는 데 큰 불편이 없었지만, 앞으로의 미래사회에서는 어느 한 좁은 분야에서 세계 1등의 차별화된 능력을 발휘하지 못하면 개인적으로 살아가거나 사업을 하는 데 어려움을 겪을 수 있다. 이런 패러다임의 변화를 인식한다면 컨버전스 전략의 중요성을 이해할 것이다.

전에는 화장품 업계에서 상위 그룹 안에만 들면 어느 화장품 분야에서든 사업을 영위해 나가는 데 별다른 지장이 없었다. 하지만 지금은 화장품 시장도 세분화되어 예를 들어 중년여성들, 그중에서도 특히 부유한 상류층 중년여성들을 타깃으로 하는 천연화장품 시장에서 살아남기 위해서는 그 시장에서는 누구도 따라올 수 없는 선두주자가 돼야 한다.

개인적인 경우를 예로 들자면 전에는 전체 성적이 반이나 과에서 상위권에 들기만 하면 취업을 하는 데 아무런 문제가 없었다. 하지만 지금은 회사가 요구하는 특정 분야에서 어느 누구도 따라올 수 없고 누구도 자신을 대체할 수 없는 능력을 갖고 있어야만 쉽게 취업을 할 수 있고, 구조조정에서도 살아남을 수 있다. 아니 그런 인재라면 오히려 회사가 붙잡아 두려고 애를 쓸 것이다. 이런 측면에서도 컨버전스 전략을 통해 자신만의 1등 능력을 만들어낼 필요가 있다.

컨버전스 전략을 가장 잘 활용한 사람의 예를 역사에서 찾자면 이순신 장군을 꼽을 수 있다. 나는 이미 《대한민국 이공계 공돌이를 버려라》(2007년 6월, 청림출판)에서 이순신 장군의 예를 이야기한 바 있지만, 컨버전스 전략의 위력을 가장 실감나게 보여주는 예이기 때문에 강연할 때면 반드시 그것을 소개하곤 한다. 여기서도 이순신 장군의 예를 다시 소개하겠다.

이순신 장군은 원래는 무신이 아니었다. 그는 문신이 되기 위해 몇 번인가 과거시험을 봤지만 낙방했고, 결국은 나이도 많고 더 이상 과거에 급제해 문신이 되기는 어렵다고 판단해서 주위(율곡 이이)의 권고로 무과시험을 보고 무신이 됐다.

당시의 조선에서 무신은 천대받는 직종이었고, 글깨나 읽는다는 선비는 결코 무신이 되고자 하지 않았다. 그리고 무신은 당연히 글은 잘 모르고 싸움에만 능했다. 시키는 대로 변방을 지키거나, 성문에서 보초를 서거나 하는 경우에는 무신이 싸움만 잘 하면 다른 것은 문제 될 게 전혀 없었다.

하지만 임진왜란이 일어나자 상황이 크게 달라졌다. 전쟁에서는 싸움을 잘하는 것도 중요하지만 작전이 훨씬 더 중요한 역할을 하게 된다. 더구나 철저히 준비를 하고 침공해온 일본군에 맞서 싸우기 위해서는 아군의 강점을 잘 활용하고 적군의 약점을 정확하게 찌르는 작전이 절대적으로 필요하게 됐다.

이순신 장군은 원래 문신이 되고자 했기 때문에 글에 능했고, 덕분에 병서를 읽고 작전을 짜서 전쟁에 대비할 수 있었다. 그의 문신이라는 면과 무신이라는 면이 컨버전스 되면서 그가 그토록 눈부신 전과(23전 23승)를 거둘 수 있었던 것이다.

만약 그가 과거에 합격해 문신이 됐다면 아마도 이름 없는 평범한 관리로 평생을 보냈을 가능성이 높다. 반대로 그가 전적으로 무신으로서만 전쟁에 나섰다고 해도 그런 전과를 거두기는 어려웠을 것이다. 그는 무과에 합격한 뒤에 북방의 국경수비대에서 근무하는 등 무신으로서의 경험을 다양하게 쌓았을 뿐만 아니라 문신으로서의 능력도 갖추고 있었기에 그처럼 큰 전공을 세울 수 있었다.

그는 무신으로서도, 문신으로서도 당시 조선 사회의 기준으로 보면 뛰어난 수준이 아니었지만, 무신의 면모와 문신의 면모를 컨버전스 함으로써 뛰어난 능력을 발휘할 수 있게 됐던 것이다. 이런 이순신 장군의 예는 컨버전스 전략을 적용하는 경우에 컨버전스의 대상이 되는 각각의 능력이 아주 뛰어날 필요는 없다는 사실을 보여준다.

이순신 장군이 남긴 23전 23승이라는 전과는 세계의 전쟁사에서 전에도 없었지만 앞으로도 누구도 깰 수 없는 진기록이다. 그가 이런 진기록을 남길 수 있었던 것은 컨버전스 전략 외에 '강점 살리기 전략'도 적절하게 사용했기 때문이다. 그는 조선군과 일본군의 무기가 지닌 강점과 약점을 정확히 파악해, 조선군의 무기가 지닌 강점을 최대한 살릴 수 있도록 작전을 짜서 승리할 수 있었다.

당시 조선군의 무기는 대포와 활이었다. 장거리에서는 대포, 단거리에서는 활을 무기로 사용했다. 그런데 대포에서는 조선군이 일본군보다 나았지만, 조선군의 활은 일본군의 조총에 상대가 되지 않았다. 이순신 장군은 대포의 장점을 최대한 살리기 위해 조총의 사정거리 밖에서 대포를 동원하는 방식의 전투를 주로 했다.

특히 조선군의 배는 크고 튼튼하기 때문에 대포를 10여 문씩 실을 수 있었고, 대포를 발사할 때의 반동력을 견뎌낼 수 있어서 대포를 동시에 여러 발 발사할 수 있었다. 이에 비해 일본군의 배는 속도가 빠르기는 하지만 선체가 부실해 대포 발사 시의 반동력을 견뎌내는 힘이 약해서 대포를 몇 대 실을 수 없었고, 대포 발사도 마음대로 할 수 없었다. 따라서 배의 수는 일본군 쪽이 많았지만, 대포 발사의 수는 조선군 쪽이 압도적으로 많았다. 더구나 적군이 쏜 대포알에 맞았을 경우에 튼튼한 조선군의 배는 상대적으로 파손이 덜한 반면에 약한 일본군의 배는 심하게 파손될 수밖에 없었다.

이순신 장군은 전투장소를 좁은 해역으로 잡아서 일본군이 수의 우세를 활용하지 못하게 하는 작전도 구사했다. 또한 일본군의 배가 충돌에 약한 단점을 갖고 있다는 점을 이용해, 대포로 일본군의 배를 어느 정도 파손시킨 뒤에는 거북선을 앞세운 조선군의 배를 충돌시켜 일본군의 배를 침몰시켰다. 물론 이순신 장군이 홈그라운드의 장점을 십분 활용해 지형지물을 최대한으로 이용한 점도 전승의 요인이었다.

컨버전스 전략은 차별화된 제품을 개발하거나 개인적으로 차별화된 특성을 계발하는 데만 적용되는 것이 아니며, 누구나 자신이 몸을 담고 일을 할 분야를 정할 때에도 이용할 수 있는 방법이다. 예를 들어 이화여자대학교의 석좌교수인 최재천 교수는 원래 동물학을 전공했지만 그것을 사회학 분야와 컨버전스 시켜 사회생물학이라는 학문분야를 개척해 최고의 인기를 구가하고 있다. 사회학자들이 주로 다루는 사회문제에 대해 과학자로서 자신의 관점을 제시하는 것을 통해 확실하게 자신만의 차별화된 1등 분야를 개척한 것이다.

학문분야간 컨버전스는 지식사회에서 강력한 힘을 발휘할 수 있는 트렌드 가운데 하나가 되고 있다. 인문학 안에서, 또는 공학 안에서 서로 다른 분야들 사이에 이루어지는 컨버전스도 커다란 시너지 효과를 낼 수 있지만, 최재천 교수의 경우와 같이 인문학과 공학을 컨버전스 하는 식으로 서로 판이하게 다른 분야들 사이의 컨버전스는 더욱더 커다란 시너지 효과를 낼 수 있다. 이는 진화생물학에서 얘기하는 잡종강세의 원리와 비슷하다고 볼 수 있다. 근시안적으로 좁은 범위 안에서만 바라보던 세계를 보다 넓은 범위에서 전혀 다른 각도로 바라보는 것은 새로운 관점을 갖게 해준다.

최재천 교수가 개척한 사회생물학의 강점을 살펴보자. 예를 들어 고령사회를 사회학자의 관점에서만 바라보면 문제투성이일 수밖에 없다. 고령사회가 되면 될수록 사회보장이라는 측면에서 사회적 부담이 커질 것이고, 이런 문제를 해결하기 위해서는 출산율을 높여 사회보장비용을 부담할 수 있는 젊은 층의 인구를 늘리는 등 각종 대책을 강구해야 한다. 하지만 고령사회는 인류가 그동안 끊임없이 추구해온 장수의 꿈이 실현되는 사회이기도 한데 고령사회를 부정적으로만 봐야 할까?

인간을 제외한 다른 동물에게는 장수라는 개념 자체가 성립하지 않는다. 약육강식의 자연세계에서는 늙어서 힘이 없어지면 당연히 죽을 수밖에 없다. 하지만 인간은 장수할 수 있다. 이에는 물론 의학의 발전이 크게 기여하고 있다.

게다가 인간은 나이가 들면서 힘은 없어지지만 지식이나 지혜는 오히려 많아진다. 그런데 지식사회는 힘을 필요로 하는 사회가 아니라 지식과 지혜를 필요로 하는 사회다. 노인층을 지식층으로 활용할 수만 있다면, 그들은 사회에 부담만 안겨주는 쓸데없는 존재가 아니라 지식사회나 감성사회를 떠받쳐주는 중요한 존재가 될 수도 있는 것이다. 고령사회의 문제에서 사회생물학은 인간과 동물의 경우를 비교분석해서 기존의 사회학이 제시해온 관점과는 전혀 다른 관점에서 차별화되고 긍정적인 해법을 제시할 수 있다.

특히 앞으로는 모든 분야가 서로 복합적으로 얽힌 상태로 발전할 수밖에 없기에 컨버전스라는 개념이 더욱 중요해질 것이다. 예를 들어 옛날에는 도시를 설계하는 경우에 건물을 짓는 건축공사와 도로와 상하수도를 건설하는 토목공사를 계획하는 것만으로 끝났지만, 요즘은 건축, 토목, 전자, 재료, 환경 등의 다양한 요소들이 종합적으로 반영되고 작용하는 정보화 도시인 '유비쿼터스 도시(U-City)'의 형태로 설계가 이루어지고 있다. 이제는 건축을 하더라도 IT(전자), ET(환경), NT(나노) 등에 관한 지식을 갖고 있어야만 하는 것이다.

요즘 세계화를 통해 경쟁력을 강화해야 한다는 목소리가 높아지면서 서

구, 특히 미국의 방식이 최고라는 관념이 한국인의 의식을 점점 더 많이 지배하고 있다. 특히 외환위기를 거치면서 우리 것에 대한 자신감을 잃게 된 뒤로 선진국을 모방해 '한강의 기적'을 일구었던 옛날의 방식으로 돌아가려는 분위기가 형성되고 있는 것 같아 걱정스럽다. 이런 흐름으로 인해 미국식 경제논리와 경영방식, 그리고 미국의 언어인 영어 등 미국 것이라면 무엇이든 무조건 다 받아들이는 것이 현재의 경제위기도 해결할 수 있는 방법이라는 사고방식이 만연하고 있는 것 같다.

그런데 과연 미국식이나 미국 것을 무조건 다 받아들인다고 해서 우리의 경쟁력이 강화될까? 과거의 산업사회에서는 미국을 비롯한 선진국의 기술, 경영방식, 사고체계를 가능한 한 빨리 모방하는 것이 성공의 지름길이었다. 그러나 차별화된 1등만이 살아남을 수 있는 지금은 선진국의 방식을 무조건 따라 해서는 결코 '세계 1등'이 될 수 없고, 따라서 살아남을 수도 없다.

그러면 어떻게 해야 할까? '차별화된 1등'이 될 수 있는 한국적인 방식을 찾아내야 한다. 나는 서양의 문화와 한국 내지 동양의 문화를 컨버전스 하는 것이 바로 그러한 방식이라고 확신한다.

예를 들어 의학 분야에서는 동양의학(한의학)은 비과학적이고 서양의학만이 과학적이라는 편견을 버려야 한다. 한의학은 수천 년간에 걸쳐 전해 내려온 조상들의 지혜가 녹아 있는 귀중한 의학지식의 보고다. 물론 서양의학이 세균의 발견과 그 처리방법 개발에 의한 위생의 개선, 면역 방법의 발견, 항생제의 개발 등을 통해 인류의 숙원인 생명의 연장과 장수의 꿈을 실현하는 데 기여해온 것은 사실이지만, 요즘 트렌드가 되고 있는 '잘 살기(웰빙)'에 비추면 뭔가 2퍼센트 정도 부족한 느낌이 든다. 이런 상황에서 서양의학을 보완해줄 수 있는 가장 좋은 컨버전스의 상대편 축은 바로 동양의학이다.

서양의학이 질병으로 인해 나타나는 증상에 대해 일대일로 대응하는 '대증요법'인 데 비해 동양의학은 질병의 원인을 찾아내어 신체의 자연적인 면역력과 장기들 사이의 균형을 통해 그 원인을 다스리는 '원인요법'이라는 차이가 있다. 과거의 전형적인 질병인 전염병의 경우에는 서양의학의 대증요법이 우수한 치료효과를 거두었지만, 현대의 생활습관병을 다스리는 데는 동양의학적인 관점이 요구된다.

예를 들어 모든 현대질병의 근원이라고 하는 비만을 치료하는 경우에 서양의학은 다이어트, 복부지방 제거와 같은 방법을 제시하지만 동양의학은 비만의 원인이 체질에 있는지, 스트레스로 인한 폭식에 있는지, 배설기관의 이상으로 인해 과다한 영양분이 몸 밖으로 빠져나가지 못하는 데 있는지를 따져서 각각의 경우에 알맞은 치료방법을 제시한다. 이때 서양의학의 대증요법은 단기간에 효과가 나타나는 반면에 신체에 부작용이 초래될 가능성이 많지만, 동양의학의 원인치료 방법은 효과가 바로 나타나지는 않지만 신체에 초래되는 부작용을 최소화하면서 근본적인 치료를 한다는 장점이 있다.

여기서 내가 서양의학보다 동양의학이 우수하다는 주장을 하려는 것은 아니다. 다만 각각의 질병에 따라 서양의학을 적용할지 동양의학을 적용할지를 선택하거나, 더 나아가 서양의학과 동양의학을 컨버전스 해서 통합적으로 적용하면 치료효과가 더 나을 것이라고 생각한다. 다행히 요즘에는 양방과 한방 간 협진을 시행하는 병원이 많이 늘어나고 있어 다행이라고 생각한다.

의학 분야에서만이 아니라 경영 분야에서도 인간을 중시하는 동양문화를 현대의 경영에 컨버전스 하려는 노력이 있어야만 세계적인 기업을 더 많이 일구어낼 수 있으리라고 나는 확신한다. 더구나 앞으로 지식사회를 지나 감성사회를 맞게 되면 동양의 인간중심 철학이 더욱 큰 역할을 하게 될 것이라는 게 내 생각이다.

비단 앞에서 예로 든 분야들만이 아니라 모든 분야에서 우리 것을 버리기만 할 것이 아니라 서양의 우수한 것을 받아들이되 그것과 우리의 고유한 것을 컨버전스 해서 우리 나름의 '차별화된 1등'이 될 수 있는 것을 다양하게 창조해내는 노력을 기울일 필요가 있다.

T형 인재: 자기 분야는 깊게, 주변 분야는 넓게

개인에게 이런 컨버전스 전략을 적용한 사례 가운데 하나로 도요타자동차에서 내세운 'T형 인재'라는 것이 있다. T형 인재는 도요타자동차의 영문 회사 이름 'Toyota'의 첫 글자인 T를 따서 만든 것이다. T형 인재는 자기 분야는 깊게(|) 아는 동시에 주변 분야의 지식도 넓게(―) 갖춘 인재를 말한다. 원래는 도요타자동차 공장에서 직원들의 제안을 받아 공정을 개선할 수 있으려면 직원들이 각자 자기가 맡은 공정에 대한 지식만 갖고 있어서는 안 되며 그 앞과 뒤의 공정, 더 나아가 공정 전체에 대해 깊이는 없더라도 넓게는 알아야 한다는 취지로 만들어진 개념이었다.

예를 들어 자동차바퀴를 조립하는 공정을 맡은 사람의 경우를 생각해 보자. 자동차 조립공장에서 품질향상과 원가절감을 하는 데는 각 공정을 담당한 근로자들의 공정개선 제안이 상당히 중요한 역할을 한다. 그런데 다른 기업의 자동차 조립공장에서 바퀴를 조립하는 공정을 맡은 사람이 공정개선 제안을 하는 것을 보면 일반적으로 바퀴를 조립하는 공정의 테두리 안에서만 생각을 하고 제안을 한다.

하지만 도요타자동차의 경우에는 바퀴의 조립을 맡은 사람이 바퀴에 대해서만이 아니라 조향장치와 제동장치 등 바퀴와 직접 관련이 있는 장치는 물론이고 자동차 전체에 대해서도 지식을 갖추어야 한다. 이에 따라 이 기업의 현장 근로자들은 폭넓은 지식에 바탕을 두고 제안을 하며, 따라서 이 기업은 근로자 제안의 건수도 많거니와 그 내용의 수준도 대단히 높다고 한다. 이런 점이 도요타자동차가 세계적인 경쟁력을 갖추는 데 근로자들의 제안이 중요한 역할을 하게 된 배경이다.

T형 인재가 도요타자동차의 경쟁력에 핵심적인 토대가 됐다는 사실이 알려지면서 T형 인재가 자동차 분야뿐만 아니라 다른 분야들에도 폭넓게 적용되는 경영의 개념으로 일반화됐다. 이에 따라 이제는 T형 인재라고 하면 자신의 전공분야를 깊게 아는 동시에 연관된 다른 분야들도 폭넓게 아는 인재를 가리킨다.

T형 인재는 지식사회에서 요구되는 컨버전스 역량을 갖춘 개인이라고 볼 수 있다. 예를 들어 공학을 전공한 사람이 자신의 전공분야만이 아니라 공학의 다른 분야들도 폭넓게 안다면 일단 T형 인재가 되는 것이고, 더 나아가 공학이 아닌 인문학 분야에 대해서까지도 폭넓은 지식을 갖춘다면 더 확실한 T형 인재가 되는 것이다. 물론 여기서 잊지 말아야 할 것은, 자신의 전공분야가 아닌 다른 분야들에 대한 폭넓은 지식을 갖추는 것이 중요하다고 해서 자신의 전공분야에 대한 깊은 지식을 갖추는 일을 소홀히 해서는 진정한 T형 인재가 될 수 없다는 점이다.

여기서 자신의 전공분야에 대해 얼마나 깊은 지식을 갖춰야 하느냐가 문제가 될 수 있다. 자신의 전공분야에서 세계 최고의 깊이에 이르는 것은 벅찬 일이지만, 그렇다고 해서 대충 일반적인 지식만 갖춰서는 자신을 차별화할 수 없다는 딜레마에 빠지게 된다. 물론 이에 대한 명확한 정답은 없다. 아니 그런 정답은 있을 수 없다. 왜냐하면 전공지식을 어느 정도로 깊게 하고 주변지식을 어느 정도로 넓게 하느냐는 정도의 차이 자체도 차별화의 요소가 되기 때문이다. 전공지식은 깊지 않지만 주변지식이 무궁무진한 사람도 차별화된 T형 인재가 될 수 있고, 주변지식은 그저 해당 분야를 이해할 수 있는 정도에 지나지 않지만 전공지식에서는 타의 추종을 불허할 정도인 사람도 차별화된 T형 인재가 될 수 있다.

한국 정부와 〈한국경제신문〉, 한국직업능력개발원 등이 공동으로 창설한 '글로벌 HR 포럼'이 얼마 전에 연 국제회의에서 래리 라이퍼 미국 스탠퍼드대학 교수는 "다학제적인 환경에서 공부한 사람이야말로 차세대 리더가될 가능성이 높다"고 주장했다. 21세기의 지식사회가 요구하는 T형 인재를 양성하는 데는 다학제적인 교육환경이 요구된다는 것이다. 더 나아가 그는 "21세기 공학 교육의 목표는 T자에서 한 걸음 더 나아가 아래로 뻗은 직선이 여러 개인 멀티 T형 인재를 길러내는 것이 돼야 한다"고 역설했다.

〈그림 4-2〉는 공학을 전공한 사람을 기준으로 T형 인재의 모습을 보여주고 있지만 경영학이나 인문학과 같은 다른 분야를 전공한 사람의 경우에

〈그림 4-2〉 T형 인재

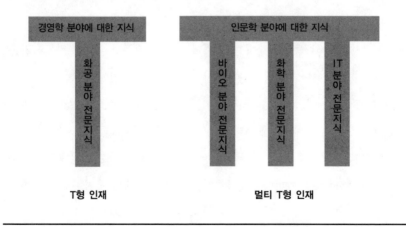

T형 인재   멀티 T형 인재

도 적용될 수 있다. 아울러 자신의 전공이 속한 분야 안의 다른 분야들에 대한 지식을 컨버전스 할 필요도 있지만, 진정한 차별화를 위해서는 자신의 전공분야와는 완전히 다른 분야에 대해 어느 정도 깊이 있는 지식을 갖출 필요도 있다. 깊은 지식까지는 아니더라도 적어도 다른 분야를 전공한 사람과 대화를 할 수 있을 정도의 지식은 갖춰야 한다. 왜냐하면 앞으로는 사회 전체에서도, 각각의 기업 내부에서도 상이한 분야들 사이의 네트워크가 중요해질 것이기 때문이다. 개인적으로 이런 네트워크를 구축하기 위해서는 다른 분야의 사람들과 대화를 나눌 수 있을 정도의 지식은 반드시 갖춰야 한다.

또한 지식사회나 감성사회에서는 기술이 일상생활과 기업활동의 기반이 되기 때문에 공학 이외의 분야를 전공한 사람들도 기술에 대해 어느 정도는 이해하고 있어야 한다. 공학도라면 기술 자체가 경쟁력의 기반이 되기는 어렵기 때문에 경영학이나 심리학 등 다른 분야에 대해서도 어느 정도의 지식은 갖추어야 한다. 이런 노력을 통해 탄생하는 T형 인재야말로 지식사회나 감성사회에서 요구되는 창의적이며 차별화된 1등 인재의 모습이다.

단점을 뒤집어 강점으로 만들어라

일본에서 '경영의 신'이라고까지 칭송받는 마쓰시타전공의 마쓰시타 고노스케 전 회장은 생전에 자신은 세 가지 은혜를 입었기 때문에 성공할 수 있었다고 얘기하곤 했다. 마쓰시타 회장이 말한 세 가지 은혜란 '가난, 낮은 학력, 병약한 몸'이다. 자신은 가난한 생활에서 벗어나기 위해 열심히 일해야 했고, 낮은 학력 때문에 다른 모든 사람에게서 배우려고 노력할 수밖에 없었으며, 어릴 적부터 몸이 병약해서 항상 건강에 유의하다보니 장수할 수 있었다는 것이다.

하긴 마쓰시타 회장이 자라던 시절에는 대부분이 가난했고, 학교도 제대로 다닐 수 없었으며, 잘 먹지 못해 건강이 좋지 않았다. 마쓰시타 회장이 다른 사람들과 다른 점은 그런 악조건을 원망하고 좌절의 핑계로 삼기보다 오히려 자신을 분발시키는 호조건으로 삼는 긍정적인 마음의 자세를 가진 데 있었다. 즉 마쓰시타 회장은 자신의 단점을 뒤집어서 강점으로 활용했기 때문에 성공할 수 있었다.

자신의 강점을 찾으라고 하면 좋은 점만을 떠올리는 경우가 많다. 예를 들어 외모에 강점이 있으려면 키가 크고 이목구비가 뚜렷한, 한마디로 잘생긴 사람이어야 한다고 생각하기 쉽다. 하지만 코미디언의 경우에는 오히려 좀 이상하게 생긴 것이 강점이 될 수 있다. 바라보기만 해도 그냥 웃음이 나오게 하는 얼굴을 가진 코미디언이라면 누구나 그에게는 한 수 접고 들어가야 하지 않겠는가.

코미디언 가운데 고 이주일 씨가 바로 그런 자신의 얼굴을 제대로 활용한 대표적인 예다. 박경림 씨는 여성 MC라면 얼굴도 예쁘고 목소리도 고와야 한다는 고정관념을 깼다. 그녀는 여자라면 누구나 감추고 싶어 하는 네모진 얼굴에다 갈라진 목소리까지 가졌지만, 그러한 자신의 단점을 친근감을 불러일으키는 긍정적인 요소로 승화시켜 성공했다.

드라마의 여주인공은 이름도 예쁘고 얼굴도 예뻐야 한다는 고정관념을 깨면서 성공한 드라마가 〈삼순이〉다. 이 드라마는 '너무 예뻐 가까이 하기에는 너무 먼 당신'이 아닌 '나와 비슷한 수준의 수수한 여주인공'을 콘셉트로 내세워 인기를 모았다.

비단 외모만이 아니다. 내가 아는 사람 중에 상당히 비판적인 성향을 가진 사람이 있었다. 술좌석에서 토론이 벌어지면 다른 사람들과 다른 관점에서 비판을 해대서 "너는 왜 꼭 어둡게만 보느냐"는 빈축의 말을 주위에서 듣곤 했다. 하지만 그는 언론계에 진출해 큰 성공을 거두었다. 다른 사람들이 보지 못하는 면을 볼 수 있는 그의 능력이 강점으로 작용할 수 있는 분야가 언론인데, 그는 바로 그 언론을 자신의 분야로 삼았기에 그렇게 성공할 수 있었던 것이다.

자신을 한번 돌아보라. 혹시 자신이 주위의 사람들과 다른 특성, 특히 일반적으로 단점으로 간주되는 특성을 갖고 있어 그것에 대해 비판을 받고 있지 않은가? 그렇다면 그 특성을 단점이 아닌 차별화 수단으로 사용할 수 있는 분야는 없는지를 살펴볼 필요가 있다. 다시 말해 단점을 뒤집으면 강점이 될 수 있다는 역발상을 해볼 필요가 있다는 것이다.

선진국에 가면 가장 부러우면서도 답답하게 느껴지는 풍경 가운데 하나가 바로 줄서기다. 비행기 탑승수속을 하는데 안내 데스크에서 업무가 서투른지 어느 한 손님을 계속 붙잡아 두고 시간을 끌어도 줄을 선 사람들은 그저 묵묵히 기다릴 뿐이다. 그렇게 느려터진 와중에도 안내 데스크의 직원은 옆 사람과 농담까지 하면서 긴 줄에는 전혀 관심을 두지 않는 것처럼 보일 때면 내가 괜히 열을 받곤 한다. 비행기가 연착됐어도 일단 공지가 되면 사람들이 하염없이 기다릴 뿐 아무런 항의도 하지 않는다. 거기가 한국이었으면 어땠을까 상상해 보면서 혼자 씁쓸하게 웃음을 짓는 경우가 많았다.

선진국과 비교해 한국인의 대표적인 단점으로 지적되는 특성이 바로 '빨리빨리'다. 한국인을 상대로 하는 외국인들이 가장 먼저 배우는 말도 바로 '빨리빨리'라고 한다. 그런데 지식사회에 들어서서 한국이 IT 강국이 된 것은 이런 '빨리빨리' 정신이 있었기 때문이다. 산업사회에서는 단점으로 작용했던 한국인의 '빨리빨리' 정신이 속도가 빠른 지식사회의 특성에 부합하게 되면서 오히려 강점으로 작용한 것이다. 한국이 위험을 무릅쓰면서까지 세계 최초로 CDMA 방식을 상용화한 것도 바로 이런 '빨리빨리' 정신 덕분에 가능한 일이었다고 나는 생각한다.

산업사회에서는 거대한 기업이 작은 기업을 잡아먹었지만, 지식사회에서는 빠른 기업이 느린 기업을 잡아먹는다고 한다. 그만큼 지식사회에서는 스피드의 개념이 중요해지는 것이다.

한국인의 단점으로 여겨졌던 것 가운데 1970~80년대에 한국이 압축 고속성장을 이루는 데 오히려 원동력이 된 것으로 시기심이 있다. '사촌이 밭을 사면 배가 아프다'라는 속담도 있지만 한국인은 시기심이 많다. 그러나 시기심도 양면적인 성격을 갖고 있다. 나쁘게 보면 시기심은 남이 잘 되는 것을 참지 못하고, 잘 나가는 다른 사람을 끌어내리려고 하는 심보다. 그러나 거꾸로 좋게 보면 시기심은 남이 성공하면 자극을 받아 나도 성공해야겠다고 분발하게 하는 경쟁심으로 발전할 수 있는 것도 사실이다.

한국이 고속의 경제성장을 이룰 수 있었던 데는 '나도 뒤질 수 없다'는 경쟁심이 큰 역할을 했다. 이런 경쟁심은 치맛바람이나 사교육 열풍으로 대변되는 교육열로 비화해 이제는 고등학교 졸업생의 80퍼센트 이상이 대학에 들어가는 세계 최고의 대학진학률을 실현했다. 대학진학률이 이렇게 높아진 것은 자칫하면 너도나도 다 대학을 나왔으니 다 똑같은 대우를 받아야 한다고 생각하는 평등주의에 빠지는 원인이 될 수 있고, 고학력 실업자가 양산되는 문제를 야기할 수도 있다. 하지만 새로운 시대의 트렌드에 맞는 지식근로자가 많이 양성되는 긍정적인 효과를 가져 올 수도 있을 것이다.

사실 삼성전자가 세계 최고의 반도체 제조회사로 우뚝 서게 된 데는 바로 이런 우리 국민의 교육열과 경쟁심이 조화를 이룬 것이 큰 힘이 됐다. 1970~80년대의 유학 붐을 타고 많은 인재들이 양성됐기 때문에 삼성전자가 그들을 활용할 수 있었던 것이다. 유학을 다녀온 우수한 인재들이 서로 경쟁을 하면서 세계 최고의 기술을 엄청난 속도로 개발해냈기에 삼성전자가 세계의 선두에 설 수 있었던 것이다.

삼성전자는 기술개발 프로젝트를 추진할 때 2개 이상의 팀을 만들어 서로 경쟁을 하게 한다고 알려져 있다. 그리고 기술을 먼저 개발한 팀에 모든 보상이 다 돌아가는 승자독식의 원칙을 적용한다고 한다. 너무 심하지 않느냐고 생각하는 독자도 있겠지만, 어쨌든 시기심을 경쟁심으로 발전시키는 그러한 시스템이 오늘날의 삼성전자를 존재하게 한 것이다.

내가 쓴《대한민국 이공계 공돌이를 버려라》(2007년 6월, 청림출판)에서 소개한 바 있지만 여기서 다시 소개하고 싶은 이야기가 있다. 왜냐하면 그 이야기는 약점을 강점으로 활용하는 것과 관련이 있기 때문이다.

옛날 교과서에 나왔던 '토끼와 거북이' 이야기를 기억할 것이다. 토끼와 거북이가 달리기 시합을 했는데 토끼는 중간에 낮잠을 잤지만 거북이는 쉬지 않고 달려서, 아니 기어가서 토끼보다 먼저 결승점에 도착했다. 그래서 느린 거북이가 빠른 토끼를 이겼다는 것이다.

이 이야기는 능력이 좀 모자라더라도 무조건 성실하게 일하면 성공할 수 있다는 산업사회의 패러다임을 강조하는 우화다. 그 뒤에 만들어진 제2탄은 토끼와 거북이가 다시 시합을 했는데 이번에는 토끼가 잠을 자지 않아서 크게 이겼다는 내용으로 돼있다.

여기서 내가 말하고자 하는 것은 제3탄이다. 그 뒤로 거북이 나라는 토끼 나라에 눌려 지냈는데 견디다 못한 거북이 나라의 정부가 '토끼와 시합을 해서 이기는 거북이가 있으면 그를 거북이 나라의 왕으로 추대하겠다'라고 방을 붙였다. 그러자 어떤 용감한 거북이가 토끼를 이길 수 있다고 나섰다. 그 거북이는 토끼 나라에 도전장을 냈고, 그때 한 가지 조건을 붙였다. 거북이는 토끼에 비해 달리기에 불리하니 출발지점과 도착지점은 거북이가 선택하는 것으로 해달라는 것이었다.

토끼 나라의 정부는 회의를 열어 상의한 뒤 그 조건을 받아주기로 했다. 달리기에는 자신들이 워낙 유리하다고 생각했기 때문이다. 처음에 진 시합 때처럼 도중에 잠을 자지만 않으면 이기는 데 아무런 문제도 없을 것이라고 판단한 것이다. 그래서 시합이 이루어지게 됐는데 거북이가 산꼭대기에서 출발해 산 밑으로 달리는 시합을 제안했다.

이쯤에서 독자도 짐작했겠지만, 시합의 결과는 거북이의 승리였다. 토끼가 열심히 네 발로 달려 내려올 때 거북이는 머리와 네 발을 두꺼운 껍데기에 집어넣고 떼굴떼굴 굴러 내려온 것이었다. 달리기에 장애요소였던 껍데기를 강점으로 활용한 것이다.

이처럼 평소에 단점으로 생각했던 자신의 특성을 강점으로 역이용하는 지혜를 발휘한다면 확실히 '차별화된 1등'이 될 수 있는 기회를 스스로 만들어낼 수 있다. 물론 그러기 위해서는 강점으로 활용하려는 자신의 특성을 적용할 수 있는 분야를 우선 찾아야 한다.

또한 '목표한 바를 이루고자 노력하는 열정', '다양성을 인정하는 열린 태도', '성공의 방법을 찾는 긍정적인 마음가짐' 등도 필요하다.

네트워크로 완성되는 H형 인재

필자가 강연을 할 때면 수강생들에게 꼭 던지는 질문이 몇 가지 있는데, 그중 하나는 'H형 인재'라는 말에서 'H'는 어디서 따왔겠느냐는 질문이다. 앞에서 설명한 'T형 인재'라는 말에서 'T'는 도요타자동차의 영문이름(TOYOTA)에서 첫 글자를 따왔다고 설명했다. 여기까지 얘기했으면 눈치 빠른 독자라면 이미 알아차렸을지도 모르지만, 'H형 인재'에서 'H'는 내가 운영하는 회사인 홍진씨엔텍(주)의 영문이름(HONGJIN)에서 첫 글자를 따온 것이다. 따라서 H형 인재는 나 말고 다른 사람에게서는 들어보지 못했을 것이다.

각설하고, 그러면 'H형 인재'는 어떤 특성을 가진 인재인가? H형 인재는 앞에서 설명한 T형 인재에서 한 걸음 더 나아가 '차별화된 특성'을 지닌 인재다. T형 인재가 자신의 전공분야와 주변분야의 지식을 두루 갖춘 인재를 가리키는 개념이라면, H형 인재는 자신의 차별화된 강점과 다른 사람들의 차별화된 강점을 네트워크로 연결해 강력한 합체를 만들어낼 줄 아는 인재를 가리키는 개념이다.

만화에서 정의의 편에 선 로봇들이 악당 로봇들과 싸우다가 도저히 적수가 되지 못할 것 같으면 더욱 강력한 힘을 내기 위해 자기들끼리 합체를 이루는 장면을 보았을 것이다. H형 인재는 바로 이런 원리를 실천하는 인재라고나 할까.

나는 앞에서 지식사회에서 차별화된 1등이 되기 위해서는 단점을 보완하기보다 강점을 더욱 키우는 데 주력해야 한다고 주장했다. 이에 대해 산업사회의 패러다임에 젖어있는 사람들은 "그러면 단점은 어떡하라는 얘기냐?"라고 반문할 것이다. 그 단점을 극복하는 방안이 바로 내가 단점을 가진 분야

〈그림 4-3〉 H형 인재

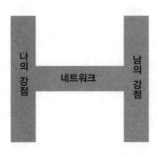

에서 차별화된 1등 능력을 갖고 있는 다른 사람과 네트워크를 만들어 나를 보완하는 H형 인재가 되는 것이다. 다시 말해 H형 인재는 나의 1등 능력과 다른 사람의 1등 능력을 네트워크로 연결해 합체를 이룰 줄 아는 인재다.

H형 인재가 되려면 다음과 같은 몇 가지 필수조건을 충족시켜야 한다.

첫째로 내가 확실한 강점을 갖고 있어야 한다. 네트워크는 상호관계의 문제이므로 내가 네트워크를 필요로 한다고 해서 상대방이 무조건 나와 네트워크를 형성하지는 않는다. 내가 상대방을 필요로 하는 만큼 상대방도 나를 필요로 해야 한다. 따라서 나는 상대방이 네트워크를 필요로 하는 분야에서 차별화된 1등이어야 하는 것이다.

이런 측면에서 생각해보면, 자신의 전공은 소홀히 하면서 다른 분야에만 관심을 갖는 요즘 일부 학생들의 태도는 넌센스다. 내가 차별화된 1등이 될 수 있는 가능성은 나의 전공분야에서 찾는 것이 가장 확실한 방법이기 때문이다. 전공에서 첨단기술로 1등을 할 수는 없더라도 컨버전스 전략을 사용해 나를 차별화시킬 경우에도 전공이 중요한 축임은 분명하다.

둘째로는 네트워크를 형성할 수 있는 안목과 인맥이 있어야 한다. 내가 어떤 상대와 합체를 이루어야 확실히 차별화된 1등이 될 수 있는지를 판단할 수 있는 안목이 필요하다. 아무하고나 무조건 네트워크를 형성한다고 해서 경쟁력이 높아지는 것은 결코 아니다. 잘못 형성된 네트워크는 오히려 짐이 되어 경쟁력을 떨어뜨릴 수 있다.

이러한 안목을 키우기 위해서는 평소에 독서 등을 통해 세상의 트렌드를 계속 파악하고, 자신에 대해 끊임없는 성찰하는 것이 요구된다. 또한 신뢰에 바탕을 둔 상생의 관계를 형성하는 것이 네트워크의 기본이므로 평소에 인맥을 형성하는 노력을 기울여야 한다.

인맥의 중요성에 대해서는 여기서 구차하게 더 세세하게 강조해 이야기할 필요가 없을 것이라고 생각한다. 다만 한 가지 말해두어야 할 것이 있다. 그것은 여기서 내가 말하는 인맥은 열린 인맥이어야 한다는 것이다.

한국의 고질병인 학연, 지연, 혈연은 열린 인맥이 아니라 그 반대인 닫힌 인맥이다. 닫힌 인맥은 네트워크 형성의 목표인 경쟁력 향상을 가져올 수 없다. 왜냐하면 닫힌 인맥에서는 차별화된 능력이 아니라 같은 학교, 같은 지역, 같은 친족이라는 점, 즉 나와 같은 조건이 상대방 선택의 기준이 되기 때문이다.

셋째로는 'T형 인재'가 되어야 한다. 차별화된 1등 능력을 가진 다른 사람과 네트워크를 형성하기 위해서는 그와 원활한 커뮤니케이션을 할 수 있어야 한다. 그의 분야에 대한 깊은 지식은 없을지라도 그의 분야를 이해할 수 있는 정도의 넓은 지식은 필요하다. 상대의 차별화된 1등 능력이 나의 차별화된 1등 능력과 어떻게 결합될 수 있는가를 간파할 수 있는 혜안을 갖기 위해서는 상대를 이해할 수 있어야 하기 때문이다.

이와 더불어 상대를 인정하고 존중하는 열린 마음도 필수적이다. 상대의 가치를 인정하고 서로 윈윈 하겠다는 마음의 자세를 가지지 않으면 진정한 의미의 네트워크는 이루어질 수 없다.

H형 인재는 개인의 차별화를 위한 개념이지만 이것을 사업의 차별화에 응용해 H형 기업을 이야기해볼 수 있다. 사업을 하는 사람은 자신이 잘할 수 있는 분야에만 집중하고 나머지 분야는 더 잘할 수 있는 다른 사람에게 아웃소싱 하는 것이 경쟁력을 높일 수 있는 확실한 방법이다.

산업사회에서는 거대 기업에 경쟁력이 있기 때문에 계열화를 통한 몸집 불리기가 대세였다. 즉 내부에서 할 수 있는 일은 모두 내부에서 했고, 초기에 힘이 부쳐 남에게 맡겼던 일도 나중에 힘이 생기면 직접 하는 것이 당연한 추세였다. 그래서 어느 대기업은 구내식당에서 쓰는 두부까지도 자체생산하는 웃지 못할 일도 생겼다. 하지만 지식사회에서는 스피드가 곧 경쟁력이고 변화와 혁신이 필수적이기 때문에 핵심 사업 분야만 직접 하고 나머지는 아웃소싱 하는 것이 좋다. 그래야 몸집이 가벼워 스피드를 낼 수 있고, 인원감축이라는 소모적인 과정을 거치지 않고도 변화와 변신을 쉽게 할 수 있다.

5장

미래 유망기업에 취업하기

"미래사회가 어떻게 변하고 미래 유망기업의 특성이 어떻게 변할 것이라는 것은 이해가 되지만, 그런 이야기는 현실과 거리가 있는 게 아닌가요?"

"제가 일하고 싶은 회사를 선택하려고 해도, 받아줘야 말이죠."

대학에 다니면서 '미래 유망기업에 취업하라'라는 주제로 강연을 하다보면 흔히 나오는 질문이다. 맞는 말이다. 하지만 한 걸음만 더 나아가 문제의 본질을 파악하면, 그 자체가 취업의 비결이 될 수 있다.

과거에는 소위 '스펙(학업성적)'에 의해 취업이 결정됐다. 다시 말해 학교의 서열, 성적의 서열에 의해 취업이 결정됐기 때문에 타고난 유전자적 특성이나 학업성적이 일단 결정되면 그것을 뒤집을 방법이 거의 없었다. 하지만 지금은 물론 학업성적에 의해 취업이 결정되기도 하지만, 기업들이 다양한 특성을 가진 인재를 선발하고 있다.

따라서 누구나 자신의 특성을 잘 파악하고 그 특성에 맞는 회사를 선택하고자 한다면 다양한 취업기회를 얼마든지 가질 수 있다. 이는 곧 자신이 원하는 회사에 취업하기 위해서는 그 회사에서 원하는 차별화된 인재의 조건을 갖춰야 하는데 그러지 못해서 취업을 하지 못하고 있는 것은 아닌지 스스로 되돌아볼 필요가 있다는 말이다.

취업지망생들 대부분의 행태를 보면 문제가 어디에 있는지를 알 수 있다. 취업전선에서 일반적으로 가장 심각한 문제는 취업지망생들이 과거의 산업사회에서 학업성적이 우수한 사람들이 원하던 대기업과 공무원 등에 여전히 몰리는 것과 자신의 특성과는 상관없이 구태의연한 스펙경쟁을 하려고 한다는 것이다.

과거에는 정해진 스펙을 기준으로 삼아 정해진 취업의 과정을 따라가기만 하면 됐지만, 지금은 선택의 폭이 넓어진 만큼 취업지망생이라면 누구나 기준과 과정 자체를 잘 선택해야 한다. 예를 들어 과거에는 좋은 회사, 좋은 분야에 관한 기준이 누구에게나 똑같았다. 하지만 지금은 좋은 회사, 좋은 분야가 개인별로 다르다. 인생의 목적, 적성, 그리고 즐거움을 느낄 수 있는 분야에 따라 좋은 회사, 좋은 분야가 개인마다 다르게 결정된다.

그러므로 정말로 자신에게 맞는 회사를 선택하려면 자신이 좋아하는 분야를 파악하는 것이 가장 우선이고, 두 번째로는 자신이 좋아하는 분야에 어떤 회사들이 있는지를 조사해야 한다. 이어 그런 회사들 가운데 자신이 원하는 스타일(문화)에 부합하는 회사가 어디인가를 파악하는 것이 중요하다. 물론 그 다음에는 바로 그 회사, 즉 궁극적으로 자신이 들어가 일하고 싶은 회사에 대해 잘 알아보는 과정을 거쳐 그 회사가 자신을 선택하게 만드는 전략을 구사해야 한다.

왜 자신이 좋아하고 잘할 수 있는 분야를 선택해야 하는지에 대해서는 앞장에서 이미 설명했다. 사회에서 일반적으로 좋은 분야로 간주되는 분야가 반드시 자신에게도 좋은 분야는 아니라는 점도 이미 지적했다. 또한 자신이 좋아하고 잘할 수 있는 분야를 어떻게 찾아내야 하는지에 대해서도 이미 간략하게나마 살펴보았다.

따라서 이 장에서는 자신이 들어가 일하고 싶은 미래 유망기업을 어떻게 찾아낼 것이고, 그 회사에 입사하기 위해 어떤 전략을 써야 할 것인가에 대해 살펴보고자 한다. 다만 여기서는 '새로운 시대의 패러다임에 맞는 구체적인 취업전략' 의 기본적인 원리를 설명하고, 그 구체적인 내용은 별도로 뒤에 실전부록으로 첨부하겠다.

미래 유망기업을 찾아내자

지금 잘 나가는 유망기업이 미래에도 계속 잘 나가는 유망기업일 것인가? "그렇지는 않을 것" 이라고 누구나 대답할 것이다. 그렇다면 어떤 기업이 미래에 잘 나가는 유망기업이 될까? 사실 이것은 그렇게 간단히 대답할 수 있는 문제가 아니다.

좀 과장해서 이야기하자면, 만약 미래에 잘 나갈 회사를 확실하게 찾을 수 있다면 그 회사에 취업하기보다 주식시장에서 그 회사의 주식에 투자하는 것이 쉽게 큰돈을 벌 수 있는 더 나은 길일 수 있다. 그런 미래 유망기업을 찾기 위해 그 많은 증권 애널리스트가 기업들에 대한 분석을 하고, 그 많은 경제연구소가 산업과 기업들에 대한 연구를 하느라 애를 쓰고 있지 않은가.

그렇지만 나는 "증권시장에서 돈을 벌기 위해서도 모두들 그렇게 많은 노력을 기울이고 있는데, 취업과 같이 한 번뿐인 내 인생을 투자하는 데서는 정말로 분석과 연구를 잘 해서 유망한 기업을 찾아내어 그 기업에 투자해야 하지 않겠느냐"고 주장하고 싶다. 물론 미래 유망기업을 찾아내는 것이 그렇게 쉬운 과정은 아니다. 경제관련 연구기관에서 두뇌집단을 꾸려 연구를 해도 유망한 미래기업을 파악하기가 쉽지 않은데, 하물며 혼자서 그런 작업을 하기란 결코 쉬운 작업이 아님은 너무나 당연하다.

하지만 혼자서 그런 작업을 해야 하는 우리에게 한 가지 유리한 점이 있다. 그것은 경제관련 연구기관들과 달리 우리는 모든 회사를 다 분석할 필요가 없다는 것이다. 오히려 우리는 그런 전문적인 연구기관들이 만들어낸 자료를 활용할 수 있다는 장점을 갖고 있다. 우리가 원하는 것은 수익을 많이 내는 좋은 회사들을 모두 다 골라내는 것이 아니라 내가 일하고 싶은 회사를 한두 군데만 골라내는 것이기 때문이다.

그렇다면 보다 구체적으로 어떤 기준으로 내가 원하는 미래 유망기업을 찾아낼 것인가? 범위를 좁히기 위해 먼저 자신이 일하고자 하는 분야를 정해야 한다. 영업, 재무, 연구와 같은 전문영역도 정해야 하지만 이보다는 IT, 금융, 자동차와 같은 일할 분야를 먼저 정해야 한다.

물론 그 전에 그런 분야 자체가 미래에 어떻게 될 것인지를 살펴보는 과정이 필요할 수 있다. 하지만 어떤 분야가 미래에 유망한가 하는 것은 내가 이책에서 다루고자 하는 범위를 벗어나는 주제다. 그러니 이 주제에 대해 관심이 있는 독자는 미래의 직업이나 미래의 유망직종을 다룬 앞의 2장 내용 정도를 참고하면서 거기서 보다 자세한 탐구의 실마리를 잡기를 바란다.

물론 미래에 유망한 직업이나 직종을 알아낸다고 해서 그 직업이나 직종이 속한 분야에서 내가 꼭 성공할 수 있다는 보장은 없다는 사실을 명심할 필요가 있다. 또한 반대로 미래에 유망한 직업이나 직종이 아니라고 해서 그 직업이나 직종이 속한 분야를 선택해서는 안 되는 것도 아니라는 사실도 알아야 한다. 예를 들어 그동안 한국에서는 누구나 신발산업을 사양산업이라고 했지만, 휠라코리아의 경우는 오히려 그 신발산업을 선택해 성공하지 않았는가?

물론 기업이 생존하고 발전하기 위해서는 미래의 유망분야를 잘 선택하는 것이 중요하다. 누구나 다 아는 얘기지만, 현재에 안주하고 미래의 유망분야를 소홀히 했다가 쇠퇴의 길을 걸은 기업으로 코닥의 예를 들 수 있다.

지식정보화 시대에 핵심적인 유망분야인 디지털 기술 분야의 발전은 누구나 예견할 수 있었다. 하지만 코닥은 산업사회에서 거둔 성공에 안주해 아날로그 카메라용 필름에 집착하고 디지털 카메라의 출현을 과소평가하다가 쇠퇴의 길을 걷게 됐다. 반면에 디지털 시대의 도래를 예견하고 생존에 별 문제가 없었는데도 불구하고 고무, 목재 등의 기존 분야를 과감하게 정리하고 디지털 산업에 뛰어든 노키아는 세계적인 유망기업으로 변신했다.

이런 미래에 대한 통찰은 비단 기업에만 필요한 것이 아니라 개인에게도 반드시 필요하다. 새로운 사업을 벌이려는 기업이 성공할 수 있는지는 미래에 대한 통찰력이 있는가에 의해 크게 좌우된다. 이와 비슷하게 개인도 미래에 대한 통찰력이 없다면 자신의 미래가 걸린 기업의 미래를 판별할 수 없다.

자신이 일하고자 하는 후보 기업의 미래를 판별하기 위해서는 우선 그 기업이 갖고 있는 미래에 대한 비전을 살펴볼 필요가 있다. 이때 가장 손쉬운 방법은 그 기업이 추진하고자 하는 분야가 미래에 유망한 분야인가를 점검해보는 것이다.

그런데 분야도 중요하지만, 더욱 중요한 것은 기업의 핵심 역량이다. 설사 미래에 유망한 분야를 정하고 그 분야로의 진출을 꾀하는 기업이라 하더라도 핵심 역량과 맞지 않아 그 분야를 감당할 수 없다면 경쟁에서 탈락할 가능성이 많기 때문이다. 반면에 미래에 유망한 분야가 아니더라도 그 분야에서 핵심 역량을 통해 자사를 차별화할 수 있고, 그에 따라 수익성을 창출할 수 있는 기업이 있다면 그 기업은 얼마든지 발전할 가능성이 있다.

예를 들어 섬유 및 염색 분야를 사업으로 하고 있는데 세계적인 판매망을 갖고 있는 기업이라면 섬유 및 염색 분야는 중국을 비롯해 그 분야에서 경쟁력이 있는 국가로 아웃소싱 하고 본사에서는 최종 마무리와 디자인의 차별화에 전념할 수 있다. 이런 노력을 기울이는 기업이 있다면, 섬유 및 염색 분야가 미래의 유망분야가 아니라고 해서 그 기업을 외면할 이유가 없다.

기업의 미래를 판별하는 데 사용할 수 있는 기준으로는 방금 말한 기업의 사업분야와 핵심 역량 외에도 몇 가지 있다. 그 가운데 하나는 기업의 문화다. 산업사회에서 성공을 거둔 기업이 그러한 성공의 요인이었던 안정만을 계속 추구하면서 변화를 거부하고 있다면, 그 기업은 지금 아무리 잘 나가고 있더라도 미래는 밝지 않다고 판정할 수 있다.

한 걸음 더 나아가 감성사회나 지식정보화사회의 트렌드에 맞게 기업이 경영되고 있느냐 하는 것도 중요한 판별의 기준이 될 수 있다. 예를 들어 '인재 중심의 경영을 하고 있는가', '핵심 역량에 집중하고 효율적인 아웃소싱 전략을 구사하고 있는가' 하는 점도 세심하게 살펴볼 필요가 있다. 더 나아가 '채용의 기준이 창의력을 중시하는가' 하는 점도 정말로 그 기업이 미래의 유망기업이 되기 위한 패러다임의 변경을 실천하고 있는가를 판별하는 기준이 될 수 있다. 겉으로는 인재 중심의 경영을 하고 창의력이 있는 인재를 중시한다고 표방하면서 채용을 위한 면접에서는 구태의연하게 전공지식을 주로 묻는다면, 그 기업은 미래의 유망기업이 아니라고 봐도 좋다.

하지만 무엇보다 중요한 일은 취업하고자 하는 기업에 자신이 어떻게 기여할 수 있는가와 그 기업이 자신이 추구하는 방향에 맞느냐를 살펴보는 것이다. 다시 말해 기업 자체가 객관적으로 볼 때 미래의 유망기업이냐 아니냐 하는 것도 중요하지만, 이보다 더 중요한 것은 그 기업이 나에게 미래의 유망기업이냐 아니냐 하는 것이다. 즉 내가 미래에 이루고자 하는 인생의 목표를 달성하는 데 적합한 기업인가 아닌가를 판단하는 게 더욱 중요하다는 얘기다.

'나 주식회사'의 CEO가 되자

논의의 전개를 위해 우선 '나 주식회사(Me, Inc.)'라는 새로운 개념을 설명하는 게 순서일 것으로 생각된다. 사실 이미 앞에서 설명 없이 여러 차례 언급한 '나 주식회사'는 이제까지 내가 장황하게 설명한 새로운 시대의 패러다임을 가장 함축적으로 표현해주는 용어라고 할 수 있다. 따라서 '나 주식회사'를 설명하기 위해서는 앞에서 논의한 여러 가지 개념들을 다시 한 번 정리해볼 필요가 있다.

산업사회에서 지식사회를 거쳐 감성사회가 되면서 기업에서 소비자 즉 고객에게로 힘의 균형점이 점차 옮겨가게 됐다. 따라서 기업은 고객의 요구에 맞추는 노력을 기울여야만 살아남을 수 있게 됐고, 이에 따라 '변화와 혁신'이 경영의 핵심 화두로 떠오르게 됐다.

최근에는 기업만이 아니라 정부를 비롯해 우리 사회의 모든 조직이 '변화와 혁신'을 모토로 내걸고 있다. 그런데 '변화와 혁신'을 왜 해야 하느냐 하는 그 근본적인 취지를 잊어버려서는 '변화와 혁신'에 성공하기 어렵고 오히려 여러 가지 문제에 부닥치게 된다. 그 근본적인 취지는 '고객의 요구에 맞추기 위해서'다.

그런데 고객의 층이 다양하고, 고객의 요구가 변한다는 점이 '변화와 혁신'을 어렵게 만든다. 때로는 고객들 스스로도 자신의 요구가 무엇인지를 모르는 경우도 있다. 이럴 때에는 기업이 그 숨은 고객의 요구를 찾아내야만 한다. 또한 '고객의 비위를 맞춰야' 하는 기업의 입장에서는 다양한 고객층을 분석해 그 가운데서 자사의 주된 고객층, 즉 차별화된 고객층을 찾아내야 한다.

그런 다음에 그 차별화된 고객층을 위해 어떤 차별화된 가치를 제공할 것인지를 결정해야 한다. 그런데 여기서 문제는 차별화된 고객층에게 제공할 수 있는 차별화된 가치와 그 가치를 제공하기 위한 서비스의 방식을 찾아냈다고 하더라도, 고객층의 요구가 시간이 흐르면서 바뀌기 때문에 끊임없이 그러한 고객층의 변화를 쫓아가면서 서비스의 내용을 바꾸어나가야 한다는 데 있다.

미래 유망기업은 한마디로 고객의 요구에 따라 끊임없이 '변화와 혁신'을 하는 기업이다. 그러자면 경영방식, 제조공정, 조직, 인원 등을 끊임없이 변화시키지 않을 수 없다. 과거의 산업사회는 기업 중심, 제조 중심의 사회였기 때문에 일단 어떤 설비를 갖추면 그 설비를 계속 가동할 수 있었다. 또한 일단 어떤 제품을 생산하기 시작한 뒤에는 새로운 공정이 개발될 경우에 제조공정을 개선하거나 확장하기는 하지만, 그 제품의 제조공정 자체를 없앤다는 생각은 거의 하지 않았다. 따라서 산업사회에서는 제조공정과 관련된 조직과 인력을 변화시킬 필요도 없었다.

하지만 앞으로 기업은 고객의 요구가 변화함에 따라 수시로 재빠르게 스스로 변화해야만 살아남을 수 있으며, 이런 변화에 능한 기업이 곧 미래의 유망기업이다. 이제 기업은 변화하는 고객의 요구에 맞지 않는 직원은 내보낼 수밖에 없게 됐다. 그래서 내가 앞에서 "이제 기업이 개인을 보호해줄 수 있는 시대는 지났다"고 말한 것이다.

이런 시대적 변화 속에서 기업이 살아남기 위해서는 고용의 탄력성을 유지할 수밖에 없고, 그 결과로 고용의 불안정성은 증대될 수밖에 없다. 기업은 사업의 내용을 변화시켜야 할 필요성에 대비하기 위해 고정적인 인력은 최대한 줄일 수밖에 없고, 또 실제로 사업의 내용을 변화시켜야 할 상황이 되면 새로운 사업에 맞지 않는 인력은 내보내고 대신 새로운 사업에 맞는 인력을 재빨리 확보해야 한다. 따라서 기업이 살아남기 위해서는 비정규직이 증가할 수밖에 없고, 고용의 불안정성이 높아질 수밖에 없다.

현재 한국은 비정규직 문제로 시끌시끌하다. 나는 비정규직 문제에 대한 이해가 전반적으로 부족한 탓에 비정규직 문제에 대한 우리 사회의 논의가 쓸데없이 번잡해졌다고 생각한다. 비정규직 문제를 단순히 고용탄력성의 차원에서 접근하는 기업에도 문제가 있지만, 무조건 기업의 보호를 받아야겠다는 근로자의 태도에도 문제가 있다.

비정규직의 증가는 미래사회의 필연적인 추세다. 경영학의 대가라는 피터 드러커는 앞으로 20~25년 안에 아마도 어느 조직에서든 그곳에서 근무하는 사람들 가운데 절반가량은 그 조직에 고용돼 있는 상태가 아니게 될 것이라고 예언하고 있다. 정규직보다는 프리랜스, 파견근무, 비정규직 등이 점점 더 많아질 것이라는 예언인 셈이다.

여기까지 읽은 독자들 가운데는 내가 너무 기업의 편에 서서 약자인 근로자나 취업지망생들에게 일방적인 희생을 요구하는 게 아니냐는 생각을 하는 경우도 있을 것이다. 충분히 이해한다. 하지만 상황을 정확하게 파악하는 것과 온정적인 태도를 갖는 것은 냉정하게 구별할 필요가 있다. 온정에 이끌려 상황을 왜곡하면 결국은 더 큰 피해를 낳게 된다.

생각해 보라. 기업에 취업해 있는 사람들이 계속 월급을 받고 고용을 보장받기 위해서는 기업이 생존해야 하지 않겠는가? 기업이 생존할 수 없는 시스템을 근로자들이 고집한다면 결국은 기업도 망하고, 기업에서 일하는 근로자들도 망하게 된다. 따라서 시대적 트렌드를 거부하려고만 할 것이 아니라 먼저 시대적 트렌드를 정확하게 파악하고, 그것에 토대를 두고 냉정하게 대책을 강구하는 것이 바람직하다. 이런 나의 논리를 아직도 받아들이기 어려운 독자를 위해 약간은 극단적인 다음과 같은 예를 제시하니 참고하기 바란다.

영국은 18세기에 산업혁명의 근원지였고, 따라서 19세기 중반까지만 해도 자동차 산업이 가장 발전한 나라였다. 그런데 마차를 생산하는 기존의 산업에 종사하던 사람들을 보호하기 위해 1865년에 영국에서 '빨간 깃발 법(Red Flag Act)'이 제정됐고, 이 법이 영국 자동차산업의 성장을 가로막았다. 이 법에 의하면 증기자동차를 움직이려면 적어도 세 사람이 필요했다. 한 사람은 운전을 하고, 또 한 사람은 보일러에 석탄과 물을 집어넣고, 나머지 한 사람은 자동차 앞에서 빨간 깃발을 들고 뛰거나 말을 타고 달려 사람들이 비켜가게 해야 했다.

당시만 해도 자동차산업에 종사하는 사람들보다는 마차산업에 종사하는 사람들이 훨씬 더 많았다. 빨간 깃발 법은 마차산업에 종사하는 사람들을 보호하기 위한 것이었다. 즉 자동차가 빨리 달릴 수 없게 해서 사람들이 자동차를 타기보다 마차를 타게 만드는 것이었다. 물론 이 법은 효력을 발휘해, 마차산업이 망하지 않고 존속하는 데 도움이 됐다. 하지만 자동차산업의 발전을 가로막는 이 법이 31년간이나 유지된 탓에 영국의 자동차산업은 뒤처질 수밖에 없었다. 영국에서 자동차를 개발했던 사람들이 유럽의 다른 나라들로 가서 그곳의 자동차산업을 발전시키는 동안에 영국은 자동차산업에서 완전히 뒤처지고 말았다.

지금의 상황을 이 예화로 설명하려는 것은 지나친 과장이 아니냐고 묻는다면 나로서는 할 말이 없다. 하지만 트렌드를 거스르고 단기적인 이익이나 챙기다 보면 기업도 죽고 근로자도 죽는다는 정도의 교훈은 위 예화에서 얻을 수 있으리라고 생각한다.

그렇다면 이제 다시 원래의 주제로 돌아가서 '미래 유망기업에 취업하기 위해서는 어떻게 해야 하는가?'라는 문제에 대한 답을 찾아보자. 우선 결론만 간단히 얘기하자면, '나 주식회사'의 CEO가 돼야 한다. 그렇다면 나 주식회사란 무엇인가? 나 주식회사는 한마디로 '자신을 차별화한 개인 브랜드'를 가리키는 개념이다.

기업은 차별화된 고객을 만족시킬 수 있는 '차별화된 1등 능력'을 갖추어야 한다. 그런데 기업의 차별화된 1등 능력은 차별화된 1등 능력을 갖추고 그 기업에서 일하는 직원들이 만들어내는 것이다. 이와 같이 차별화된 1등 능력을 갖추고 기업에 기여하되 기업에 일방적으로 의존하지는 않는 개인이 바로 '나 주식회사'다.

다시 말해 나 주식회사는 자신만의 차별화된 1등 능력을 기업에 제공하는 사람이다. 나 주식회사인 개인은 자신이 일하는 기업에 종속되지 않고, 그 기업과의 평등한 계약관계를 지향한다. 그 관계는 고용의 형태가 될 수도 있고, 아웃소싱의 형태가 될 수도 있다. 나 주식회사인 개인은 자신의 차별화된 1등 능력을 필요로 하는 기업을 찾아 그 기업과 관계를 맺고 네트워크 방식으로 일을 하고, 그 기업이 더 이상 자신을 필요로 하지 않으면 언제든지 자신을 필요로 하는 다른 기업을 찾아 떠난다.

'나 주식회사'는 요즘 유행하고 있는 '1인 기업'과 유사한 개념이다. 그러나 나는 1인 기업보다 나 주식회사라는 용어를 더 좋아한다. 1인 기업은 단순히 혼자서 또는 소수의 인원이 모여 나름의 '핵심 역량(차별화된 1등 능력)'을 발휘하며 일하는 '사업의 형태'를 강조하는 개념인 데 비해 나 주식회사는 '차별화된 1등 능력'을 제공하는 '주체'를 강조하는 개념이기 때문이다.

나 주식회사는 1인 기업의 형태로 사업을 할 수도 있고, 기업에 고용되어 일을 할 수도 있다. 기업에 고용되는 경우에도 기업과 종속적인 관계가 아닌 수평적이고 대등한 관계를 갖는 사람은 나 주식회사가 될 수 있다. 이런 나 주식회사는 미래 유망기업이 요구하는 조건, 즉 고용의 유연성과 차별화된 1등 능력을 충족시키는 인재다.

　나 주식회사의 CEO가 되기 위해서는 자신만의 차별화된 1등 능력을 갖출 수 있도록 끊임없이 자기계발을 해야 한다. 이런 노력이 있어야만 개인이 산업사회에서와 같은 불공평한 계약관계에 얽매인 피고용자 신분에서 벗어나 당당히 나 주식회사의 CEO로 스스로를 격상시킬 수 있다.

미래 유망기업은 지방대학을 차별하지 않는다

"미래 유망기업은 지방대학을 차별하지 않는다고?" 지방대학의 학생들과 교수님들이 항의하는 목소리가 귀에 쟁쟁하게 들리는 것 같다. 사실 이 문제는 내가 지방대학에서는 물론이고 이른바 일류 대학이라는 곳에서도 강연을 할 때 빠뜨리지 않는 주제다. 하지만 지방대학의 피해의식을 바꾸기란 참으로 힘들다는 생각을 갈수록 많이 하게 된다.

　내가 보기에는 분명히 길이 있어 그 길을 제시해도 그 길이 아닌 기존의 다른 길만 바라보며 불평을 늘어놓는 지방대학의 학생들과 교수님들을 보면 저절로 한숨이 나올 때가 많다. 물론 내가 그들의 심정을 이해하지 못하는 것은 아니다.

　취업하기를 원하는 대기업에서는 원서를 넣을 기회조차 박탈당하고, 대부분의 기업들이 토플 성적을 비롯해 지방대학 학생에게 불리한 조건을 요구하니 분통이 터지는 것도 어쩌면 당연하다. 내가 강연을 하다가 수강자들로부터 "당신이야 일류 대학을 나와 유학까지 갔다 왔으니 한가하게 그런 얘기를 할 수 있지. 내 처지가 돼봐, 그런 한가한 얘기를 할 수 있는가"라고 속으로 말하고 있다는 느낌을 받게 되어 가슴 한 구석이 갑갑해져 오는 때가 많다.

어쩌면 이 책의 모든 내용이 바로 이 문제에 대한 논의라고 해도 무방하다. 지방대학 학생들의 취업이라는 문제를 중심으로 앞의 논의를 다시 정리해보자.

지방대학 학생들을 포함해 모든 대학 졸업생들이 요즘 취업하기를 원하는 안정된 직업인 의사, 교사나 교수, 공무원은 사실은 흔히 생각하듯이 우리의 미래를 보장해주지 못한다. 대기업들은 이미 산업사회 기업에서 미래사회 기업으로 변신하면서 미래 유망기업에 맞는 인재를 뽑기 위해 입사전형 방식을 바꾸는 등의 노력을 기울이고 있다. 그런데 바뀐 입사전형 방식의 대부분은 지방대학 학생이라고 해서 불리할 게 전혀 없다. 그 내용이 차별화된 1등 인재를 뽑기 위한 것이기 때문이다.

물론 아직은 산업사회의 기준에 맞는 인재를 뽑으려는 기업이 적지 않고, 우리 교육의 방향 자체가 그런 기준에 맞는 인재를 길러내는 쪽이기 때문에 그와 같은 입사전형 방식의 변화 자체가 꼭 지금 당장 지방대학 학생에게 유리하기만 한 것은 아니다.

다만 지방대학에서 그런 변화의 조짐을 파악하고, 소위 일류 대학에서 길러내는 인재와 다른 차별화된 1등 인재를 길러내는 노력을 기울인다면 지방대학 학생들이 군이 일류 대학 학생들과 산업사회의 기준에 따라 경쟁할 필요 없이 취업과 인생에서 성공하는 길로 나아갈 기회를 얼마든지 잡을 수 있게 된다는 사실이 중요하다.

기업에서 이미 차별화된 1등 인재를 뽑으려는 노력을 기울이고 있는 가운데 대학에서도 나름대로 그런 기업의 요구에 맞는 인재를 길러내려는 노력을 시작하고 있는 것이 사실이다. 요즘 공대에서 시행하고 있는 '공학교육 혁신운동'이나 '공학교육 인증제도'와 같은 것은 새로운 미래 유망기업에 맞는 차별화된 1등 인재를 길러내려는 노력의 일환이라고 생각된다. 하지만 '왜 그런 노력을 해야 하는지'에 대한 근본적인 이해가 없이 그저 분위기에 휩쓸려 그런 제도를 시행하다 보니 또 다른 형태의 산업사회적인 인재를 길러내는 모순된 결과가 초래되고 있다는 점이 안타까울 뿐이다.

한 가지 단적인 예를 들어보자. 미래사회 기업에서 원하는 인재가 차별화된 1등 인재라면 학생마다 차별화된 1등 인재가 되기 위한 나름의 목표를 스스로 설정하고, 대학은 각 학생이 그러한 목표를 설정하고 달성하도록 도와주어야 하며, 이렇게 되도록 하기 위한 제도적 뒷받침이 있어야 한다. 그런데 현재 각 대학에서 제시하는 인재양성 목표를 보면 '글로벌 인재'니 '전공과 교양을 두루 갖춘 인재'니 하는 식으로 막연하고, 게다가 어느 대학이나 거의 유사한 인재상을 제시하고 있다.

다시 강조하지만, 지방대학 학생들이 성공할 수 있는 길은 차별화에 있다. 그리고 차별화를 위해서는 내가 이 책에서 제시한 대로 각 학생은 자신의 개인적인 강점을 찾아내야 하고, 각 대학은 대학 나름대로 학생들 각자의 강점을 살릴 수 있는 방안을 마련해 실시해야 한다.

학생들의 학업성적이 낮다고 한숨만 쉬고 있을 게 아니라 그들이 가지고 있는 강점이 무엇이고, 그것을 살리기 위해서는 어떻게 해야 하는가를 탐색하다 보면 길은 분명히 보일 것이다. 예를 들어 기독교재단에서 운영하는 대학이라면 청렴함이라는 강점을 살려서 요즘 화두가 되고 있는 '도덕경영'이나 '투명경영'에 맞는 인재를 길러낸다는 점을 강조할 수 있다. 외국어에 강점이 있는 대학이라면 영어 외에 중국어나 베트남어 등 요즘 기업에서 진출하기를 원하는 국가의 언어를 자유롭게 구사할 수 있는 졸업생을 배출하는 것을 목표로 삼아도 되지 않을까?

얼마 전에 어느 교수가 자신이 재직하고 있는 대학에서는 학생들의 취업에 대해 전혀 걱정을 하지 않는다고 내게 말했다. 그래서 비결을 물었더니 그 교수가 자신은 광고계통 학과에서 가르치고 있는데 그 학교의 광고학과 교수진은 대부분 광고업계에서 근무한 경력을 갖고 있는 사람들로 구성돼 있다는 것이었다.

교수진을 그렇게 구성한 이유는 학생들에게 광고이론은 조금만 가르치고, 대부분의 수업은 실제 광고기획안을 만드는 과정으로 실시하기 위해서라고 했다. 교수들의 입장에서는 광고기획 프로젝트를 진행하면서 연구비를 조달할 수 있고, 프로젝트를 맡긴 기업의 입장에서는 젊은이들의 기발하고 창의적인 아이디어를 제공받을 수 있으니 두루 반응이 좋을 수밖에 없다는 것이었다. 특히 학생들의 입장에서는 실제 프로젝트를 진행하면서 실무경험을 쌓을 수 있다는 점이 중요했다. 그렇게 교육받은 학생이라면 기업에서 바로 활용할 수 있다고 해서 그 학교의 광고학과 졸업생들은 '입도선매'될 정도로 인기가 높다는 것이었다.

광고학과이니 그렇게 하는 게 가능하지 않느냐고 불만을 토로하는 분도 있을 것이다. 하지만 잘 살펴보면 어느 학교, 어느 학과든 길은 얼마든지 찾을 수 있다.

지방대학은 아니지만 숙명여대의 경우에는 여자대학이라는 선입견 때문에 졸업생들의 취업에서 상당히 불리한 점이 많았다. 하지만 여성의 강점인 부드러움이라는 특성을 살려서 여성 하면 떠오르는 '약한 리더십'이라는 이미지를 고치기 위해 '부드러운 리더십'을 차별화된 1등 능력의 목표로 설정하고 그에 맞는 리더십 교육, 멘토링 프로그램 등을 실시한 뒤로는 졸업생들의 취업률이 크게 높아졌다고 한다.

미래 유망기업은 여성을 우대한다

강연을 하기 위해 대학에 갈 때 교수들과 만나 얘기를 나누다 보면 자연스럽게 학생들의 취업 문제를 거론하게 된다. 내가 주로 강연을 하거나 만나는 대상은 공대 학생이나 공대 교수다. 그러다 보니 지금부터 내가 얘기하는 취업과 관련된 상황이 공대의 경우에만 한정된 특수한 것일 수도 있겠지만 일반적인 성격도 갖고 있으니 일단 일반화해 얘기하기로 하겠다.

지방대학은 모두 다 학생들의 취업에 대해 걱정하지만, 지방대학이 보여주는 또 하나의 공통점은 학생들의 취업률이 부진한 이유 중 하나로 여학생 탓을 한다는 것이다. 요즘은 취업률이 학교와 학과를 판단하는 데 가장 중요한 지표가 되다 보니 학교와 학과에서 취업률에 신경을 많이 쓰게 되는데, 여학생의 비중이 높아지면서 취업률이 떨어져서 고민이라고 한다.

실제로 웬만한 대학의 경우에는 취업시즌이 지나면 남학생은 거의 취직이 된다고 한다. 그래서 그때 추가로 취업지망생 추천 의뢰가 들어오는 경우에 "우수한 여학생이 있는데 어떠세요?"라고 말하면 대개는 아주 입장이 곤란한 듯한 어투로 "남학생은 없느냐?"고 묻다가 "없다"고 하면 전화를 끊어버리고 만다는 것이다.

나는 미래 유망기업에서는 여성의 역할이 커질 것이고, 여성을 받아들이지 않는 기업은 미래 유망기업이 아니라고 장담한다. 왜냐하면 이제까지의 산업사회에서는 남성의 특성인 힘, 논리 등이 주로 필요했다면, 미래의 감성사회에서는 여성의 특성인 소통, 감성, 네트워크 등이 중요해질 것이기 때문이다. 더구나 지금도 그렇지만 앞으로는 더욱더 남성보다는 여성이 시장에서 구매의 주도권을 행사할 것이다. 그렇다면 구매의 주도권을 행사할 여성을 이해하는 것이 기업의 운명을 좌우하게 될 것이고, 따라서 기업의 사업운영에 여성이 직접 참여하는 것은 필수적인 일이 될 것이다.

"그럼 왜 아직도 기업에서는 여학생을 기피하느냐?"는 반문이 나올 수 있다. 그 이유를 외부적인 요인과 내부적인 요인으로 나누어 설명해볼까 한다.

외부적 요인으로는 첫째로 우리 사회에는 아직도 미래 유망기업보다는 산업사회 기업이 많다는 사실을 꼽을 수 있다. 기업들이 미래사회에 적응하기 위해 변신을 하고는 있지만 미래사회 기업으로 완전히 변신한 기업은 그리 많지 않다. 주위에 있는 기업들을 살펴보라. 학생들이 대학졸업 이후에 취업하기를 원하는 대기업들도 대부분은 아직 산업사회 기업이다. 산업사회 기업이 산업사회의 기준에 더 잘 맞는 남학생을 선호하는 것은 당연한 일이 아니겠는가?

두 번째 외부적 요인은 비슷한 얘기일지 모르지만 현재 우리 사회와 기업의 문화가 산업사회에 맞게 형성돼 있다는 점이다. 우리 사회에서 의사결정권을 쥐고 있는 40~50대는 대부분 산업사회에서 성공한 사람들이다. 그들이 산업사회의 기준에 따라 남성을 선호하는 것은 어쩌면 당연한 일이다. 더구나 그들은 대부분 남성이다. 그들은 자신들과 사고방식과 태도가 비슷한 남성 취업지망생을 선호한다.

이런 외부적 요인들이 여성의 입장에서는 우리 사회가 여성을 불평등하게 대한다는 인식을 갖게 하는 것이다. 그래서 여성들이 울분을 토한다. 하지만 내가 생각하기에 이런 외부적 요인들은 시간이 흐르면서 점차 해소되겠지만 지금 당장은 울분을 토한다고 해서 하루아침에 해소될 문제가 아니다.

여성 취업자의 입장에서는 그보다는 내부적 요인들을 개선하기 위해 노력해야 한다. 우리의 기업이 여성을 기피하는 내부적 요인들을 알기 위해서는 먼저 산업사회 기업이 여성을 기피하는 이유를 살펴볼 필요가 있다. 위에서 지적했듯이 산업사회 기업은 힘과 논리 등 남성의 특성을 필요로 하지만,

이 밖에도 여성을 기피하는 다른 내부적 이유들도 분명히 있다.

첫 번째 내부적 요인은 여성을 채용하면 근무의 연속성이 저해될 염려가 있다고 기업에서 생각한다는 점이다. 기업에 근무하는 사람은 자신이 일을 하고 그 대가로 급여를 받는다고 여기기 때문에 내가 일을 그만두고 싶으면 언제든 그만두면 된다고 생각하지만, 기업의 입장에서 보면 사원의 급여에는 일에 대한 대가와 더불어 훈련비도 포함돼 있다. 기업이 사원의 근속기간이 길어질수록 급여를 올려주는 이유는 그만큼 숙련도가 높아져 사원이 일을 효율적으로 할 것이라고 판단하기 때문이다.

그런데 그동안 여성들은 숙련도가 어느 정도 높아지면 결혼을 한다는 이유로 회사를 그만두는 경우가 많았는데, 그럴 때마다 기업의 입장에서는 큰 손실을 보게 되는 것이다. 숙련된 인력이 퇴사하면 기업에서는 인력을 새로 채용해 처음부터 다시 훈련을 시켜야 하기 때문에 그만큼 비용을 더 치러야 한다. 또 여성이 결혼을 한 뒤에는 비록 회사를 그만두지 않는다고 하더라도 한국사회의 특성상 여성의 관심이 회사와 가정으로 이분될 수밖에 없고, 그러다 보면 업무효율이 현저하게 떨어질 수 있다. 이런 상황을 좋아할 기업이 어디에 있겠는가?

두 번째 내부적인 요인으로는 감성적이고 수평적인 여성의 특성이 오히려 업무효율을 저해한다고 생각하는 기업인이 많다는 점을 들 수 있다. 얼마 전에 알고 지내는 사장님과 대화를 나누던 중에 여성취업 문제에 관한 얘기가 나오자 그 사장님이 갑자기 머리를 절레절레 흔들면서 다시는 여성직원을 뽑지 않겠다는 것이었다. 왜 그러냐고 물었더니, 얼마 전에 채용한 여성직원이 작성해 결재해달라고 올린 기안서를 봤는데 마음에 들지 않아서 야단을 쳤더니 그 여성직원이 그냥 그 자리에서 울음을 터뜨리는 바람에 아주 난처했다는 것이었다. 이제까지 남성직원은 한 번도 그런 적이 없었는데 여성직원에게 그런 일을 한번 겪고 나니 그 다음부터는 함부로 야단치지도 못하겠고 해서 영 불편하다는 것이었다.

물론 이는 사소한 경우일 수도 있고, 그 보수적인 사장님의 개인적인 성향에 문제가 있다고 볼 수도 있다. 또 부하직원이 한 일이 마음에 들지 않으면 무조건 야단부터 치고 보려는 전근대적인 경영마인드는 하루빨리 고쳐야 할 것인 게 틀림없다. 하지만 여성들의 입장에서도 회사업무와 개인적인 관계를 분명하게 구분해야지, 회사업무 때문에 상관이 야단치는 것을 개인적인 모독으로 받아들이는 자세는 바람직하지 않다고 생각된다.

여성취업 문제를 깊이 있게 다루자면 글이 너무 길어질 것이니 이쯤에서 간략하게 이 문제에 대한 결론을 내리고자 한다. 우선 앞으로 미래 유망기업은 여성을 선호하게 될 것이다. 하지만 여성이 선호되고 중시되는 감성사회가 된다고 해서 반드시 여성의 성공이 보장되는 것은 아니라는 사실을 여성들은 명심할 필요가 있다. 정확하게 말하면 감성사회가 선호하고 중시하는 것은 여성성이지 여성 자체가 아니기 때문이다. 다시 말해 남성이라도 감성, 소통, 네트워크로 대표되는 여성성을 갖추고 있다면 여성과 마찬가지로 감성사회에 보다 잘 적응할 수 있을 것이다.

실제로 요즘 젊은이들을 보면 남성이 여성화돼 가고 있음을 알 수 있다. 이런 현상을 보면서 혀를 차는 사람들도 있지만, 남성의 여성화에는 긍정적으로 볼 만한 측면이 많다. 아니, 남성의 강점과 여성의 강점을 고루 갖춘 양성성이 감성사회에 적합할 수 있다고 얘기하는 것이 더 정확할지도 모르겠다. 남성보다 여성이 여성성을 갖출 확률이 높은 것은 사실이지만, 그렇다고 여성이라고 해서 반드시 다 여성성을 갖추고 있는 것은 아니다. 또한 적어도 감성사회로 넘어가는 과도기에는 여성성과 남성성을 동시에 갖춘 여성이나 남성에 비해 여성성만을 갖춘 여성은 불리할 수 있다.

어쨌든 사회적으로는 앞으로 일하는 여성에게 점점 더 유리한 환경이 조성될 것이다. 이제 여성이 사회적 활동을 해야 한다는 데는 어느 정도 공감대가 형성돼 있다. 물론 아직도 출산은 물론이고 가사와 양육의 부담이 여성에게 일방적으로 부과되고 있는 것이 사실이지만, 이 부분은 어차피 우리 사회가 공동으로 노력해 개선해야 할 부분이고, 또 반드시 개선될 것이라고 생각한다.

여성의 입장에서는 일하는 여성을 위한 여건이 아직 제대로 갖춰지지 않은 사회를 원망하기만 하면서 주저앉아 있어서는 안 된다. 현재의 여건을 개선하려는 장기적인 노력도 필요하지만, 그와 더불어 여성들 스스로 기업이 원하는 인재의 조건에 맞추려는 노력도 병행해야 한다.

여성에게 불리한 취업여건을 탓하면서 좌절하고 불평만 할 게 아니라 기업에서 우려하는 여성의 단점을 스스로 극복하려고 노력할 필요가 있다. 근무의 연속성과 공사의 분명한 구분 등에서 자신은 기업 쪽에서 걱정할 필요가 없는 인재임을 강조하는 전략을 구사한다면 여성이라고 해서 취업전선에서 불리한 위치에 처할 일은 없을 것이라고 나는 확신한다.

물론 그 길이 쉽지만은 않을 것이다. 채용의 결정권을 쥐고 있는 기성세대의 선입관을 바꾸는 것이 그렇게 쉬운 일이겠는가? 하지만 여성의 입장에서 그렇게 해보려는 적극성을 보여준다면 그런 태도가 오히려 돋보이는 장점이 될 수도 있지 않을까.

6장

취업 이외의 길을 찾는
사람들에게

대학을 졸업하고 사회에 진출하는 방법은 취업 말고도 여러 가지로 많이 있을 수 있다. 대부분의 경우에는 취업을 하지만 대학원에 진학해서 공부를 더 할 수도 있고, 남자의 경우에는 군대에 갈 수도 있으며, 아예 처음부터 창업을 할 수도 있다. 물론 대학원에 진학하거나 군대에 가는 것은 취업이나 창업을 유보하는 것일 뿐이고, 그 자체가 취업의 대안이 되는 것은 아니라고 볼 수 있다. 대학원 과정을 마치거나 군대에서 제대하게 되면 또 다시 취업이냐 창업이냐를 선택해야 하고, 대부분의 경우에는 취업을 선택하게 된다.

요즘에는 역시 취업의 대안은 아니지만, 학교를 졸업하기 전에 해외에서 어학연수 등을 하기 위해 휴학을 하느냐 마느냐가 또 하나의 선택지가 됐다. 내가 대학을 다닐 때만 해도 휴학은 중병이 들어서 도저히 공부를 할 수 없는 처지가 됐거나, 등록금 낼 돈이 없어서 휴학을 하고 돈을 벌어야 하는 입장이거나, 군대를 가게 되는 경우 외에는 휴학을 하는 학생이 별로 없었다. 오히려 뚜렷한 이유 없이 또래에 비해 뒤처져 늦게 졸업하게 되면 주위에서 이상한 눈으로 쳐다보곤 해서 휴학은 예외적인 일이었다. 하지만 지금은 휴학도 쉽게 선택할 수 있는 대안의 하나로 여겨지는 추세다.

위에서 말한 것과 같은 절박한 이유가 없더라도 어학연수를 위해서, 견문을 넓히려고 배낭여행을 가기 위해서, 편입학을 준비하기 위해서, 그냥 공부하기가 싫어서, 심지어는 취업에 자신이 없으니 시간을 좀 벌기 위해서 등 다양한 이유로 휴학을 한다. 물론 여기서 휴학에 대해 얘기를 하고자 하는 것은 아니다. 다만 휴학도 자신의 길을 찾는 과정에서 하나의 방법으로 떠오르고 있다는 점을 지적해두고 싶은 것뿐이다.

그 밖에도 대학졸업 후 기업에 취업하는 것 외에 선택할 수 있는 다른 길이 많이 있을 수 있다. 여기서는 내가 대학에 가서 강연을 하다 보면 듣게 되는 여러 가지 질문들 가운데 어느 대학에서나 공통으로 나오는 질문 몇 가지를 골라 나 나름대로 대답을 해보고자 한다. 물론 그 대답은 미래사회의 관점에서 하는 대답이다. 따라서 현실적인 관점에서 예상하는 대답과는 다르거나 모순될 수도 있을 것이다. 하지만 여기서 다루는 질문들은 짧게는 2년 이후, 길게는 10년 이후의 삶과 관련된 것들이므로 나로서는 미래사회의 관점에서 대답하는 것이 독자들에게 도움이 될 것이라고 생각한다.

석박사 학위가 필수인가요?

내가 회사에서 직원채용을 위한 면접을 하거나 이미 입사한 젊은이들과 얘기를 나누다가 장래의 목표에 대해 물어보면 상당히 많이 듣게 되는 대답 가운데 하나가 앞으로 진학을 해서 석사학위나 박사학위를 따겠다는 것이다. 물론 내 회사의 경우에는 취업지망자들이 대부분 이공계 출신이기 때문에 그런 것일 수도 있다. 그러나 마음 한 구석에서는 젊은이들이 너도 나도 그런 생각을 갖고 있다는 사실이 놀랍기도 하다.

그들에게 "무엇 때문에 석사학위나 박사학위를 따려고 하느냐?"고 물으면 대부분의 경우 그저 웃기만 하거나, 뒷머리를 긁으면서 "그냥 따 두려고요"라고 대답하는 게 고작이다. 그러면서 눈빛으로는 "당신도 박사학위를 땄으면서 괜히 그런다"고 내게 따지는 것 같다.

사실 석사학위나 박사학위를 따 놓고 보자는 생각은 그들이 나름대로 추구하기로 선택한 차별화의 한 방편이라고 좋게 봐줄 수 없는 것은 아니다. 고등학교 졸업생 가운데 80퍼센트 이상이 대학에 진학해 학사학위를 받고 사회에 나오는 현실에서 학사학위만으로는 자신을 차별화하기에 부족하다고 느끼는 것이, 그리고 그렇기에 적어도 석사학위 정도는 따 둬야 자신이 남들과 다르다는 것을 보여줄 수 있겠다고 생각하는 것이 잘못일 수는 없다. 졸업장, 자격증, 성적표 등으로 남들과 경쟁해야 한다고 다들 생각하는 사회에서 자라서 바로 그 사회로 직접 첫발을 내딛는 입장이니 말이다.

그런데 석사학위나 박사학위가 정말로 자신을 차별화하는 수단이 될까? 결론부터 말하자면 대부분의 경우에는 그렇지 않다고 단정할 수 있다. 과거의 산업사회에서는 하드 스킬이 중요했고 어느 한 분야에 대한 깊이 있는 지식이 대우를 받았지만, 지금의 지식사회나 미래의 감성사회에서는 소프트 스킬이 중요하고 깊은 동시에 넓은 컨버전스가 요구되기 때문이다.

석사학위나 박사학위라는 것이 무엇인가? 그것은 어느 한 분야에 대해 깊이 있는 연구를 할 능력을 길렀다는 증표다. 그것도 하드 스킬에 대해서. 지식 자체가 힘이 됐던 산업사회에서는 깊이 있는 하드 스킬이 대우를 받았다. 하지만 '지식'보다 '지식이 만들어내는 가치'를 더 중요하게 여기는 지금의 지식사회와 앞으로의 감성사회에서는 단순히 하드 스킬을 길렀다는 증표인 석사학위나 박사학위가 큰 힘을 발휘하지 못하는 경우가 많을 것이다.

석사학위나 박사학위를 따겠다고 하는 것이 무조건 나쁘다는 말은 아니다. 학위는 그 본래의 목적인 연구라는 분야에 종사하게 될 경우에는 꼭 필요하다. 연구를 하려는 사람이 연구를 하는 방법을 몰라서야 어떻게 연구를 할 수 있겠는가? 하지만 연구 분야에 종사하려는 경우가 아니라면 구태여 석사학위나 박사학위를 따야 할 필요가 없다.

물론 경우에 따라서는 석사학위나 박사학위를 따는 것이 도움이 될 수 있다. 예를 들어 MBA(경영학 석사)의 경우에는 다양한 분야의 지식이나 경험과 접목되기 때문에 자신이 학부에서 전공한 분야의 지식과 사회에서 쌓은 경험을 경영에 연결시키는 데 활용할 목적으로 취득한다면 아주 좋은 차별화의 방편이 될 수 있다.

요즘 각광받고 있는 로스쿨(법학전문대학원)이나 메디컬스쿨(의학전문대학원)에 진학하는 것도 자신의 학부전공을 살리면서 새로운 분야에 진출하는 데 도움이 되므로 시너지 효과를 거둘 수 있는 훌륭한 방편이다. 예를 들어 학부에서 공학을 전공한 사람이 로스쿨에 진학해 법을 전공한다면 특허분쟁 분야에서 자신의 전문영역을 확보할 수 있을 것이다.

나는 명함을 새로 만들 때마다 고민하는 문제를 하나 갖고 있다. 공학박사라는 학위 명칭을 명함에 넣을 것이냐 말 것이냐 하는 문제다. '공학박사'가 찍힌 내 명함을 받아본 사람들은 대체로 '공학박사님이 대학교수를 하거나 연구소에 가야지 왜 사업을 하십니까?' 또는 '공학박사라면 사업에는 좀 서투르시겠네요'라는 뉘앙스를 풍기는 반응을 보인다. 내가 이미 30여 년을 기술자로 살아온 관록이 몸에 밴 탓이기도 하겠지만 그 명함의 영향 탓이 더 클지도 모른다.

내가 공학박사라는 학위 명칭을 아직도 명함에 넣는 이유는 내가 하고 있는 사업이 주로 기술과 관계된 분야이기 때문이다. 만약 내가 기술과 관계가 없는 일반적인 분야의 사업을 하고 있다면 공학박사라는 학위 명칭을 명함에 넣지 않는 것이 더 낫지 않을까 하는 생각도 하게 된다.

결론적으로 말해, 석사학위나 박사학위를 단순히 내 경력을 높여주는 자격증이나 경력증명서, 또는 자신의 가치를 높여주는 액세서리로 생각해서는 안 된다는 점을 다시 한 번 강조하고 싶다. 그보다는 자신의 인생목표를 생각해보고 그 목표에 반드시 석사학위나 박사학위가 필요한지를 따져보는 지혜가 필요하다.

인생목표에 따라서는 석사학위나 박사학위가 오히려 걸림돌이 될 수도 있다. 앞에서 나의 경우를 예로 들기도 했지만, 사람들은 학위에 대해 어느 정도 선입견을 갖고 있기 때문에 다양한 경력을 쌓는 데 학위가 오히려 방해 요인이 될 수도 있다.

연구소에서 일을 하려는 경우에는 학위가 강점으로 작용하겠지만, 영업 분야에서 활동하고 싶은 경우에는 '글쎄, 석사(혹은 박사)가 그 일을 잘 해낼 수 있을까?' 하는 인사권자의 선입견으로 인해 내게 올 기회가 나의 학위 때문에 다른 사람에게 갈 수도 있다. 내 주위에는 박사학위 때문에 오히려 직장을 옮겨야 했거나 승진하는 데 애로를 겪은 사람들이 의외로 많다.

해외유학은 가는 게 좋은가요?

나도 해외유학을 다녀왔지만, 솔직히 지금 돌이켜보면 그때 내가 왜 그렇게 필사적으로 해외유학을 고집했는지 잘 이해가 되지 않는다. 아마도 내 수준 정도 되면 유학 정도는 다녀와야 하지 않나 하는 막연한 생각이 나를 지배하지 않았나 하는 생각이 든다. 물론 당시 강원도 삼척의 답답한 현실에서 벗어나고자 했던 나의 개인적인 사정이 크게 작용했다. 그렇지만 그보다는 동창인 누구도 유학을 가고, 선배 누구, 후배 누구도 유학을 가는데 나만 뒤처질 수 없다는 식의 막연한 동기가 가장 크게 작용한 것이 아닌가 생각해본다.

그렇게 해서 다녀온 해외유학이 과연 내게 도움이 됐는가? 종합적으로 보면 도움이 됐다고 생각한다. 하지만 직접적으로 도움이 됐느냐고 한다면 "글쎄…"라고 말할 수밖에 없다. 넓은 세상을 보고, 가족과의 단란한 시간을 찾고, 답답했던 공장생활을 청산하고 새로운 길을 선택할 기회를 잡게 된 것은 확실히 내게 긍정적인 효과를 미쳤다.

하지만 박사학위 과정에서 배운 내용 또는 박사학위 자체가 지금 나에게 도움이 되고 있다고는 생각하지 않는다. 아, 한 가지는 있다. 박사학위를 따지 않았더라면 혹시 내가 갖게 됐을 열등감 내지 자기비하는 피할 수 있게 된 것 같다. 가보지 못한 길에 대해서는 누구나 미련을 갖게 마련이고 그 길이 화려하게 보일 수 있는데 나로서는 그럴 염려는 없게 됐다는 것이 과외소득이라고나 할까.

하지만 해외유학을 다녀오는 것이 이른바 성공으로 연결될 확률이 높은 세대는 내 또래가 거의 마지막이 아닌가 생각한다. 1980년대부터 시작된 대학정원 증가에 힘입어 대학교수 자리가 기하급수적으로 늘어나면서 그동안 유학을 다녀온 사람들이 한없이 대학으로 빨려 들어갔다. 대학교수 자리가 명예와 부를 동시에 거머쥘 수 있는 이상적인 직업이라고 생각하는 분위기가 있었던 상황이기에 더더욱 그랬다. 그런데 지금도 그런가? 1980년대 이후에 불어 닥친 조기유학 바람은 이제 더 이상 유학 자체가 차별화의 수단이 될 수도 없고, 성공의 마법열쇠가 될 수도 없게 만들어버렸다.

유학 그 자체가 나쁘다거나 의미가 없다고 말하려는 것은 결코 아니다. 다만 석사학위나 박사학위처럼 유학도 이제는 인생의 목표를 달성하기 위한 하나의 수단으로서만 가치가 있게 됐다는 말을 하고 싶은 것이다. 유학을 가야 할 것이냐 가지 말아야 할 것이냐 하는 문제는 온전히 유학을 가는 것이 내 인생의 목표를 달성하는 데 도움이 될 것이냐 그렇지 않느냐를 기준으로 해서 판단해야 한다.

유학 그 자체가 목적이 되고, 유학을 갔다 오면 탄탄대로가 보장되는 시대는 이미 지나갔다. 과거에는 정보나 지식 그 자체가 힘이었고 그 정보와 지식이 선진국에 있었기에 직접 가서 배워 가지고 와야 했다. 하지만 지금은 글로벌 시대이기 때문에 꼭 선진국에 가서 정보와 지식을 배워 가지고 와야 할 필요가 없다. 또한 유학을 가서 습득하는 지식이나 정보 그 자체가 힘이 되지는 않는다. 이는 곧 유학을 간다는 것 자체가 내게 힘이 될 수 없다는 뜻이다.

창업을 생각하는데요

대학을 졸업하자마자 바로 창업을 하는 경우도 생각해보자. 과거와 같이 자본이나 경험이 창업을 하는 데 필수조건이던 시절에는 대학을 졸업하자마자 창업을 하는 것은 아주 예외적인 경우였다. 하지만 지금은 사정이 다르다. 자본이나 경험 외에 지식도 창업에서 매우 중요한 요소가 된 지금은 대학을 갓 졸업한 젊은이라고 해서 창업을 하지 말라는 법이 없다. 또 실제로 고등학생 때부터 인터넷 쇼핑몰 사업을 벌여 당당히 부자대열에 든 사례도 많이 있다.

그렇다면 이제는 누구나 사업을 해도 된다는 말인가? 이 질문에는 "몇 가지 사항만 명심한다면 그렇다"라고 대답할 수 있다. 여기서 '몇 가지 사항'이란 첫째로 젊은이의 입장에서 차별화할 수 있고 잘할 수 있는 사업을 선택해 하라는 것이다. 가장 쉬운 예로는 인터넷을 활용하는 사업일 것이다. 기존 세대가 따라올 수 없는 인터넷 세상에서는 젊은이가 하는 사업이 경쟁력을 가질 수 있다.

또래집단을 대상으로 하는 사업을 고려해보는 것도 좋지 않을까 생각된다. 요즘은 고객이 내가 하는 사업을 좌우하는 시대다. 무조건 좋은 아이템만 갖고 사업을 벌이면 고객이 저절로 몰려오는 시대가 더 이상 아니라는 말이다. 그렇다면 젊은 세대에 속하는 자신이 가장 잘 이해할 수 있고 공감할 수 있는 또래세대를 대상으로 삼는 것이 사업을 잘 해나갈 수 있는 길이라고 할 수 있다.

다만 또래세대도 세분화해 어떤 고객층을 대상으로 할 것인지를 정하는 것이 바람직하다. 부유층 자제들을 대상으로 할 것인지, 여성들을 대상으로 할 것인지, 대학에 갓 입학한 풋내기들을 대상으로 할 것인지를 정해야 한다는 것이다. 그러고 나서 그 대상 고객집단에게 자신의 어떤 차별성을 어떻게 부각시킬 수 있을지를 따져봐야 한다.

물론 꼭 또래세대를 대상으로 해서만 사업을 해야 하는 것은 아니다. 마이크로소프트의 빌 게이츠나 구글의 래리 페이지와 세르게이 브린은 대학시절에 창업했지만 또래세대를 대상으로 하는 사업이 아닌 일반적인 내용의 사업을 시작했다. 하지만 어쨌든 대상 고객집단을 어떻게 선정하느냐가 사업의 성패에 큰 영향을 끼친다는 사실을 명심해야 한다. 그리고 그 대상 고객집단에게 자신이 어떤 가치를 제공할 수 있는지를 따져본 다음에 사업을 시작하는 게 좋다.

창업을 생각하는 젊은이들이 명심해야 할 사항으로 두 번째로 말하고 싶은 것은 창업 초기에 자본과 비용이 적게 드는 사업을 선택하라는 것이다. 망할 것이라고 생각해서 시작하는 사업은 없다. 또 일단 시작했으면 망할 것이라고 생각해서도 안 된다. 하지만 망할 것에 대비하지 않으면 안 되는 것이 또한 사업이다. 따라서 혹시 사업이 잘못 되더라도 내가 입게 될 피해가 최소화되도록 대비하는 것이 무엇보다 중요하다.

또한 사업은 계획보다 항상 느리게 진척된다. 따라서 사업을 시작하자마자 매출이 늘어나고 이익이 생겨서 비용을 충당하고도 남을 것이라고 생각해서는 안 된다. 사업을 빨리 진척시키기 위해 최선의 노력을 다해야겠지만, 혹시 사업의 진척이 늦어지는 경우에도 버틸 수 있도록 저비용 구조를 가져가는 것이 중요하다. 사무실을 크고 화려하게 꾸민다든가, 비싼 자동차를 운행한다든가 하는 것은 사업을 시작하는 단계에서 가장 크게 경계해야 할 적이다.

세 번째로 명심해야 할 사항으로, 가능하다면 자신이 사업을 하고자 하는 분야에서 먼저 경험을 쌓는 방안도 적극 고려해볼 필요가 있다는 점을 강조하고 싶다. 사업을 겉에서 보는 것과 달리 실제로 자신이 사업에 뛰어들면 그동안 자신이 생각해보지도 못했던 여러 가지 경험을 하게 된다. 먼저 자신의 사업을 시작하고 나서 그런 경험을 하기보다는 자신의 사업을 시작하기 전에 같은 분야의 다른 회사에서 그런 경험을 미리 해보는 과정을 거치는 것은 여러 가지 이점이 있다. 자신의 사업을 하면서 시행착오를 겪느라고 지출하게 될 비용을 절감할 수 있고, 다양한 네트워크도 미리 형성할 수 있다.

특히 네트워크가 중요한 사업에서는 이렇게 경험을 미리 쌓고 나서 창업을 하는 것이 좋다. 나도 내 사업을 시작할 때 전에 다니던 회사에서 쌓은 기술적, 사업적 경험뿐만이 아니라 고객이나 원료공급 업체들과 형성한 네트워크가 큰 힘이 됐다. 그러나 직장으로 다닌 회사에서 형성한 네트워크가 100퍼센트 자신의 것으로 남는다는 착각은 하지 말아야 한다. 특히 규모가 큰 회사나 공공기관의 성격이 강한 직장에 다니면서 형성한 인맥에 대해서는 그 회사나 직장을 매개로 해서만 유효한 네트워크인지, 아니면 정말로 나 자신의 네트워크인지를 명확하게 분별해야 한다.

사업을 하면 고려해야 할 것이 너무 많다. 내가 아무리 열심히 잘 하려고 해도 여건에 따라서는 잘 되지 않을 수도 있는 것이 사업이다. 예를 들어 닭고기 요리에 자신이 있어 닭고기 요리를 전문으로 하는 식당을 차렸는데 갑자기 조류독감이 유행하게 되면 손님이 급감해서 망할 수도 있다. 자신이 잘 할 수 있는 분야를 선택하고 긍정적이면서도 적극적인 마음가짐을 갖는 것도 중요하지만, 최악의 상황에 대한 철저한 대비책도 갖고 있어야 한다.

'알바'면 어때요?

요즘 김창식(53, 가명) 씨는 올해 대학을 졸업한 아들 규철(가명)이가 회사에 취업할 생각은 하지 않고 알바(아르바이트)나 하면서 용돈 정도나 버는 것을 보면 분통이 터진다. 그것도 낮 시간에 잠깐만 알바 일을 나가고 나머지 시간에는 게임을 하는지 컴퓨터에 밤새 붙어 있다가 다음날 알바 일 나갈 때 지각까지 한다. 그런 아들의 모습을 보고 있노라면 내가 왜 그 많은 돈을 들여 대학교육까지 시켰나 하는 생각이 들기도 한다. 아들에게 야단도 쳐 보고 아내와 말다툼까지 벌였지만 상황은 조금도 나아지지 않는다. 그런데 비슷한 또래의 친구를 만나서 얘기를 해 보니 부모에게 그런 고민을 안겨주는 자식이 자신의 아들만이 아니라는 사실을 알게 되어 깜짝 놀라고 만다.

사실 김창식 씨와 같은 부모세대의 입장에서 보면 규철이와 같은 자식세대의 행태가 이해되지 않는다. 자신들이 사회에 나올 때에는 어떻게 해서든 규모가 크고 월급을 많이 주는 회사에 들어가 고정적인 월급을 받으며 열심히 일하고, 월급을 모아 집도 사고 가족도 부양하는 것이 당연한 의무라고 생각했다. 자신의 처자식을 부양하는 것은 물론이고 부모를 봉양하고, 동생들의 학비를 대주고, 심지어는 동생들의 결혼비용까지 마련하는 등 온 가족의 경제문제에서 일익을 담당하는 것이 의무라고 생각했다. 부모를 비롯한 온 가족이 나를 공부시키기 위해 희생을 했으니 내가 공부를 마친 뒤에는 그 보답을 하는 게 당연하다고 생각했다.

하지만 지금은 그렇게 생각하는 젊은이가 거의 없다. 또 자식에게 그렇게 기대하는 부모도 없을 것이다. '그저 너 하나라도 스스로 건사하며 살 수 있어야 되지 않겠느냐' 하고 생각하는데 그마저도 여의치가 않다는 얘기다.

그렇다면 알바로 대표되는 종류의 일자리, 즉 급여수준이 낮고 임시직의 형태인 일자리에 머무르는 젊은이가 늘어나고 있는 현상을 어떻게 보아야 할까? 임시직에서 일하면서도 아무런 초조함도 보이지 않는 자식에 대해 부모는 어떻게 처신해야 할까? 나도 그런 부모의 입장이 된다면 고민스럽지 않을 수 없을 것 같다. 하지만 나는 이것을 시대적인 조류의 한 단면이라고 생각한다.

물론 현실적으로 보면, 부모들이 '정상적'이라고 생각하는 종류의 취업에 상응하는 전통적인 일자리의 수에 비해 너무 많은 대학 졸업생이 사회에 쏟아져 나오는 것이 위와 같은 젊은이가 늘어나는 현상의 가장 큰 이유다. 더구나 이런 조류가 궂은 일자리에 취업하기를 거부하는 요즘 젊은이들의 취향과 맞물리면서 이른바 3D 업종에서는 일할 사람이 없어 외국인 인력까지 쓰고 있지만 전반적으로는 실업자가 늘어나는 상황이 초래되고 있는 것이다.

그래서 어떤 이들은 대학의 정원을 확 줄여서 대학에 진학하지 못한 인력을 3D 업종으로 가게 하면 된다고 주장하기도 한다. 하지만 이는 근본적인 해결책이 결코 아니다. 아니, 이는 시대를 거스르는 대단히 위험한 발상이다.

이제 우리는 임시직의 시대로 나아가고 있다. 내가 이 책에서 주장한 '나 주식회사'도 임시직이다. 다만 거기에 가치를 더하고 차별화해서 지금과 같은 임시직 그 자체에 머무르지 않고 '나'를 하나의 '주식회사' 수준으로 끌어올리는 노력이 필요하다는 것이다.

사실 지금 한국의 젊은이들이 생존만을 위해 취업을 해야 하는 처지라고 한다면 임시직이 크게 늘어나는 것이 분명히 큰 문제일 수 있다. 하지만 지금 우리나라는 각자 자기가 좋아하는 일을 하면서도 돈을 벌 수 있는 경제적, 사회적 여건이 어느 정도는 마련돼 있다. 그렇기 때문에 임시직이 늘어나는 문제를 과거와 같은 산업사회적인 관점에서만 해결하려는 시도는 바람직하지 않다고 생각한다.

사실 젊은 세대가 부닥친 이러한 문제에 대해서는 일본에서 먼저 많은 문제제기가 있었고, 한국에서도 우석훈 등이 그들의 저서 《88만원 세대》(2007년, 레디앙)에서 문제제기를 한 바 있다. 하지만 일본에서나 한국에서나 문제제기의 내용을 들여다보면 궁극적으로는 젊은 세대가 풍요와 부모의 욕심에 의해 잘못된 길로 나아가고 있다는 뉘앙스를 풍긴다. 여하튼 젊은 세대가 부닥친 문제를 부각시키고 그에 대한 나름의 해결책을 찾아보려는 시도라는 점만으로도 그러한 문제제기는 큰 의의가 있다고 생각한다.

우석훈 등은 지금 우리의 젊은층을 '다양성 1세대'라고 표현하고 있다. '다양성'은 참으로 좋은 말이고, 지금 우리의 젊은 세대가 지닌 특성을 살려 나가는 데도 적절한 개념이라고 생각한다. 하지만 현실에서는, 정해진 길을 가도록 교육받은 한국의 젊은이들에게 다양성의 길은 고욕의 길일 수도 있다. 사지선다형의 선택에 길들인 세대에게 이제 와서 새삼스럽게 넷보다 훨씬 더 많은 길들 가운데서 자신의 길을 선택하라고 하는 것은 그들을 헤어나기 어려운 고민에 빠뜨리는 처사다.

지금 젊은이들이 겪고 있는 고민이 바로 여기서 시작된 것인지도 모른다.

일종의 '풍요 속의 빈곤'이다. 너무 많은 길들 가운데 어느 길로 가야 할지를 모르는 불쌍한 젊은이들, 정해진 길로만 가면 살아남을 수 있었던 과거의 '우등생 사회'에 적응하도록 교육받았는데 막상 현실에서는 '다양성 사회'에 적응하도록 강요당하는 젊은이들이 어찌 불쌍하지 않을 수 있겠는가. 젊은 세대 자신들은 다양하고도 불안정한 사회에 나름대로 적응하면서 살아가려고 하는데, 부모와 지도층 세대는 자신들이 설정한 틀 안에서 그들에게 획일적이고 안정된 길을 가도록 강요하고 있는 데서 문제가 생기고 있다고도 볼 수 있다.

실제로 오늘날의 젊은이들은 이미 다양한 선택을 하고 있다. 그런데 기존 세대가 자신들의 선택을 강요하는 바람에 젊은이들이 그 다양한 선택을 부차적인 대안 내지 어쩔 수 없어 하는 일 정도로 생각하고 있다. 다시 말해 그들은 실제로 다양한 길들을 선택하고 있지만, 그 길들이 기존의 산업사회적 관점에서 볼 때 가야 할 길에서 벗어난 길들이기 때문에 스스로를 아류라고 생각하고 있다는 것이 더 적절한 표현일지도 모르겠다.

예를 들어 인터넷을 통해 생겨나는 많은 직업들과 우리가 임시직이라고 부르는 프리 에이전트 식의 일자리들이 그런 예다. 산업사회적 관점에서 보면 그와 같은 것들은 직업도, 일자리도 아닐 것이다. 하지만 그것들은 엄연한 직업이요 일자리다.

여기서 나는 그런 직업이나 일자리들이 좋다거나 나쁘다거나 하는 논란을 불러일으키고 싶지는 않다. 다만 정해진 시간에 정해진 자리에서 하는 일만이 직업이라는 생각은 이제 버려야 한다는 말을 하고 싶다. 특히 자신이 교육을 받은 전공의 틀에 맞는 분야에서만 일을 해야 한다는 생각은 버려야 한다. 사회적 환경도 변하고, 회사도 변하고, 사업의 내용도 변하고, 직장에서 해야 하는 일도 변하는 이 불확실성의 시대에는 '자기 스스로 세상에 맞추어 변해야만 한다'는 한 가지만 변하지 않는다는 사실을 명심해야 한다.

물론 임시직 자체가 해결책이 되는 것은 아니다. 그러나 앞에서도 얘기했지만, 자신이 정말로 좋아하고 즐기면서 할 수 있는 일이라면 그것이 임시직이고, 불안정하고, 수입이 좀 적더라도 그 일을 하는 것이 바람직하다. 과거와 같이 하기 싫은 일을 생계를 위해서 무조건 해야 한다는 사고방식은 이제는 별로 바람직하지 않다고 나는 생각한다.

실전부록

새로운 시대에 맞는
취업전략

사실 구체적인 취업전략은 너무나 많이 알려져 있다. 인터넷을 통해서, 선배들을 통해서, 언론매체를 통해서 수시로 전달되고 정리된다. 이 실전부록의 목적은 그러한 정보 가운데 특히 취업에 도움이 되는 것들을 가려내어 정리해보는 것이다. 너무 구체적으로 정리하면 여기에 싣기에 너무 길 것이고, 그렇다고 너무 간단하게 정리하면 실제적인 도움이 되지 않을 것이므로 이 책에서 내가 나름대로 설명한 패러다임의 변화에 맞추어 주의해야 할 점 중심으로 기술하고자 한다.

아직도 많은 취업준비생들이 과거의 취업전략을 가지고 무모하게 대시했다가 좌절하는 안타까운 경우를 많이 보게 된다. 패러다임의 변화에 맞추어 취업전략을 근본적으로 바꾸는 것이 필요하다. 여기서 내가 소개하는 취업전략도 단순히 이력서를 어떻게 써야 한다거나 면접에 어떻게 대비해야 한다거나 하는 단편적인 방법론에 관한 것이 아니라 근본적인 패러다임의 변화에 관한 것이다.

　오늘날의 기업은 어떤 인재를 원하는지, 그에 따라 채용방법은 어떻게 변하고 있는지, 그렇다면 취업준비생들은 어떻게 준비해야 하는지를 살펴보자.

미래 유망기업이 원하는 인재상

노무현 정권에서 코드인사가 화제가 된 적이 있다. 정치권에서야 어떨지 모르겠지만, 취업에 있어서는 기업의 코드에 맞추는 것이 절대적으로 필요하다. 기업의 코드란 다름 아닌 기업이 원하는 인재상이다. 미래 유망기업에 취업하고자 한다면 미래 유망기업이 원하는 인재상이 무엇인지를 파악하는 것이 가장 중요한 첫 번째 단계의 과제다.

　과거에는 기업별로 바라는 인재상에 큰 차이가 없었기 때문에 취업을 위해 특정한 기업의 인재상을 파악하는 것이 그리 중요하지 않았다. 과거에는 기업이 기본적인 업무능력을 갖춘 인재를 뽑은 뒤에 기업의 업무내용을 교육시켜 현업에 투입하는 것이 채용의 기본과정이었다. 그래서 과거에 기업에서 채용을 할 때 가장 중시한 항목은 기본적인 업무능력을 보여주는 출신학교, 전공, 성적, 자격증, 영어실력 등이었다.

　하지만 미래 유망기업은 업무능력보다 자세, 태도, 인성을 더 중요시한다. 왜냐하면 업무능력은 어느 정도의 기본실력만 갖추면 교육이나 훈련을 통해 습득하게 할 수 있지만 자세, 태도, 인성은 교육이나 훈련을 통해 바꾸기가 상당히 어렵기 때문이다.

　더구나 미래로 갈수록 업무를 보조해줄 수 있는 컴퓨터 등 신기술의 발전으로 인해 대학졸업 시에 갖고 있는 업무능력의 효용이 없어지는 속도가 빨라지고, 따라서 업무능력 자체는 사실상 큰 의미가 없게 된다. 그 대신 미래 유망기업에서는 업무형태가 '나 주식회사'들이 연합하는 형태가 되기 때문에 그러한 연합에 부합하는 자세, 태도, 인성이 점점 더 중요해지고 있는 것이다.

이렇게 채용에서 자세, 태도, 인성을 중시하는 경향은 미래 유망기업을 지향하는 세계적인 기업들에서 이미 나타나고 있다.

세계적인 금융회사인 메릴린치는 지적능력, 열정, 혁신지향 등의 능력과 함께 인간적 매력을 주요 인재평가 기준으로 삼고 있다. 소니의 인재평가 기준은 호기심, 마무리에 대한 집착, 사고의 유연성, 낙관적인 태도, 위험감수 등이다. 사우스웨스트항공은 "태도를 뽑는다"고 공언하고 있다(조영주 KTF 사장 인터뷰, 〈서울신문〉 2007년 11월 12일). 중국 마이크로소프트의 사장 장샹후이는 사원을 뽑을 때 가장 중시하는 기준으로 '단체정신'을 꼽았다.

미래 유망기업을 지향하는 국내 주요 기업들의 인재상도 역시 변하고 있다. 국내 주요 기업들의 인재상은 역량과 능력에 관한 부분, 자세와 태도에 관한 부분, 인성에 관한 부분으로 크게 나누어 볼 수 있다. 역량과 능력에 관한 부분에서는 창의성, 추진력, 국제적 감각 등이, 자세와 태도에 관한 부분에서는 도전의식, 변화주도, 열정, 협력, 자기계발 등이, 인성에 관한 부분에서는 신뢰성, 도덕성 등이 키워드에 가장 많이 포함된다.

업종별로도 인재상에 차이가 나타나는데, 고객의 자산을 다루는 금융업은 정직과 신뢰, 그리고 고객에 대한 서비스 마인드를 강조하고 있다. 이와 달리 전통적인 제조업에서는 도전의식, 승부근성, 실행력이 강조된다.

개별 기업별로 보면 삼성전자가 '열린 태도와 변화를 받아들이는 태도'를 중시하는 데 비해 현대자동차는 '도전정신', LG전자는 '강한 승부근성',

SK에너지는 '패기 있는 인재', 포스코는 '프로의식'을 인재상의 핵심적인 특성으로 꼽고 있다(〈조선일보〉 2008년 3월 16일). 이렇게 보면 서비스업을 위주로 하는 미래 유망기업일수록 인성에 더 많은 비중을 두는 반면에 제조업을 기반으로 하는 산업사회 기업들은 아직도 열심히 일하는 인재를 좋아하는 경향이 있음을 알 수 있다.

이처럼 기업들의 인재상이 인성과 태도에 중점을 두는 방향으로 변하고 있는데도 불구하고, 안타깝게도 지금의 대학교육이나 학생들의 취업준비에서 중시되는 요소들은 아직까지도 대부분 학업능력에 관한 것들이다. 예를 들어 좋은 학업성적을 받고, 높은 토플/토익 점수를 받는 것이 취업의 모든 것인 양 생각하는 경우가 많다. 내 적성이 무엇인지, 내가 무엇을 잘할 수 있는지를 파악하는 일조차 소홀히 하는 경우가 대부분이다. 내가 취업하고자 하는 기업의 인재상에 대해 파악해보려는 노력은 거의 하지 않는다.

다행히 요즘에는 위에서 예로 든 대기업들만이 아니라 대부분의 다른 기업들의 경우에도 홈페이지 등을 참조하면 그 기업이 원하는 인재상을 파악할 수 있다. 따라서 취업준비생은 자신이 취업하기를 원하는 기업의 인재상이 어떤지를 살펴본 뒤에 그에 맞춰 취업전략을 짜야 한다.

물론 여기서 한 가지 명심해야 할 점은, 기업의 특성을 파악한 다음에 거기에 맞추려는 노력도 중요하지만 그에 앞서 자기 자신의 특성을 파악하고 그 특성을 가장 잘 발휘할 수 있는 유망한 미래기업이 어디인지를 알아보고 취업할 기업을 선택하는 노력이 더욱 중요하다는 것이다. 과거와 같이 누구에게나 좋은 기업을 찾을 것이 아니라 나에게 맞는 미래 유망기업을 찾는 것이 취업에서는 물론이고 취업한 뒤의 직장생활에서 성공하는 데 가장 큰 원동력이 된다는 점을 명심할 필요가 있다. 최근에 기업들은 채용하자마자 빠른 시간 안에 현업에 투입할 수 있는 준비된 인재를 선호하는 것이 또 하나의 추세다. 한 치 앞을 내다볼 수 없게끔 빠르게 변화하는 초스피드 시대에 신입사원을 채용한 뒤 몇 년간의 훈련과정을 거쳐 현업에 투입하는 것은 기업의 생존력을 낮추는 요인이 될 수 있기 때문이다.

따라서 취업지망생의 입장에서는 단지 자신이 어떤 잠재적 능력을 가지고 있는지를 부각시키려고 하기보다는 취업하고자 하는 기업의 어떤 업무에 자신이 구체적으로 어떤 기여를 할 수 있는지를 알린다는 태도로 접근해야 한다. 그러기 위해서는 그 기업의 인재상과 그 기업의 업무내용을 상세히 파악한 뒤 그 인재상과 업무내용에 바로 자신이 적임자임을 설득해야 한다. 그저 막연하게 나는 영어도 잘 하고, 전공과목의 학점도 좋고, 인간성도 좋다고 백화점식으로 나열하는 일은 피해야 한다. 채용전형을 하는 기업의 입장에서는 곧바로 "그래서 어쨌다고?"라고 반문할 수 있다.

자신이 무엇인가를 잘한다는 사실은 자신이 지원하는 기업에 그 능력으로 어떤 기여를 할 수 있다는 식으로 구체적으로 연관될 때에야 비로소 그 기업에서도 관심을 갖게 된다. 물론 자신이 지원하는 기업을 아주 세밀하게 파악하는 것은 힘들기 때문에 그 기업의 업무내용과 자신의 능력을 정확하게 대응시켜 연결하는 것이 어려울 수도 있다. 하지만 비록 부정확하더라도 그렇게 연결을 해보려는 적극성과 열정을 보여줄 수 있다면 그런 태도만으로도 충분한 효과를 거둘 수도 있다. 기업에 대해 미리 파악해보려고 노력하는 자세 자체가 적극성과 열정을 보여주기 때문이다.

미래 유망기업은 로봇처럼 시키는 일만 성실하게 할 사람보다는 적극성과 열정을 가지고 창의적으로 업무를 수행해 나갈 인재를 더 원한다. 따라서 자기소개서에서든 면접에서든 적극성과 열정을 보여주도록 노력해야 한다.

기업이 빠른 시간 안에 현업에 투입할 수 있는 인재를 원한다고 하면 이 말을 '업무의 기능적인 측면을 많이 알고 있는 인재를 원한다'는 것이라고 해석하기 쉽지만, 사실은 '기업의 목표를 인식하고 적극적으로 그 목표의 달성을 위해 노력하고자 하는 자세를 가진 인재를 원한다'는 것이라고 해석하는 것이 더 타당하다. 특히 요즘에는 누구나 대부분의 지식을 인터넷상에서 찾을 수 있는데다가 미래 유망기업이라면 수평적인 조직으로 움직이기 때문에 프로젝트의 방향을 파악하고 프로젝트를 완수하려는 적극성과 열정, 그리고 조직원들과 의사소통을 원활하게 할 수 있는 인재가 기업에 필요하다.

내가 잘 아는 사장 한 분이 들려준 일화다. 마침 그 사장의 회사에서 신규사업을 시작하면서 사람을 뽑고 있었는데 아주 독특한 지원자가 눈에 띄어 채용했다는 것이다.

다른 사람들은 이력서와 자기소개서, 성적서, 경력증명서 등을 인사과에 접수시켜 놓고 통보가 오기를 기다리고 있는데 그 지원자는 그 회사가 추진하고 있는 신규사업에 관한 사업계획안을 첨부한 장문의 편지를 사장 앞으로 보냈다는 것이다. 물론 사업계획안 자체는 부정확하고 실제 사업에 크게 도움이 되지 않는 내용으로 돼있었다고 한다.

하지만 그 사장은 그 지원자를 바로 그 사업의 책임자로 채용했다. 이유는 물론 회사가 추진하고 있는 신규사업과 유사한 직종에서 그가 이미 경력을 쌓은 점에도 있었지만, 그 정도의 적극성이면 그가 그 신규사업을 잘 추진할 것이라는 확신이 들었다는 점에도 있었다.

자신이 정말로 꼭 들어가고 싶은 기업이 있다면 그 회사의 사장이나 담당 부서의 책임자에게 자신의 입사의지를 적극적으로 전달하는 방법을 써보면 어떨까? 적어도 그 기업에 다니는 선배를 찾아가 그 기업에 대해 파악한다든가, 인사과에 가서 담당자에게 인사하고 그 기업에 대해 여러 가지로 물어본

다든가 하는 정도의 노력은 해야 하지 않을까? 아마도 분명히 큰 효과가 있을 것이다.

인크루트의 이광석 대표도 "지원하는 회사에 대해 많이 안다는 것은 입사에 대한 열의가 그만큼 높다는 증거로 볼 수 있기 때문에 기업들이 이런 측면을 평가요소로 삼고 있다"고 말한 바 있다.

차별화가 미래 유망기업 취업의 열쇠다

언젠가 미국출장을 갔을 때 어느 공항에서 비행기를 환승하려고 이동하고 있었다. 마침 점심시간이어서 어느 식당에서 점심을 먹을까 하고 주위를 살피면서 걷고 있는데 유독 한 식당에만 줄이 길게 늘어서 있었다. 그래서 왜 줄이 저렇게 긴가 하고 가까이 가보았더니, 입구에 다음과 같은 팻말이 붙어 있었다.

> Every Ruby Burger is made to order.
> It takes a little bit longer but it is well worth the wait.
> (모든 루비 버거는 주문 받은 후에 만들어집니다.
> 그래서 시간이 좀 걸리지만 기다린 보람이 충분히 있을 겁니다.)

일반적으로 햄버거 하면 미리 대량으로 만들어 놓았다가 빠르게 내놓는 것으로 인식되고 있다. 따라서 주문 후 받는 데 걸리는 시간이 절약되긴 하지만, 정크푸드(쓰레기음식)라고 불릴 만큼 값싸고 질이 형편없다고 인식되고 있다. 그 공항 내의 다른 식당들은 일반적인 패스트푸드점 방식으로 운영되고 있었지만, 유독 그 식당만은 차별화된 전략을 사용하고 있어서 사람들이 줄을 길게 서서 기다리고 있었던 것이다.

패스트푸드점은 무조건 빠르고 값싸게 햄버거를 판매해야 한다는 고정관념을 깨고, 오히려 고객들을 기다리게 했다가 약간 고급의 음식을 약간 더 비싸게 파는 차별화 전략을 구사해 오히려 효과를 보고 있는 것이었다. 취업에 있어서도 마찬가지다. 다른 사람들이 다 생각하는 좋은 대학, 좋은 전공, 좋은 성적, 높은 영어점수, 단정한 복장 등으로 경쟁하려고 하면 힘이 들 수밖에 없다. 하지만 자신을 차별화하는 전략을 세워 실천한다면 의외로 좋은 성과를 거둘 수도 있다.

메트라이프코리아 스타MGA 지점의 김성환 대표가 그의 저서 《절대긍정》에서 소개한 취업관련 일화다. 그가 메트라이프코리아에 면접시험을 볼 때 튀기 위해서 전투복 차림에 군화를 신고 면접장에 갔다고 한다. 모든 지원자가 다 말끔한 양복 차림이었기 때문에 그가 눈에 띌 수밖에 없었다. 그는 당돌하게도 면접관에게 자신의 명함을 건네면서 자기에게도 명함을 달라고 요청했다. 면접관은 잠시 당황하는 듯하더니 명함을 건네준 것은 물론이고, 바로 그 자리에서 김 대표를 채용하기로 결정했다.

무엇을 보고 김 대표를 면접장에서 바로 채용했을까? 여러 가지 이유가 있었겠지만, 무엇보다도 김 대표가 다른 지원자들과 차별화된 모습을 보여주었기 때문이라고 생각된다. 그의 열정과 적극성이 보험영업에 적합하다고 면접관이 판단했을 수도 있지만, 그가 차별화된 표현방식으로 그 열정과 적극성을 드러내지 않았다면 그렇게 바로 채용되지는 않았을 것이다.

취업을 위해서는 남들과 똑같은 방법으로 자신을 표현해야 한다는 선입견을 버릴 필요가 있다. 표현방법뿐만 아니라 능력도 다른 사람들과 차별화해야 한다. 특히 자신이 지원하는 회사가 원하는 능력의 측면에서는 다른 지원자들과 차별화된 모습을 보여주어야 한다.

김 대표의 경우에는 보험영업에서 가장 중요한 특성인 열정과 적극성을 확실하게 차별화된 방법으로 보여 주었기 때문에 그 자리에서 바로 취업이 결정된 것이다. 만약 그가 보수적인 성향을 필요로 하는 제조업 분야의 면접에서 그런 방법을 썼다면 아마도 바로 그 자리에서 불합격 통보를 받았을 것이다.

미래 유망기업은 어떤 능력을 가진 인재를 뽑을까? 과거에는 업무능력 위주로 표준화된 인재를 뽑았다. 학업성적에 비유하면, 우선 모든 분야에서 일정 수준 이상의 능력을 갖추기를 요구하는 과락이라는 제도가 존재했다. 예를 들어 미술을 잘하지는 못해도 점수가 40점 이상은 돼야 한다는 식이었다. 어느 한 과목에서라도 점수가 그 기준 이하라면 다른 과목들의 점수가 아무리 높아도 떨어뜨리는 것이 과거의 인재선발 방식이었다. 지금도 각종 자격시험에 이 제도의 흔적이 남아있다. 과락에 걸리지 않고 통과한 사람들에 대해서는 주로 전체 석차를 따졌다.

어느 한 분야만 뛰어나게 잘하는 사람은 기업에서 원하지 않았다. 예를 들어 '가'라는 사람은 수학은 아주 잘 해서 점수가 99점이지만 나머지 과목들은 그저 그래서 전체 평균점수가 80점 정도인 반면에 '나'라는 사람은 어느 한 과목의 점수가 뛰어나지는 않지만 전체 평균점수가 85점이라면 '나'가 뽑히는 것이 과거의 인재선발 원칙이었다. 하지만 지금은 한 분야에 뛰어난 '가'가 뽑힌다. 그 이유는 과거의 산업사회 기업에서는 주어진 일을 잘 수행하는 표준화된 인재가 필요했지만, 미래의 유망기업에서는 창의력을 가진 차별화된 인재가 필요하기 때문이다.

기업의 입장에서 생각해보자. 어느 기업에서 일하는 직원이 100명이라고 할 때 모두가 똑같은 기여를 하는 것은 아니다. 요즘 나오는 경영이론에 의하면 그중에서 1명이 99퍼센트 정도의 기여를 한다고 한다. 전에는 2080 법칙

내지 파레토 법칙이라고 해서 어느 집단에서나 100명 가운데 20명의 인재가 80퍼센트의 기여를 한다고 했다. 하지만 미래 유망기업에서는 100명 가운데 1명의 인재가 99퍼센트의 기여를 한다는 것이다. 그렇다면 여기서도 양극화가 심화되고 있는 셈이다.

삼성이나 LG 등 국내 대기업들도 주장하고 있듯이, 좀 과장하자면 똑똑한 인재 1명이 10만 명을 먹여 살리는 시대가 됐고, 따라서 기업의 입장에서는 그런 차별화된 1명의 인재를 찾는 것이 지상과제가 됐다는 것이다.

기업들이 100명 가운데 차별화된 1등 능력을 가진 1명의 인재도 뽑지만 나머지 99명의 보통 인재도 뽑지 않느냐고 반문하는 독자가 있을지도 모르겠다. 맞는 말이다. 아무리 미래 유망기업이라고 해도 보통 인재도 뽑는 것은 분명하다. 하지만 보통 인재는 너무 많기 때문에 자신이 선발되려면 매우 높은 경쟁률을 통과해야 하고, 다행히 뽑히더라도 쉽게 대체될 수 있기 때문에 언제든지 퇴출될 가능성을 각오해야 한다.

차별화된 인재를 뽑다보면 보통 인재는 그냥 딸려 들어올 가능성이 높기 때문에 기업의 입장에서는 보통 인재를 뽑는 데는 그렇게 정성을 들이지 않는다. 미래 유망기업이 관심을 갖는 인재는 차별화된 1등 능력을 가진 인재다. 따라서 취업을 준비하는 사람들은 자신이 지원하는 기업에서 중점을 두는 분야에서 나만의 차별화된 능력, 다시 말해 다른 취업경쟁자들은 갖고 있지 않고 나만이 갖고 있는 능력을 어떻게 보여줄 것인지를 생각해봐야 한다.

그러면 취업지원자의 입장에서 어떤 차별화된 능력을 보여주어야 하는 것일까? 과거에 산업사회 기업들이 원하던 표준화된 인재의 기준은 어느 기업에나 적용되는 보편성을 갖고 있었지만, 미래 유망기업에서 원하는 차별화된 인재의 기준은 그런 보편성을 갖고 있지 않다.

차별화라는 개념 자체가 특정 기업, 특정 목적에 들어맞는 맞춤형 인재가 돼야 한다는 뜻을 내포하고 있다. 그러므로 A라는 기업에는 딱 맞는 차별화된 인재가 B라는 기업에는 전혀 쓸모없는 존재가 될 수도 있다. 예를 들어 A라는 기업은 최고급 소비재를 판매하기 때문에 창의적인 디자인 능력을 가진 뛰어난 디자이너를 필요로 하는 반면에 B라는 기업은 의약품을 생산하는 기업이기 때문에 그렇게 뛰어난 디자이너는 필요로 하지 않고 그 대신 효능이 좋은 의약품을 개발하는 능력을 갖춘 바이오 기술자 내지 화학자를 필요로 하는 식이다.

차별화된 능력은 꼭 전공분야나 구체적인 업무에만 적용되는 개념이 아니다. 그것은 성격이나 적성에도 적용된다. 예를 들어 같은 마케팅 내지 영업이라 하더라도 대중 소비자를 대상으로 하는 경우에는 대중 소비자의 욕구를 파악하고 광고매체를 통한 홍보방안을 강구하는 열린 마음과 기획력이 필요하지만, 기업을 대상으로 하는 경우에는 개별 담당자를 설득할 수 있는 대인 커뮤니케이션 능력과 적극성이 더 필요하다.

따라서 취업지원자의 입장에서는 한편으로는 자신의 적성과 특성을 파악하고, 다른 한편으로는 자신이 입사하기를 원하는 기업에서 어떤 차별화된 능력을 필요로 하는지를 파악해서 그 둘을 연결시키기 위한 노력이 필요하다.

요즘의 취업시험에서는 서류전형이나 필기시험보다 면접시험의 비중이 상당히 높아졌다. 그 이유는 무엇일까? 사실 기업의 입장에서 보면 면접시험은 상당히 비용이 많이 드는 전형방법이다. 한 푼의 비용이라도 줄이기 위해 안간힘을 쓰고 있는 요즘 기업들의 사정을 고려하면 면접시험의 비중이 높아진 것은 의외다.

이는 기업들에 그만큼 절박한 이유가 있기 때문이다. 절박한 이유란 바로 차별화된 인력이 기업의 운명을 좌우할 정도로 중요해졌다는 데 있다. 그래서 이제는 기업의 입장에서 차별화된 인력을 뽑을 수만 있다면 그 과정에서

드는 비용은 큰 문제가 아니게 된 것이다. 이런 상황에서 입사지원자로서는 당연히 기업이 필요로 하는 차별화된 인력이 돼야 한다. 산업사회에서와 같이 무조건 공부를 열심히 하기만 하면 좋은 기업에 들어갈 수 있을 것이라고 막연하게 생각해서는 안 된다.

취업지망자들이 갖고 있는 사고방식의 차이는 이력서와 자기소개서에서 가장 극명하게 드러난다. 내가 운영하는 회사에 지원하는 취업지망자들의 이력서를 보면 한심하다는 생각이 드는 경우가 많다. 누가 보아도 여러 회사에 똑같이 뿌리기 위해 작성된 것이 분명한 일반화된 내용이 대부분이다.

물론 내가 운영하는 회사가 그들에게 별로 흥미의 대상이 아니어서 그냥 한 번 지원해본다는 심산으로 이력서를 냈기 때문일 것이라고 생각하면서도, 한편으로는 조금만 신경을 쓰면 될 문제인데 하는 안타까움을 느낄 때가 많다. 자신의 평생을 좌우할 지도 모를 이력서인데 그렇게 아무렇게나 작성해서 무성의하게 제출해서야 되겠는가? 그렇게 해서는 좋은 결과를 기대할 수 없을 것이다.

그렇다면 이력서는 어떻게 작성해야 할까? 이력서에서 가장 중요한 점은 자신의 차별화된 능력을 잘 표현하는 것이다. 산업사회에서는 기업들이 표준화된 인재를 요구했기 때문에 인재의 기준이 어느 정도 정형화돼 있었다. 어느 학교의 어느 학과를 어떤 성적으로 나왔으면 어떤 인력이겠구나 하는 판단을 할 수 있었다. 따라서 산업사회에서는 취업지망자가 똑같은 이력서를 모든 기업에 뿌려도 상관이 없었다. 모든 기업의 인재선발 기준이 거의 비슷했기 때문이다.

하지만 미래사회의 기업들은 각각 자기 회사에 알맞은 차별화된 인재를 뽑고 싶어 한다. 그러므로 취업지망자는 입사하고 싶은 기업이 요구하는 조건을 파악해 자신이 그 조건에 맞는 인재라는 점을 부각시켜야 한다.

미래 유망기업은 채용방법이 다르다

시대의 변화에 따라 미래 유망기업에서 원하는 인재가 '표준화된 인력'에서 '창의적이고 차별화된 1등 능력을 가진 인재'로 변함에 따라 채용방법도 근본적으로 달라지고 있다.

　과거에는 표준화된 인력을 뽑았기 때문에 학교, 전공, 학업성적 등이 채용 시의 주안점이었다. 어느 학교에서 어느 전공을 하고 어느 정도의 학점으로 졸업했다고 하면 기업에서는 그런 정보만으로도 자사가 원하는 표준화된 스펙의 범위 안에 드는 지원자인지의 여부를 판가름할 수 있었다. 그래서 서류전형이 중요했고, 그것을 보완하는 방법으로 필기시험을 치르게 하는 정도였으며, 면접은 당락에 영향을 미치기보다는 결격사유가 없는지를 확인하는 정도의 기능에 그쳤다.

　하지만 미래 유망기업은 차별화된 맞춤 인재를 원하기 때문에 다양한 채용방법을 동원한다. 이우곤은 자신의 저서 《취업특강》(2006년, 청년정신)에서 "채용의 패턴이 그물형에서 낚시형을 거쳐 이젠 작살형으로 변화"하고 있고 "채용의 방식은 예전의 스펙 싸움에서 열린 채용, 심층 전형으로 변화"하고 있다고 지적했다.

　과거에는 어느 정도의 실력만 갖추고 있으면 기업들이 비슷비슷한 그물로 훑을 때 어느 그물의 그물코에 걸리면 채용이 됐다. 그런데 언젠가부터 각 기업에서 필요한 인재의 조건을 나름대로 만들어놓고, 그 조건이라는 미끼를 무는 인재를 개별적으로 뽑는 낚시형으로 변했다. 하지만 미래 유망기업은 낚시의 미끼를 무는 인재를 뽑는 수동적인 태도에서 벗어나 아예 작살을 들고 '차별화된 1등 인재'를 사냥하는 채용방식을 구사한다는 것이다.

〈표 1〉은 〈매일경제신문〉이 분석해 제시한 '시기별로 달라진 채용 코드'인데 최근에 기업들의 채용방법에 일어난 변화를 잘 요약해 보여주고 있다.

2000년대에 들어서는 극히 일부의 공기업과 대기업들을 제외하고는 필기시험이 없어진 대신에 자기소개, 인·적성 검사, 면접 등의 비중이 커졌음을 알 수 있다. 자기소개도 단순히 자기소개서를 작성해 제출하는 데서 더 나아가 동영상까지 활용되고 있다. 인성과 적성이 업무수행에 상당히 중요하다는 인식에 따라 인·적성 검사를 실시하는 기업도 늘어나고 있다. 면접의 경우에는 단순히 묻고 답하는 방식에서 벗어나 상호 커뮤니케이션과 인터뷰, 프레젠테이션, 합숙토론, 집단토론식 면접, 지원자별로 긴 시간을 들여 실시하는 심층면접 등 다양한 방식이 동원되고 있다.

기업들이 이렇게 다양한 채용방식을 사용하는 것은 각자 자사에 알맞은

〈표 1〉 시기별로 달라진 채용 코드

구분	2000년	2004년	2007년	2008년
자기소개서	출신학교·성적 중시	전공을 매우 중시	자기 경쟁력 홍보에 초점	동영상 자기소개서 등장
인·적성검사	거의 없음	전공과목 소양 갖췄는지 확인	전공과 지원자 적성 맞는지 확인	전공은 물론 품성·태도 점검
프레젠테이션	없음	팀별로 만들어 구두로 표현	파워포인트 등 다양화	실제 업무에서 처리능력 평가
영어능력	토익·토플 점수 도입	토익·토플 점수 여전히 중요	영어 말하기·듣기 강조	영어면접·토론, 실용영어 중시
면접	요식행위 수준	가족과 전공에 관한 질문	상황 제시하고 질문하는 형태	조직융화 태도와 품성 평가에 비중

＊ 매일경제신문

차별화된 인재를 뽑기 위해서다. 따라서 취업지망자의 입장에서는 이렇게 다양한 채용방식에 익숙해지는 것도 중요하지만, 결국 차별화된 능력을 갖추는 것이 가장 중요하다.

그리고 여기서 취업지망생이 스스로에게 던져봐야 할 질문은 "변하는 채용패턴에 어떻게 대응할 것인가?"가 아니라 "기업들이 왜 채용패턴을 바꾸고 있는 것일까?"다. 대답은 자명하다. 미래 유망기업들은 차별화된 1등 인재를 원하기 때문에 그런 인재를 뽑기 위해 다양한 방법을 사용하는 것이다. 앞으로도 기업들의 채용방식은 지속적으로 변할 것이다. 그러나 차별화된 1등 인재를 뽑겠다는 목표는 쉽게 변하지 않을 것이다.

기업들의 채용방식에서 최근에 나타나고 있는 추세 가운데 하나로 인턴십을 활용하는 채용방식을 들 수 있다. 기업이 원하는 인재를 선발하려고 면접을 아무리 강화한다 하더라도, 하루나 이틀 동안에 자신의 좋은 면만을 보여주려고 애쓰는 지원자들 중에서 자사에 꼭 맞는 인재를 가려내어 뽑기란 상당히 어려운 일이다. 따라서 적어도 몇 달 이상 실제로 같이 일하면서 서로에 대해 충분히 파악하고 난 뒤에 계속 같이 일할 것인지를 결정하자는 취지로 인턴십 제도가 활용되고 있다. 아직은 인턴십이 시도단계이기 때문에 이러한 취지를 충분히 살리지는 못하는 감이 있지만, 기업과 취업지원자 모두에게 도움이 되는 좋은 제도라고 나는 생각한다.

이 밖에 그동안에도 이용돼온 방법이지만 사내에서 취업지원자에 대해 잘 아는 사람이 책임지고 추천을 하게 하는 '사내추천 제도', 믿을 만한 교수나 학교관계자 등으로부터 추천을 받는 방법, 헤드헌터를 통하는 방법 등도 계속 이용되고 있다. 사실 채용을 하는 기업의 입장에서는 자사와 입사지원자 양쪽을 다 잘 아는 사람의 추천을 받아 채용하는 것이 바람직할 수 있다. 따라서 이러한 추천제도는 앞으로 점점 더 많이 활용될 것으로 전망된다.

이력서와 자기소개서도 차별화하라

취업이라고 하면 가장 먼저 떠오르는 것이 이력서와 자기소개서다. 이것은 취업의 첫 관문이기 때문에 누구나 당연히 신경을 쓰며, 그만큼 다양한 작성 방법이 소개되고 있다. 사실 과거에는 이력서와 자기소개서가 취업에 큰 영향을 미쳤다. 하지만 지금은 이력서와 자기소개서의 주된 기능이 면접대상자를 가려내는 수단으로 바뀌었다. 따라서 취업지원자의 입장에서는 자신이 입사하고자 하는 기업의 인사담당자가 읽어보고 나를 면접에 부를 만하다고 판단하게끔 이력서와 자기소개서를 작성해 제출하는 것이 중요하다.

대부분의 경우에 이력서는 일정한 양식이 주어지지만, 그렇더라도 이력을 단순히 나열하기보다는 지원하는 회사에 꼭 필요한 능력을 자신이 갖추고 있음을 보여줄 수 있도록 작성해야 한다. 예를 들어 동호회 활동을 한 경험이 있다면 단순히 어떤 동호회에 참여한 적이 있다고 쓰기보다는 자신이 지원하는 기업에서 필요로 하는 어떤 점을 그 동호회를 통해 배울 수 있었다는 식으로 써야 한다.

기업의 채용업무 담당자들이 입사지원자들의 이력서를 검토할 때 가장 비중 있게 보는 부분은 업무관련 경험(83.2퍼센트)이고, 그 다음으로는 전공(7.3퍼센트), 출신학교(2.6퍼센트), 외국어 능력(2.6퍼센트)을 본다고 한다. 그렇다면 이력서를 쓸 때 자신의 경력을 지원하는 기업의 업무와 연관시키는 노력이 무엇보다 중요하다.

자기소개서는 이력서와 중복되지 않도록 주의하면서 이력서에 담지 못한 내용을 서술적으로 쓰는 방법으로 작성해야 한다. 자기소개서를 보면 언제 어디서 태어나 어떻게 자라고 어떤 학교를 다녔다는 식의 연대기적 기술에 그치는 경우가 많다. 그러나 이렇게 하기보다는 자기소개서를 읽는 사람에게 강한 인상을 줄 수 있는 자신의 경험을 가장 먼저 쓰고, 그것이 자신이 지원하는 회사의 업무와 어떤 관련성이 있는지를 설명하는 것이 바람직하다.

자기소개서 작성의 가장 큰 목적은 막연하게 자신이 우수한 점을 기술하는 것이 아니라 지원하는 회사에 자신이 얼마나 적합한 인재인가를 설명하는 것이다. 다시 말해 자기소개서가 나의 능력을 알리는 수단인 것은 맞지만, 그 능력이 지원하는 회사의 업무와 어떤 구체적 연관성을 갖고 있는가를 보여주어야 비로소 자기소개서가 완성되는 것이다.

따라서 자기소개서는 자신에 대한 분석과 지원하는 회사에 대한 분석을 마친 다음에 써야 한다. 하나의 이력서와 자기소개서로 여러 회사에 동시에 지원하는 것은 금물이다. 여러 회사에 동시에 지원하는 경우에는 각각의 기업에 맞추어 여러 개의 이력서와 자기소개서를 작성하는 게 바람직하다. 자기소개서를 보면 '귀사' 라는 호칭을 사용하는 경우가 많은데 이는 여러 회사에 동시에 지원했다는 뜻으로 읽힐 수 있으므로 그렇게 하지 말고, 지원하는 회사의 이름을 사용하는 것이 좋다.

기업의 입장에서는 채용하기로 결정한 취업희망자가 만약 다른 기업에도 중복으로 합격해 그 다른 회사로 가버리면 이만저만 손실이 아니기 때문에 여러 기업에 동시에 지원한 사람을 꺼릴 수밖에 없다. 물론 취업희망자의 입장에서는 여러 회사에 동시에 지원하는 것이 당연하겠지만, 적어도 그런 티를 내지는 않는 것이 좋다.

자기소개서를 작성할 때 또 한 가지 주의해야 할 점은, 인터넷에 떠돌아다니는 문장을 그대로 복사해서 붙여 넣는 짓을 해서는 안 된다는 것이다. 특히 규모가 큰 회사의 채용업무 담당자들은 수많은 취업지원자들의 자기소개서를 읽기 때문에 베낀 자기소개서는 금방 알아본다. 실제로 채용업무 담당자들의 경험에 의하면 전체 지원자의 20퍼센트 정도는 자기소개서의 문장이 거의 똑같다고 한다. 내가 앞에서도 여러 번 강조했지만 자기소개서는 차별화가 관건이라면, 그렇게 베낀 자기소개서는 그 내용에 상관없이 휴지통으로 직행한다고 보면 거의 틀림이 없다.

이력서와 자기소개서를 작성할 때는 아주 사소한 부분에까지 신경을 써야 한다. 이력서와 자기소개서는 취업지원자의 입장에서 보면 자신의 능력을 나타내는 수단이지만, 기업의 채용업무 담당자의 입장에서 보면 수많은 지원자 중에서 면접에 부를만한 사람을 가려내는 수단이다. 따라서 이력서와 자기소개서를 작성할 때의 사소한 부주의가 곧바로 탈락의 원인이 될 수 있다.

특히 사진은 아주 중요하다. 채용업무 담당자들이 입사지원 서류를 검토할 때 일반적으로 '사진, 출신학교, 전공, 학점, 토익점수'의 순서로 검토하게 된다고 한다. 따라서 일단 사진에서 좋은 인상을 줄 수 있다면 다른 부분에서 좀 모자라더라도 긍정적인 결과를 얻을 확률이 높아진다. 시간이 없다고 길거리에 있는 즉석사진기에서 찍은 사진을 붙여놓는다면, 채용업무 담당자의 입장에서는 그 지원자가 성의 없이 그냥 한번 지원해본 것이라는 인상을 받게 된다. 정장 차림에 미소를 짓는 얼굴로 찍은 사진을 규격에 맞게 잘라 붙여놓는 것이 좋은 인상을 준다.

입사지원 서류를 파일로 보내는 경우에도 그것을 받을 사람의 입장에서 생각해보는 지혜가 필요하다. 파일명을 지어 붙이는 것을 예로 들어보자. 대부분의 기업이 입사지원 요령 설명에서 파일명을 짓는 방법을 제시하지만, 그런 제시가 없다고 하더라도 파일명을 '자신의 이름-연락처-지원하는 분야' 형태로 지어 보내는 것이 좋다. 채용업무 담당자의 입장에서는 수많은 지원서류를 파일명만 보고도 분류할 수 있어야 편리하기 때문이다.

만약 다른 지원자들은 그저 '입사지원서'라는 등의 구별되지 않는 파일명으로 보냈는데 혼자만 파일명을 '자신의 이름-연락처-지원하는 분야'의 형태로 보냈다면, 어느 기업에서나 중요하게 생각하는 '상대를 배려하는 마음'을 가진 지원자라는 인상을 주게 되기 때문에 일단 가점을 따고 들어간다고 보면 된다.

사소한 일이라고 생각할 수도 있겠지만, 자기소개서의 제목을 잘 짓는 것도 차별화의 요소가 될 수 있다. 자기소개서의 제목이 자신의 차별성을 나타내주면서 자신이 기술한 내용의 핵심도 함축적으로 담고 있다면 일단은 채용업무 담당자의 시선을 사로잡게 되어 면접대상에 포함될 가능성이 높아질 것이다.

예를 들어 '고객의 마음을 사로잡는 상품디자인 전문가, 김송호'나 '뒷마무리가 확실한, 꼼꼼한 성격의 김송호'와 같은 식으로 자신이 강조하고자 하는 바를 압축해 제목에 넣는 것이 좋겠다. 신문기사를 보면 제목만 봐도 그 전체 내용을 어느 정도 짐작할 수 있지 않은가. 바로 그런 제목을 뽑으면 된다.

요즘에는 취업사이트에 이력서를 올려놓는 경우가 많다. 이런 경우에는 더더욱 눈에 띄는 제목을 붙이는 것이 좋다. 그저 '제 이력서를 올립니다', '김송호 이력서입니다'라는 식의 제목을 붙여 올려놓으면 선택받을 가능성이 낮다.

취업사이트에는 워낙 많은 수의 이력서가 계속 등록되기 때문에 인재를 찾는 기업의 채용담당자 입장에서는 그 가운데 독특한 제목이 달린 이력서를 먼저 열어보게 되는 것이 당연하다. 사람의 심리 자체가 그렇게 하도록 유도하기 때문이기도 하지만, 독특한 제목을 달아 이력서를 올려놓은 사람이라면 자신을 차별화해 표현하려는 태도를 가진 인재라는 인상을 주기 때문이다.

면접도 전략이 필요하다

기업에서 많은 시간과 경비를 들여가면서 면접을 실시하는 목적은 원하는 인재를 찾아내기 위해서다. 좀더 구체적으로 말하면 업무능력을 갖추고 있는지, 인간관계를 원만하게 꾸릴 수 있는지, 더불어 일하는 능력을 갖추고 있는지, 입사하자마자 퇴직할 가능성은 없는지 등을 알아보는 것이 면접의 주된 목적이다. 기업은 이런 목적을 달성하기 위해 다양한 방법으로 면접을 실시하고, 신중하게 질문항목을 선정한다.

따라서 면접에서는 질문에 수동적으로 대답하는 데 그칠 것이 아니라 지원한 기업에 자신이 적합한 인재임을 적극적으로 표현하는 자세가 필요하다. 예를 들어 "무조건 성실히, 열심히 잘 하겠습니다"라는 식으로 막연히 대답하고 말기보다는 그 회사에 지원하기 위해 어떻게 준비를 해왔고, 어떤 점에서 자신이 다른 지원자들과 다른지를 구체적으로 설명하려고 노력해야 한다.

취업을 원하는 사람들이 면접을 준비할 때 전략에는 소홀하고 기술에만 관심을 갖는 오류를 저지르는 경우가 많다. 다시 말해 대다수의 지원자들이 어떻게 해야 면접관에게 잘 보일 수 있는가에만 신경을 쓰고, 자신의 어떤 강점을 내세워서 그 회사의 업무에 자신이 적합함을 설득할 것인가에는 신경을 쓰지 않거나, 그렇게 하는 방법을 모르는 경우가 많다.

과거에는 면접이라는 것이 치명적인 결격사유가 있는지의 여부만을 가려내는 형식적인 절차였기 때문에 복장, 외모, 말씨 등과 관련된 기술에만 신경을 써도 무방했지만, 지금은 그러한 단순한 기술보다는 지원하는 회사에 자신이 적합한 인재임을 설득하는 전략이 더 중요하다.

지원할 회사를 정하고 나면 가장 먼저 해야 할 일은 그 회사에 대해 조사를 하는 것이다. 그 회사에 적합한 나의 강점을 부각시키기 위해서는 우선 그 회사가 어떤 회사이고 어떤 인재를 원하는지를 알아야 하는 게 당연한 순서가 아니겠는가.

취업사이트인 인크루트가 147개 중소기업의 인사담당자들에게 "면접에서 자질이 뛰어난 지원자이지만 기업에 대해 잘 알고 있지 못하다고 판단해 탈락시킨 경험이 있느냐"고 물어본 결과 42.9퍼센트가 "있다"고 대답했다고 한다. 지원자들이 자신이 지원한 기업에 관해 파악한 정보의 수준에 대해서는 "매우 충실하다"(3.4%) 또는 "충실하다"(14.3%)라는 응답이 17.7퍼센트로 6명 중 1명 정도에 불과했다. 대개는 "보통이다"(45.6%)라고 응답했고, "부족하다"(29.3%)라는 응답도 많이 나왔다. 그만큼 취업지원자들이 자신이 지원한 회사에 대해 잘 알고 있지 못하다는 얘기다.

인크루트의 이광석 대표는 "자신이 지원한 회사에 대해 많이 안다는 것은 입사에 대한 열정이 그만큼 높다는 증거로 볼 수 있기 때문에 기업들이 이런 측면을 평가요소로 삼고 있는 것"이라고 말한 바 있다. 지원자가 지원한 회사에 대해 많이 안다는 것은 이 대표의 말대로 열정을 갖고 있다는 얘기도 되지만, 자신의 성향과 능력이 그 회사와 맞는지를 미리 살펴본 뒤에 지원했다는 얘기도 된다. 이는 곧 그 지원자가 입사 이후에 이직할 확률이 낮다는 뜻이기 때문에 그 지원자는 여러 모로 면접관에게 좋은 인상을 주게 된다.

지원하는 회사의 정보 가운데 필수적으로 점검해야 할 사항은 회사의 연혁, 회장 또는 사장(대표이사)의 이름, 사훈이나 경영이념, 인재상, 소속 업종이나 대표적인 상품, 업종별 계열회사의 수와 관련회사의 이름, 자신이 생각하는 그 회사의 장단점, 자신이 생각하는 그 회사의 잠재력 등이다.

채용업무 담당자들을 대상으로 면접에서 지원자들에게 많이 던지는 자사 관련 질문의 내용을 물어본 설문조사(복수응답)의 결과도 이런 범위를 크게 벗어나지 않는다. 그 결과는 '사업영역이나 제품과 서비스'(50.7퍼센트), '기업의 비전과 이념'(35.6퍼센트), '해당 산업의 현황과 전망'(26.7퍼센트), '인재상'(19.2퍼센트) 등의 순서로 나타났다.

취업준비생의 입장에서는 인터넷, 각종 미디어, 아는 사람 등을 통해 지원하려는 회사의 정보에 대해 어느 정도 파악했다고 해도 거기서 그치지 않고 그 회사를 미리 방문해보는 것도 바람직하다. 회사를 미리 방문해보면 마음의 준비가 되어 면접에 침착하게 임할 수 있고, 면접 당일에 길을 잘못 들어 헤매다가 지각을 해서 중요한 기회를 날려버리는 어리석음을 피할 수도 있다. 또 가능하면 채용업무 담당자를 만나서 인사를 하고, 회사소개서 등을 요청해 받아온다면 적극적이라는 인상을 심어주게 되고, 그 회사에 정말로 입사하고 싶다는 의지를 표현한 셈이 되어 좋은 결과를 얻게 될 가능성이 높아진다.

지원하는 회사의 정보를 파악하는 일과 관련해 그 회사에 관한 최근의 뉴스를 찾아 읽어보는 것도 좋다. 요즘에는 인터넷에서 검색사이트나 그 회사의 홈페이지를 통해 최신 뉴스를 쉽게 찾을 수 있다. 면접을 할 때 그렇게 읽어본 최신 뉴스에 대해 얘기를 나누게 된다면 좋은 인상을 남길 수 있지 않겠는가. 최종 질문시간이 주어지면 그 회사의 최신 뉴스에 대해 회사 측의 설명을 요구하는 것도 괜찮겠다.

면접 이야기를 한 김에 면접의 요령에 대해 한마디 하고자 한다. 대부분의 경우에 면접이 끝날 무렵에 면접관이 "마지막으로 하고 싶은 말을 해보라"고 한다. 내가 생각하기로는 이 순간이 지원자가 가장 자유롭게 자신을 표현할 수 있는 소중한 기회다. 그런데 안타깝게도 대부분은 "없습니다"라고 해서 소중한 기회를 날려 버리거나 "출퇴근 시간이 정확하냐?"라든가 "월급은 어느 정도냐?"라든가 하는 질문을 해서 "일보다는 조건에 더 관심이 많은 한심한 수준의 사람"이라는 오히려 부정적인 이미지만 남기곤 한다.

그보다는 "이번에 새로 진출하는 것으로 아는 ○○사업 분야에 대해 관심이 많은데 좀더 자세히 설명해 주시겠습니까?"라든가 "회장님께서는 인재 위주의 경영을 하신다고 들었는데 구체적으로 어떤 인재경영 전략을 펴고 계십니까?"라든가 하는, 긍정적인 피드백이 나올 수 있는 질문을 던지면 그 전의 면접 과정에서 비록 몇 가지 더듬거리면서 실수했다 하더라도 만회할 수 있다. 마지막에 퇴실하라는 지시를 받게 되면 또렷하면서도 정중한 목소리로 "수고하셨습니다"라든가 "감사합니다"라든가 하는 마무리 인사를 하는 것이 좋다. 회사별로 다양한 면접방법이 이용되고 있으니 미리 면접방법을 알아두는 것이 반드시 필요하다. 면접방법은 그 회사에서 어떤 인재를 원하는지를 단적으로 보여준다. 과거와 같은 질문-답변 식의 면접을 한다면 그 회사는 수직적인 조직문화를 갖고 있고, 지시를 잘 이행하는 인재를 원한다고 생각하면 된다. 인터뷰 식으로 질의응답을 주고받는 면접방식을 채택하고 있다면, 그 회사는 수직적인 조직이긴 하지만 창의적인 의견을 피력할 수 있는 의사소통 능력을 갖춘 인재를 조금은 필요로 한다고 볼 수 있다.

직원들 사이의 의사소통이나 협력을 대단히 중시하는 회사에서는 입사지원자의 커뮤니케이션 능력을 알아보기 위해 집단토론식 면접을 채택하는 경우가 많다. 집단토론식 면접에서는 토론하는 내용보다는 토론의 과정에서 남의 의견을 얼마나 경청하는가, 타인에 대한 배려심이 있는가, 의견제시를 합리적으로 할 줄 아는가 등이 오히려 평가의 주요 포인트가 된다. 따라서 집단토론 면접에서 강한 리더십을 보여주어야겠다고 생각해서 발언기회를 독점하거나 자기와 의견이 다른 사람에게 면박을 주는 등의 행동을 해서는 안 된다.

기획을 하는 능력이나 새로운 사업을 추진하는 능력을 살펴보기 위해 프레젠테이션 방식의 면접을 채택하는 회사들도 있다. 황선길 잡코리아 컨설팅사업본부장은 "프레젠테이션은 입사지원자가 자기 자신을 보여줄 수 있는 방법 가운데 하나이며, 면접관의 입장에서는 이를 통해 지원자의 개성, 독창성, 자신감, 프로그램 작성능력 등을 종합적으로 살펴볼 수 있다"면서 "채용절차에서 프레젠테이션의 중요성이 점점 더 커질 것"이라고 전망했다.

각각의 기업은 내가 지금까지 설명한 여러 가지 종류의 면접방법 가운데 어느 한 가지를 선택하기도 하지만, 두 가지 이상을 조합해 적용해서 입사지원자의 능력을 다각도로 측정하기도 한다. 예를 들어 면접대상자들을 1박2일 내지 2박3일 동안 합숙을 시키면서 집중적으로 면접을 실시하고 나서 집단토론, 프레젠테이션 등을 하게 하기도 한다. 어떤 회사는 실무자가 간단한 면접을 하고 나서 2차로 심층면접을 하기도 한다. 이런 경우의 심층면접에서는 면접관이 면접대상자별로 많은 시간을 들여 세세한 부분까지 최대한 자세히 살펴본다. 이런 심층면접 방식은 과거에는 없었던 것이지만 최근에는 많이 이용되는 추세다.

회사뿐만 아니라 카이스트를 비롯한 여러 학교에서도 최근에는 이러한 심층면접을 통해 우수한 학생을 선발한다. 이제는 학교에서도 전과 같이 단순히 학업성적만 우수한 학생을 뽑기보다는 차별화된 능력을 가진 다양한 인재들을 뽑으려고 노력하기 때문이다. 이런 트렌드는 바람직하다고 생각된다. 최근에 전해진 소식에 따르면, 카이스트가 기업에서 사원을 채용할 때 사용하는 면접방법과 기준으로 학생들을 뽑은 뒤에 확인해보니 그렇게 뽑힌

학생들은 학교생활에 적응도 잘 하고 학업성적도 좋은 것으로 나타났다고 한다. 이제는 한국의 대학들도 수능성적에 의거한 일률적인 방법에서 탈피해 사회가 원하는 인재가 선발될 수 있게 하는 방법과 기준으로 학생들을 다양하게 선발하는 방향으로 나아가야 할 것이다.

기업이 동원하는 면접방법 가운데는 피면접자가 곤란을 느낄 정도의 질문으로 압박을 가하는 압박면접이라는 것도 있다. 이것은 사람이란 당황하면 본심이 나온다는 점에 착안한 면접방법이다. 취업지망자의 입장에서는 압박면접을 당하게 되면, 그 회사에서 피면접자의 꾸며진 모습이 아닌 실제의 진면목을 파악하려고 노력하는 것이라고 이해하고 적절히 대응하면 될 것이다.

면접에서 단골로 나오는 질문 중에 "왜 우리 회사에 지원했느냐?"라든가 "다른 지원자에 비해 특별히 당신이 우리 회사에 적합하다고 생각하는 이유를 말해 달라"라는 것이 있다. 이는 지원의 동기를 묻는 질문이다. 사실 이런 질문에 명확한 표현으로 대답할 수만 있어도 면접에서 얻을 수 있는 것의 절반은 달성하게 된다고 볼 수 있다. "이 회사가 좋아서입니다"라든가 "그냥 제 적성에 맞는 것 같아서입니다"라는 등의 막연한 대답으로는 충분하지 않다. 대답은 구체적이어야 하고, 그동안의 경력이나 경험에 의해 뒷받침돼야 한다.

따라서 자신의 아르바이트, 동아리 활동, 여행, 어학연수 등의 경험을 지원하는 회사의 업무에 구체적으로 연관시켜 제시할 수 있도록 미리 준비해야 한다. 예를 들어 레스토랑에서 서빙 아르바이트를 해본 경험이 있다면 그 경험을 통해 고객의 소중함을 알게 됐고, 따라서 자신은 지원하는 회사의 고객이 바라는 바를 이해하고 만족시켜보겠다는 마음의 자세를 갖추고 있다는 식의 논리적 연결을 준비해야 한다는 것이다.

하다못해 취업재수를 한 경우에도 "작년의 입사시험에서 부족하다고 지적된 면을 보완하기 위해 많은 노력을 했고, 이 회사에 꼭 입사하기 위해 재수를 했다"라고 한다면 면접관에게 오히려 좋은 인상을 줄 수도 있지 않을까. 취업재수라는 단점을 오히려 그 회사에 대한 열정의 표현으로 바꿀 수 있다면 전화위복이 가능하다.

사실 회사 쪽에서 나의 이력서와 자기소개서를 보고 나를 면접대상에 포함시켰다면 내가 기본적인 업무능력은 갖추었다고 보는 것이기 때문에 실제 면접에서는 업무능력보다는 열정을 보여주는 것이 더 중요하다.

따라서 면접대상자가 된 경우에는 그 회사를 미리 방문해본다든가 해서 적극성과 열정을 보여주는 것이 바람직할 수 있다. 특히 그 회사와 관련된 정보를 다른 지원자들보다 월등히 많이 파악해두는 것도 도움이 될 수 있다. 예를 들어 경쟁회사와의 비교, 관련 시장의 현황, 관련 분야의 세계적인 추세 등을 파악해두고 있다가 기회가 주어질 때 적절하고 명확하게 표현한다면 자신을 다른 지원자들과 확실히 차별화할 수 있다.

이렇게 자신을 다른 지원자들과 차별화하기 위한 아이디어와 노력이 기업의 채용과정에 큰 영향을 미치게 되자 톡톡 튀는 행동을 하는 지원자들이 늘어나고 있다고 한다. 얼마 전의 〈매일경제신문〉 기사에 의하면 신세계에서는 한 지원자가 자신의 사진도 싣고, 자신의 특징과 강점에 대한 글도 실은 팸플릿을 만들어서 면접관들에게 돌려 주목을 받았다고 한다. 또 어느 중견기업의 면접에서는 한 지원자가 미리 준비한 회사 로고를 가슴에 달고 '앞으로 이렇게 살고 싶다'는 주제로 자신의 인생계획을 발표해 눈길을 끌었다고 한다.

취업시장에서 자신을 낮추는 것이 겸손한 태도라고 해서 칭찬을 받던 시대는 지났다. 차별화된 자신을 드러낼 수 있는 용감한 사람이 먼저 취업하는 시대가 왔다. '용기 있는 자가 미인을 차지한다'는 속담을 '용기 있는 자가 취직을 한다'로 바꿔야 할 때가 온 것인가?

면접은 면접장에서만 이루어지는 것이 아니다. 지원한 회사에 도착한 순간부터 떠나는 순간까지 일거수일투족이 다 면접에 포함된다고 생각하고 주의해야 한다. 어떤 이유에서든 지각해서는 안 되고, 적어도 30분 전에는 도착해 채용업무 담당자에게 출석확인을 받고 면접 시 주의사항 등을 듣는다. 면접을 할 때 지참하도록 요구받은 서류가 있으면 미리 챙겨 빠뜨리지 않도록 한다.

대기실에서도 언행에 주의해야 한다. 같이 간 친구와 큰 소리로 잡담을 하거나 핸드폰으로 누군가와 시끄럽게 통화를 하면 다른 사람들을 배려할 줄 모르는 몰상식한 사람으로 인식된다. 자신이 그런 행동을 했다는 사실을 면접관들은 모른다고 하더라도 채용업무 담당자에 의해 보고가 되면 당락에 큰 영향을 미치게 된다.

면접을 보러 지원한 회사에 도착하면 곧바로 핸드폰의 전원을 끄고 면접에만 집중하는 자세가 요구된다. 핸드폰을 진동으로 해놓아도 대기하는 중이나 면접하는 중에 진동음이 울리면 좋지 않은 눈길을 받게 되고, 본인도 당황해서 리듬을 잃을 수 있기 때문에 핸드폰은 아예 꺼버리는 것이 좋다.

복장이나 외모에도 당연히 신경을 써야 한다. 너무 튀는 복장보다는 점잖은 정장을 하는 것이 무난하다. 수염을 기른 채로, 또는 요란한 귀걸이를 하고 면접을 보는 것은 피하는 것이 좋다. 외모야 바꿀 수 없다 하더라도 침착한 표정과 미소를 띤 얼굴을 하는 것이 좋다. 사실 면접관이 중시하는 것은 미모가 아니다. 자신감과 미소, 이 두 가지가 면접관들이 가장 좋아하는 외모의 포인트다. 너무 요란한 화장은 경박하다는 느낌을 주기 때문에 부정적인 작용을 할 소지가 있으니 주의해야 한다.

물론 면접에서 뭐니 뭐니 해도 가장 중요한 점은 자신이 그 회사에 적합한 차별화된 강점을 가진 사람임을 보여주는 것이다. 보여줄 것이 없으면 아무리 기교를 익혀서 구사해도 금방 탄로 나게 돼있다. 과거와 같이 짧은 시간 안에 몇 가지 기본적인 질문만 하고 면접이 끝난다면 지원자가 꾸밀 것은 꾸미고 숨길 것은 숨길 수도 있지만, 이제는 그런 속임수를 파악하기 위해 회사가 다양한 방법을 동원하기 때문에 보여줄 것을 스스로 가지고 있어야 한다. 가장 기본적으로는 내 인생의 목표와 꿈을 구체적으로 설정하고 있어야 한다. 또한 그 목표와 꿈이 자신이 지원하는 회사와 어떤 연관성이 있는지를 미리 생각해서 정리해 두어야 한다.

요즘에는 기업이 자사의 업무에 적합한 인재를 뽑기 위해 인·적성 검사를 실시해서 입사희망자가 지원하는 업무에 적합한지를 확인해보는 경우가 늘어나고 있다. 따라서 미리 개인적으로 인·적성 검사를 해보고 자신의 적성을 파악한 다음에 지원할 회사를 정하는 것도 바람직하다. 내 적성이 지원하는 분야와 맞지 않는다면 취업과 그 이후의 모든 노력이 물거품이 될 수도 있기 때문이다.

개인적으로 인·적성 검사를 미리 해보라는 것은 지원하는 분야에 맞게 인·적성 검사의 결과를 조작하라는 뜻이 아니라 자신의 적성을 정확하게 파악해서 자신이 정말로 좋아하고 잘할 수 있는 분야를 찾아야 한다는 뜻이다. 사실 이런 일은 자신의 미래를 위해서 반드시 거쳐야 하는 필수적인 과정이다. 이런 과정을 거쳐 자기 자신에 대해 정확하게 파악하고 자신의 미래에 대해 큰 그림을 그리고 나면 자신감이 생기게 되고, 그러면 면접을 볼 때 그러한 자신감과 열정을 확실하게 보여줄 수 있다.

회사에 입사한 뒤에 업무를 수행할 때에도 프로젝트에 대해 큰 그림을 그리고 나면 자신감이 생겨 소소한 난관 정도는 얼마든지 극복해 나갈 수 있다.

이런 점에서 자신에 대한 파악과 미래에 대해 큰 그림을 그려보는 마음의 자세는 취업에서만이 아니라 나중에 직장생활을 하는 데도 큰 도움이 된다.

취업준비는 빠를수록 좋다

보통 대학생이 되면 1~2학년 때에는 취업은 먼 나라 일이라고 생각하고 놀기만 하거나 학과공부에만 치중한다. 그러다가 3학년이 되면 막연하게나마 취업 걱정을 하기 시작하지만 본격적인 취업 걱정은 4학년이 되고 나서 하게 된다. 하지만 그때는 이미 늦다.

기업들이 출신학교, 전공, 학업성적만 보고 사람을 뽑던 과거에는 대학 4학년 때부터 구체적인 취업계획을 세워도 늦지 않았다. 대학에서는 그저 학교생활이나 충실히 하면서 능력을 기르면 됐다. 당시에는 어느 기업이나 비슷한 기준으로 인력을 뽑았기 때문에 특정한 회사를 위해 특별히 준비할 일이 별로 없었다. 다만 공무원이 되려고 하거나 외국계 회사에 취직하려고 하는 경우에만 별도의 시험 준비를 하거나 외국어 공부를 해야 할 필요가 있는 정도였다.

하지만 지금은 그렇지 않으므로 일찍부터 취업전략을 세워야 한다. 기업들이 특정한 능력을 갖춘 차별화된 1등 인재를 뽑고자 하므로 대학 1학년 때부터 자신이 가고자 하는 회사를 어느 정도 정해 놓고 그에 맞추어 취업준비를 해야 한다. 어느 취업지망생은 대학 1학년 때부터 자신이 가고자 하는 회사의 모든 행사에 참여하는 열성을 보인 결과 졸업과 동시에 그 회사에 취업할 수 있었다. 그 회사의 입장에서는 그렇게 적극적으로 관심을 보이는 지원자라면 그를 뽑는 것이 지극히 당연하다.

비록 그런 정도는 아니더라도 대학 1학년 때부터 자신의 특성을 파악하고, 자신에게 맞는 회사를 선택하고자 하는 노력은 절대적으로 필요하다. 아르바이트나 인턴의 경험도 단순히 용돈을 벌겠다는 목적보다는 장래에 취업하고자 하는 기업과 연관성이 있는 경험을 쌓는다는 목적에서 그 분야를 정하는 것이 좋기 때문이다. 가장 바람직하게는 들어가고 싶은 회사에서 아르바이트나 인턴을 경험해보면서 그 회사에 좋은 인상까지 심어줄 수 있다면 나중에 면접을 보기 위해 몇 달씩 준비하는 것보다 훨씬 더 효과적일 것이다.

취업하고자 하는 회사를 미리 정해 두면 좋은 또 하나의 이유는 내가 정말로 그 회사에 맞는지를 미리 확인해볼 기회를 가질 수 있다는 점에 있다. 사실 직장생활은 밖에서 보는 것과 안에서 겪는 것이 아주 다를 수 있다. 따라서 미리 목표회사를 정한 경우에는 아르바이트나 인턴 과정을 통해 그 회사에 들어가 직접 일을 해봄으로써 그 회사가 자신의 기대에 부합하는 일터가 될 수 있는지를 판단할 수 있다.

기회가 닿지 않아서 그 회사에 직접 들어가 일을 해볼 수가 없다면 그 회사에서 근무하는 선배나 아는 사람을 찾아가 대화를 나눠보는 것을 통해 그 회사가 자신에게 맞는 일터인지를 탐색해볼 수 있다. 막연한 기대감만 가지고 입사한 회사가 나중에 알고 보니 자신에게 맞지 않는다면 본인에게는 물론이고 그 회사에도 손해가 되지 않겠는가.

예를 들어 명성도 높고 월급도 많이 주는 대기업에 취업했지만 개인생활을 거의 할 수 없을 정도로 일이 힘든데다가 실력이 쟁쟁한 경쟁자들이 많아 아무리 열심히 일해도 경쟁에서 밀릴 가능성이 높다고 한다면 과연 자신이 그 회사에 맞는지를 다시 생각해볼 필요가 있다. 또 자신은 자유스러운 분위기를 좋아하는데 취업한 회사가 권위적인 수직형 조직이라서 숨도 못 쉴 정도의 분위기라면 그 회사에서 오래 일하기가 힘들 것이다. 이런 사실을 미리 파악할 수 있다면 인생의 시행착오를 줄일 수 있을 것이다.

목표회사를 미리 정해 두면 취업전략을 효과적으로 짤 수 있게 된다는 이점이 있다. 만약 그 회사가 중국에 진출하려고 준비하고 있다면 어학연수를 중국으로 가거나 하다못해 국내에서라도 중국어 공부를 해 놓는다면 나중에 그 회사에 취업하는 데 큰 도움이 될 것이다. 또 신문사에 취업할 뜻을 미리 세워둔다면 대학 재학 중에 대학신문사에서 일을 해보면 나중에 신문사에 취업하는 데 크게 도움이 될 것이다. 아무튼 취업과 관련해 나를 차별화하기 위해서는 대학시절에 내가 하는 모든 활동을 취업과 연관시키겠다는 생각을 할 필요가 있다.

앞에서도 설명했지만 기업들의 채용방식이 그물형에서 낚시형을 거쳐 이제는 작살형으로 바뀌었다. 즉 이제는 기업들이 만능형 인재보다는 자사에 맞는 맞춤형 인재를 찾는다는 것이다. 따라서 이제는 취업을 하기 위해서는 스스로 맞춤형 인재가 돼야 하는데, 그렇게 되려면 자기가 맞추고자 하는 회사를 먼저 정하는 것이 순서가 아니겠는가.

이런 맥락에서 본다면 이제 취업은 가장 능력이 뛰어난 사람보다는 가장 준비가 잘 된 사람이 이기는 게임과 같다. 그러니 이제 취업을 위해서는 모든 면에서 완벽한 인재가 되려고 하기보다 자신이 정한 회사에 꼭 맞는 준비된 인재가 되려고 노력할 필요가 있다.

▌에필로그

어떤 사람으로부터 "요즘은 취업난의 시대"라고 농담조로 하는 말을 들었다. 요즘 취업문제는 정말로 보통이 아니다. 오죽하면 대학에 다니는 내 아들이 휴학을 하고 군대에 가려고 하는데 마찬가지로 휴학을 하고 군대에 가려는 입대 대기자가 너무 많아 한참을 기다려야 한다고 할까? 취업난의 심각성이 새삼 피부로 느껴진다.

취업난에 대한 원인분석도 다양하게 나오고 있다. "세계경제가 침체되는 바람에 한국경제도 침체됐기 때문이다." "요즘 젊은이들이 배가 불러서 힘든 일은 안 하려고 하니 그런 것이다." "기업들이 너도나도 공장을 해외로 이전해서 국내의 일자리가 줄어든 탓이다." 그야말로 각양각색이다. 물론 그와 같은 다양한 요인들이 취업문제를 일부 설명해줄 수 있는 것은 사실이다. 하지만 나는 시대의 변화가 보다 근본적인 원인이라고 생각한다.

시대의 변화는 단지 취업에만 영향을 미치고 있지 않다. 그것은 우리 사회의 전반에 영향을 미치고 있다. 개인생활, 마케팅, 기업경영, 국가경영 등 그 영향이 미치지 않는 분야가 없다. 나도 기업을 경영하는 입장에서 시대의 변화에 맞추어 변화하고자 몸부림치고 있다.

이런 가운데 가장 심각하게 대두되는 문제는 바로 인력문제다. 새로운 시대에 맞게 창의적인 사고를 할 줄 아는 차별화된 1등 인재가 필요한데 그런 인재는 찾기 힘들다. 그래서 사회적으로 인력이 남아도는데 기업에서는 쓸 만한 인재가 없다고 아우성치는 것이다. 자본과 시설이 기업에 중요했던 과거의 산업사회와 달리 인재가 기업의 전부인 지식사회와 감성사회에서는 기업들이 좋은 인재를 뽑기 위해 필사적인 노력을 한다.

여기서 문제는 기업이 원하는 인재와 대학에서 길러내는 인재가 미스매치 되고 있다는 점이다. 그렇다면 해결책은 간단하다. 기업에서 원하는 창의적이고 차별화된 1등 인재를 대학이 길러내면 되는 것이다.

물론 이 문제는 대학의 힘만으로 풀리는 것이 아니다. 정부의 정책도 바뀌어야 하고, 부모들의 의식도 바뀌어야 하며, 학생들의 자세도 바뀌어야 한다. 그러자면 왜 그렇게 바뀌어야 하는지 그 이유를 절실하게 깨달아야 한다. 시대의 변화가 어떻게 전개되고 있고, 왜 새로운 인재가 필요한가에 대해 전 사회적인 공감대가 형성돼야 하는 것이다.

나는 요즘 대학(주로 공대)에 강연을 다니면서 새로운 시대에 맞게 '이공계'가 변해야 한다고 주장하고 있다. 물론 시대의 변화에 맞추어 변해야 하는 것은 '이공계'만이 아니다. 이 시대를 살아가는 우리 모두가 다 변해야 한다. 기업과 기업인도, 직장인도, 학생도, 학교와 교수도, 정치인도 새로운 시대의 패러다임에 맞추어 변해야 한다.

이 책에서 나는 주로 취업을 준비하는 학생들을 대상으로 새로운 시대의 패러다임 변화에 맞추려면 어떻게 변해야 하는지를 설명해보고자 했다. 내가 대학을 다니면서 학생들과 대화를 나누다 보면 그들이 부모님들, 교수님들이 주입한 산업사회의 패러다임에 아직도 갇힌 채 허우적거리는 모습을 보고 안타까움을 느끼곤 한다.

물론 지금 사회의 지도층을 형성하고 있는 그들의 부모님, 교수님들은 주로 산업사회에서 성공한 분들이니 자녀나 학생들에게 그들의 성공신화를 주입하는 것이 어쩌면 당연한 일인지도 모르겠다. 하지만 진정으로 자녀나 학생들의 장래를 생각한다면 부모님, 교수님들이 하루 빨리 기성세대인 자신들의 성공신화에서 벗어나 자녀나 학생들과 함께 새로운 시대의 흐름을 깨우치고, 새로운 시대에 적응하도록 그들을 이끌어야 할 의무가 있다고 생각한다.

부모님, 교수님들은 왜 지금의 학생들은 열심히 일하는 개미가 되기보다 창의적인 베짱이가 되어야 하는지, 왜 취업을 하는 과정에서 이력서나 성적서보다 면접이 중요하게 되었는지를 스스로도 이해하고 자녀나 학생들에게도 이해시켜야 할 필요가 있다. 이 책을 통해 내가 주장하고자 한 것은 바로 이것이다.

왜 우리의 젊은 세대가 기존 사회의 모범답안대로 살았는데도 취업을 걱정해야 하고, 성공적이고 행복한 삶을 보장받기 어렵다고 생각해야 하는지에 대한 궁금증을 이 책이 조금이나마 풀어주었기를 기대해 본다. 또한 독자들이 불확실성의 시대를 살아가면서도 삶을 진정으로 즐길 수 있게 해줄 팁을 이 책에서 발견했기를 진심으로 바란다.

감사의 말

사실 이 책의 원고는 1년 전에 완성됐다. 그러나 주제가 워낙 사회적인 논란이 많은 분야라서 여러 사람들의 다양한 의견을 듣고 반영하다 보니 출간이 늦어졌다. 그동안 이 책의 원고를 읽고 다양한 의견을 제시해준 여러 분들에게 감사의 말씀을 전하고 싶다.

우선 내가 원고를 쓸 때마다 늘 정확하고 진심어린 충고를 해주는 내 동생에게 깊은 감사의 뜻을 전한다. 내 동생이지만 그의 날카로운 비평의 말을 듣다 보면 어떤 때는 그가 내 인생선배 같다는 느낌을 받을 때가 있다. 만약 그가 없었다면 내가 감히 용기를 내서 책을 쓸 수 없었을지도 모른다. 또한 내 특유의 고집으로 인해 세상과 동떨어진 원고를 써놓고 세상의 무례를 탓하며 세월만 보냈을 수도 있었을 것이다.

내 원고를 읽고 날카로운 비평과 격려를 해준 동국대학교의 내 강의 수강생들에게도 감사를 표하고 싶다. 이 책은 바로 그들에게 닥친 문제를 다룬 것이니만큼 당사자인 그들의 충고는 값진 것이었다. 특히 나로 하여금 미래에 대한 나의 관점과 현실을 조화시키는 문제에 대해 다시 한 번 생각하게 한 그들의 조언에 대해 매우 고맙게 생각하고 있다.

인터넷 커뮤니티인 링크나우(www.linknow.kr)의 '커리어 클럽'과 '내 책 쓰기 클럽' 회원들의 충심어린 충고와 격려도 이 책의 완성도를 높이는 데 크나큰 도움이 됐다. 특히 '내 책 쓰기 클럽' '미래예측 스터디 모임'에서 만난 여러 분들과의 열띤 토론은 내가 용기와 나름대로의 새로운 혜안을 갖게 되는 계기가 됐다.

이 밖에도 고마운 사람들이 많지만, 마지막으로 이 책을 내는 데 결정적인 도움을 준 출판사 필맥의 이주명 대표에게 진심으로 감사를 드린다. 이 대표는 나의 일방적인 관점을 독자의 관점에서 구체적으로 비평해줌으로써 내가 책의 내용을 완전히 재구성할 기회를 마련해 주었다. 또 공학도의 글이다 보니 딱딱할 수 없었던 내 원고의 문장도 그의 손을 거치면서 많이 부드러워졌다.

■ 찾아보기